"十四五"时期国家重点出版物出版专项规划项目

国家自然科学基金应急项目系列丛书

全面推进乡村振兴实现共同富裕的机制、路径与政策研究

林万龙 等／著

科学出版社

北京

内 容 简 介

本书以国家自然科学基金应急管理项目"全面推进乡村振兴实现共同富裕的机制、路径与政策研究"的研究成果为基础，从以乡村振兴促进共同富裕的机制和路径、防止返贫的政策应对、乡村产业振兴的模式、乡村建设与公共服务、乡村振兴金融政策创新、生态振兴促进共同富裕的路径探索等方面着手，结合丰富的调研数据和案例，梳理了乡村振兴的政策体系，提出了全面推进乡村振兴、推进农民农村共同富裕的阶段性目标和总体政策框架。

本书可供从事推进乡村振兴相关政策研究的学者、从事乡村振兴相关工作的各级政府部门的政策制定和政策实施人员以及社会各界关心关注我国乡村振兴问题的广大读者阅读参考。

图书在版编目（CIP）数据

全面推进乡村振兴实现共同富裕的机制、路径与政策研究 / 林万龙等著. -- 北京：科学出版社，2025.1.（国家自然科学基金应急项目系列丛书）. -- ISBN 978-7-03-079650-9

Ⅰ. F320.3

中国国家版本馆 CIP 数据核字第 20244E3B47 号

责任编辑：陈会迎 / 责任校对：张亚丹
责任印制：张 伟 / 封面设计：有道设计

科学出版社 出版
北京东黄城根北街 16 号
邮政编码：100717
http://www.sciencep.com
北京建宏印刷有限公司印刷
科学出版社发行　各地新华书店经销

*

2025 年 1 月第 一 版　开本：720×1000　1/16
2025 年 1 月第一次印刷　印张：14
字数：282 000
定价：158.00 元
（如有印装质量问题，我社负责调换）

国家自然科学基金应急项目系列丛书编委会

主　编

　　丁烈云　教　授　国家自然科学基金委员会管理科学部

副主编

　　杨列勋　研究员　国家自然科学基金委员会管理科学部

　　刘作仪　研究员　国家自然科学基金委员会管理科学部

编　委（按姓氏汉语拼音排序）

　　程国强　研究员　同济大学

　　方　新　研究员　中国科学院

　　辜胜阻　教　授　中国民主建国会

　　黄季焜　研究员　北京大学

　　林毅夫　教　授　北京大学

　　刘元春　教　授　中国人民大学

　　汪寿阳　研究员　中国科学院数学与系统科学研究院

　　汪同三　研究员　中国社会科学院数量经济与技术经济研究所

　　王金南　研究员　生态环境部环境规划院

　　魏一鸣　教　授　北京理工大学

　　薛　澜　教　授　清华大学

　　赵昌文　研究员　国务院发展研究中心

本书课题组名单

课题总协调人： 林万龙

总课题： 全面推进乡村振兴实现共同富裕的机制、路径与政策研究

承担单位： 中国农业大学

课题主持人： 林万龙　教授

课题组成员： 任金政、张莉琴、李晓峰、苏保忠、王琳、龙文进、梁琼莲、何禄康

子课题一： 返贫的诱发机制与防止返贫的政策应对

承担单位： 华中师范大学

课题主持人： 陆汉文　教授

课题组成员： 杨永伟、江立华、黄振华、刘杰、蔡志海、郭之天

子课题二： 乡村产业振兴的发展模式、路径和对策

承担单位： 华中农业大学

课题主持人： 青平　教授

课题组成员： 李剑、闵师、陈通、吴伟荣、陈轩、王敬斌、李晓磊、柏忠虎、曹彬彬、蔡炜炜、常青、王丹

子课题三： 乡村建设行动和公共服务的政策

承担单位： 复旦大学

课题主持人： 王小林　教授

课题组成员：张晓颖、陈爱丽、叶莹莹、谢妮芸、史婵、杨志红、常小莉

子课题四：金融支持乡村振兴的政策创新

承担单位：中国农业大学

课题主持人：何广文　教授

课题组成员：郭沛、张正平、何婧、田雅群、陈晓洁、成琳、张少宁、
　　　　　　李倩倩

子课题五：生态振兴促进农民农村共同富裕的实现

承担单位：西安财经大学

课题主持人：赵敏娟　教授

课题组成员：姚柳杨、石锐、张晓宁、陈海滨、刘文新、张晨、董春柳

子课题六：脱贫攻坚与乡村振兴有效衔接政策体系

承担单位：中国农业大学

课题主持人：左停　教授

课题组成员：李卓、于乐荣、唐丽霞、刘文婧、王琳、赵泽宇、李泽峰、
　　　　　　李世雄

总　序

为了对当前人们所关注的经济、科技和社会发展中出现的一些重大管理问题快速做出反应，为党和政府高层科学决策及时提供政策建议，国家自然科学基金委员会于 1997 年特别设立了管理科学部主任基金应急研究专款，主要资助开展关于国家宏观管理及发展战略中急需解决的重要的综合性问题的研究，以及与之相关的经济、科技和社会发展中的"热点"与"难点"问题的研究。

应急管理项目设立的目的是为党和政府高层科学决策及时提供政策建议，但并不是代替政府进行决策。根据管理科学部对于应急管理项目的一贯指导思想，应急研究应该从"探讨理论基础、评介国外经验、完善总体框架、分析实施难点"四个主要方面为政府决策提供支持。每项研究的成果都要有针对性，且满足及时性和可行性要求，所提出的政策建议应当技术上可能、经济上合理、法律上允许、操作上可执行、进度上可实现和政治上能为有关各方所接受，以尽量减少实施过程中的阻力。在研究方法上要求尽量采用定性与定量相结合、案例研究与理论探讨相结合、系统科学与行为科学相结合的综合集成研究方法。应急管理项目的承担者应当是在相应领域中已经具有深厚的学术成果积累，能够在短时间内（通常是 9~12 个月）取得具有实际应用价值成果的专家。

作为国家自然科学基金专项项目，管理科学部的应急管理项目已经逐步成为一个为党和政府宏观决策提供科学、及时的政策建议的项目类型。与国家自然科学基金资助的绝大部分（占预算经费的 97%以上）专注于对经济与管理活动中的基础科学问题开展理论方法研究的项目不同，应急管理项目面向国家重大战略需求中的科学问题，题目直接来源于实际需求并具有限定性，要求成果尽可能贴近实践应用。

应急管理项目要求承担课题的专家尽量采用定性与定量相结合的综合集成方法，为达到上述基本要求，保证能够在短时间内获得高水平的研究成果，项目的承担者在立项的研究领域应当具有较长期的学术积累和数据基础。

自 1997 年以来，管理科学部对经济、科技和社会发展中出现的一些重大管理问题做出了快速反应，至今已启动 101 个项目，共 833 个课题，出版相关专著 57 部。已经完成的项目取得了不少有影响力的成果，服务于国家宏观管理和决策。

应急管理项目的选题由管理科学部根据国家社会经济发展的战略指导思想和方针，在广泛征询国家宏观管理部门实际需求和专家学者建议及讨论结果的基础上，形成课题指南，公开发布，面向全国管理科学家受理申请；通过评审会议的形式对项目申请进行遴选；组织中标研究者举行开题研讨会议，进一步明确项目的研究目的、内容、成果形式、进程、时间节点控制和管理要求，协调项目内各课题的研究内容；对每一个应急管理项目建立基于定期沟通、学术网站、中期检查、结题报告会等措施的协调机制以及总体学术协调人制度，强化对于各部分研究成果的整合凝练；逐步建立和完善多元的成果信息报送常规渠道，进一步提高决策支持的时效性；继续加强应急研究成果的管理工作，扩大公众对管理科学研究及其成果的社会认知，提高公众的管理科学素养。这种立项和研究的程序是与应急管理项目针对性和时效性强、理论积累要求高、立足发展改革应用的特点相称的。

为保证项目研究目标的实现，应急管理项目申报指南具有明显的针对性，从研究内容到研究方法，再到研究的成果形式，都具有明确的规定。管理科学部将应急管理项目的成果分为四种形式，即专著、政策建议、研究报告和科普文章，本丛书即应急管理项目的成果之一。

希望此套丛书的出版能够对我国管理科学政策研究起到促进作用，对政府有关决策部门发挥借鉴咨询作用，同时也能对广大民众有所启迪。

国家自然科学基金委员会管理科学部
2020 年 9 月

前　言

习近平总书记在《扎实推动共同富裕》文章中强调指出："共同富裕是社会主义的本质要求，是中国式现代化的重要特征。"[①]早在2500年前，晏子用"均贫富"回答齐景公"古之盛君，其行何如"的问题[②]。诚然，这只是晏子对古代社会乌托邦式的美好幻想，他可能不会预料到，尽管未来不断有人追求这一目标，但直到两千多年后，人类才终于向着更深层次的共同富裕迈出了坚实脚步。马克思主义在诞生之初就扛起了共同富裕的旗帜。《1857—1858年经济学手稿》中，马克思提出，在未来的崭新社会阶段，"生产将以所有的人富裕为目的"[③]，共同富裕成为全世界共产党人的共同目标之一。

当"中国"的"均贫富"文化传统与"共产党"的"所有的人富裕"远大理想交织在一起时，中国共产党将"共同富裕"作为自身的奋斗目标就是一种历史的必然。新中国成立后，以毛泽东同志为核心的党的第一代中央领导集体，将马克思主义与中国实际结合，首次凝练、总结出了"共同富裕"的提法[④]。邓小平同志则指出："社会主义的本质，是解放生产力，发展生产力，消灭剥削，消除两极分化，最终达到共同富裕。"[⑤]。习近平总书记在党的二十大报告中强调"中国式现代化是全体人民共同富裕的现代化。共同富裕是中国特色社会主义的本质要求"，到2035年，"全体人民共同富裕取得更为明显的实质性进展"[⑥]。脱贫攻坚战的全面胜利，是我们党在团结带领人民创造美好生活、实现共同富裕的道路上迈出的坚实的一大步。当下，中国特色社会主义已经进入了"逐步实现全体人民共同富裕"的新时代。

促进共同富裕，最艰巨、最繁重的任务仍然在农村。推动共同富裕的着力点在于实施乡村振兴战略以缩小城乡差距。研究全面推进乡村振兴与共同富裕的内

---

① 习近平：《扎实推动共同富裕》，《求是》，2021年第20期。

② 《晏子春秋》，陈涛注释，中华书局，2007年。

③ 中共中央马克思恩格斯列宁斯大林著作编译局编译：《马克思恩格斯全集 第三十一卷》，第2版，北京：人民出版社，1998年。

④ 《中国共产党中央委员会关于发展农业生产合作社的决议》，《山西政报》，1953年第2期，第14~22页。

⑤ 《在武昌、深圳、珠海、上海等地的谈话要点》，《邓小平文选（第三卷）》，人民出版社，1993年，第373页。

⑥ 引自2022年10月26日《人民日报》第1版的文章：《高举中国特色社会主义伟大旗帜　为全面建设社会主义现代化国家而团结奋斗》。

涵、理论、影响机制、运行机制、制度设计及两者关系等关键问题，对于深入指导全面推进乡村振兴实现共同富裕的政策实践具有重大现实价值。

2021 年 11 月，国家自然科学基金委员会管理科学部设立了"全面推进乡村振兴实现共同富裕的机制、路径与政策研究"应急管理项目。经过激烈竞争，由中国农业大学组织多个大学科研机构的专家团队成功中标。项目团队主要研究了以下问题：①共同富裕的关键要素与政策目标；②乡村振兴与共同富裕的关系内涵辨析；③推进乡村振兴促进共同富裕的影响机制和关键路径；④全面推进乡村振兴实现共同富裕的阶段性目标与总体框架。

在为期一年的研究中，各团队在充分利用已有研究的基础上，开展了一系列针对性的研究，取得了一系列丰硕的研究成果。项目团队总共发表期刊论文 91 篇，在人民网、《光明日报》等重要媒体上刊文或接受采访发布项目成果 57 篇次，有 45 份政策咨询报告获省部级以上领导批示。其中，林万龙教授团队的项目成果被国家自然科学基金委员会鉴定为"特优"。部分核心研究成果被整理进汇报材料递交给党中央，部分成果吸收进入项目团队主笔的《"十四五"巩固拓展脱贫攻坚成果同乡村振兴有效衔接规划》（国乡振发〔2022〕7 号）。

本书是部分项目成果的汇编。全书共分八章，其中，第一章由林万龙、何禄康、梁琼莲主笔，第二章由杨永伟、陆汉文主笔，第三章由青平、李剑、闵师主笔，第四章由王小林、史婵、奚哲伟主笔，第五章由何广文、田雅群、何婧、陈晓洁、成琳主笔，第六章由赵敏娟、齐甜、程量主笔，第七章由左停、李泽峰、赵泽宇、马泽乔、李卓主笔，第八章由林万龙、马新宇、何禄康主笔。全书由林万龙、梁琼莲统稿。

感谢国家自然科学基金委员会管理科学部对本课题给予的资助；感谢管理科学部刘作仪副主任、三处处长吴刚老师和胡吉明老师对课题研究的指导与大力支持；感谢在课题开题、中期评审和结题验收时各位评审专家的宝贵意见；也感谢科学出版社马跃老师锲而不舍地督促，使得我们下定决心完成了本书的编撰。

林万龙

2023 年 11 月 4 日

目 录

第一章 以乡村振兴促进共同富裕：影响机制和关键路径 ········· 1
  第一节 乡村振兴与共同富裕关系辨析 ·························· 1
  第二节 以乡村振兴促进共同富裕的影响机制 ·················· 8
  第三节 以乡村振兴促进共同富裕的关键路径 ·················· 10
  本章参考文献 ··· 26

第二章 返贫的诱发机制与防返贫的政策应对 ························ 28
  第一节 研究背景 ·· 28
  第二节 返贫风险诱因及发生机制分析 ·························· 29
  第三节 防返贫动态监测帮扶机制的构建 ······················· 34
  第四节 防返贫面临的常见问题及原因分析 ···················· 38
  第五节 防返贫的政策建议 ··· 42
  本章参考文献 ··· 45

第三章 乡村产业振兴的发展模式、路径和对策研究 ··············· 47
  第一节 研究背景 ·· 47
  第二节 现有研究梳理 ··· 48
  第三节 乡村产业振兴的主要发展模式与路径 ················· 52
  第四节 当前乡村产业发展面临的主要问题 ···················· 58
  第五节 促进当前乡村产业发展的政策与措施 ················· 62
  本章参考文献 ··· 67

第四章 乡村建设行动和公共服务的政策研究 ······················· 71
  第一节 共同富裕目标下乡村建设与公共服务的理论基础 ··· 71
  第二节 提升农村基础设施和公共服务的总体框架和实践思路 ··· 74
  第三节 县域视角下基础设施与公共服务短板测度 ··········· 76
  第四节 以县域为基本单元推进城乡融合发展和基本公共服务均等化的
     政策优化 ·· 88
  第五节 共同富裕目标下乡村建设行动与基本公共服务均等化的政策
     设计 ·· 92
  本章参考文献 ··· 96

第五章 金融支持乡村振兴的政策创新 ································· 97
  第一节 研究背景及问题的提出 ··································· 97

第二节　乡村振兴金融供求特征……………………………………99
　　第三节　金融服务乡村产业振兴需要从供给和需求两端发力………106
　　第四节　深化绿色金融服务、赋能乡村振兴高质量推进……………116
　　第五节　金融服务乡村振兴三个维度的政策创新……………………122
　　本章参考文献……………………………………………………………127
第六章　生态振兴促进农民农村共同富裕的实现路径探讨……………132
　　第一节　研究背景………………………………………………………132
　　第二节　广义财富观及其与共同富裕间的理论逻辑…………………141
　　第三节　乡村生态振兴的经验模式与实现路径………………………143
　　第四节　"绿水青山"包含的"金山银山"：自然资源非市场价值评估…148
　　第五节　"绿水青山"转化为"金山银山"：生态产品价值实现路径…154
　　第六节　生态振兴促进共同富裕：保障体系和运行环境……………158
　　本章参考文献……………………………………………………………162
第七章　脱贫攻坚与乡村振兴的政策体系研究……………………………168
　　第一节　从扶贫开发到低收入人口帮扶：中国帮扶政策体系的迭代
　　　　　　升级……………………………………………………………168
　　第二节　脱贫攻坚与乡村振兴衔接的实践进展与难点剖析…………176
　　第三节　建立健全农村低收入人口常态化帮扶机制…………………185
　　第四节　结语及未来展望………………………………………………195
　　本章参考文献……………………………………………………………196
第八章　全面推进乡村振兴、推进农民农村共同富裕的阶段性目标和总体政策
　　　　框架……………………………………………………………………199
　　第一节　第二个百年奋斗目标与农民农村的共同富裕………………199
　　第二节　农民农村共同富裕的内涵……………………………………200
　　第三节　农民农村共同富裕的阶段性目标……………………………200
　　第四节　走向农民农村共同富裕的总体政策框架……………………208
　　本章参考文献……………………………………………………………210

第一章 以乡村振兴促进共同富裕：影响机制和关键路径

中国特色共同富裕是全体人民的共同富裕，是物质和精神生活的共同富裕，是区域之间、城乡之间的共同富裕。从战略步骤来看，党对全面实施乡村振兴战略的时间表与党的十九大提出的第二个百年奋斗目标和共同富裕的战略安排是一致的。习近平总书记指出，"促进共同富裕，最艰巨最繁重的任务仍然在农村"[①]。实现农民农村共同富裕是实现全体人民共同富裕的必要条件和应有之义。乡村振兴与共同富裕之间的关系可以简要概括为三句话：以乡村振兴补齐共同富裕的最大短板；乡村振兴筑牢百年未有之大变局下全体人民共同富裕的坚实基础；实现共同富裕是促进乡村振兴的最大动力。

第一节 乡村振兴与共同富裕关系辨析

一、以乡村振兴补齐共同富裕的最大短板

（一）收入

从收入维度来看，目前城乡之间收入差距仍然过大；尤其要注意的是，农村居民内部收入差距在持续拉大。

从图1.1可见，城乡之间收入差距较大。改革开放以来，我国城乡居民人均可支配收入均呈现递增的状态，但相对差距呈现先波动上升后持续下降的趋势，总体仍居于高位。1978年城乡居民人均可支配收入比为2.57，2007年达到了3.14，随后差距逐渐缩小，但2021年仍达2.50（图1.1），在全球范围内处于偏高水平（李实，2021）[②]。事实上，如果把城乡居民在公共服务和社会福利方面的差距包含进来，城乡居民的实际福利差距会比收入差距更大。

---

① 习近平：《扎实推动共同富裕》，《求是》，2021年第20期。
② 发达国家如英国、加拿大的城乡人均可支配收入比接近1，发展中国家印度的城乡人均可支配收入比为1.88，即便是非洲的低收入国家，如乌干达的城乡人均可支配收入比最高也只有2.3左右。

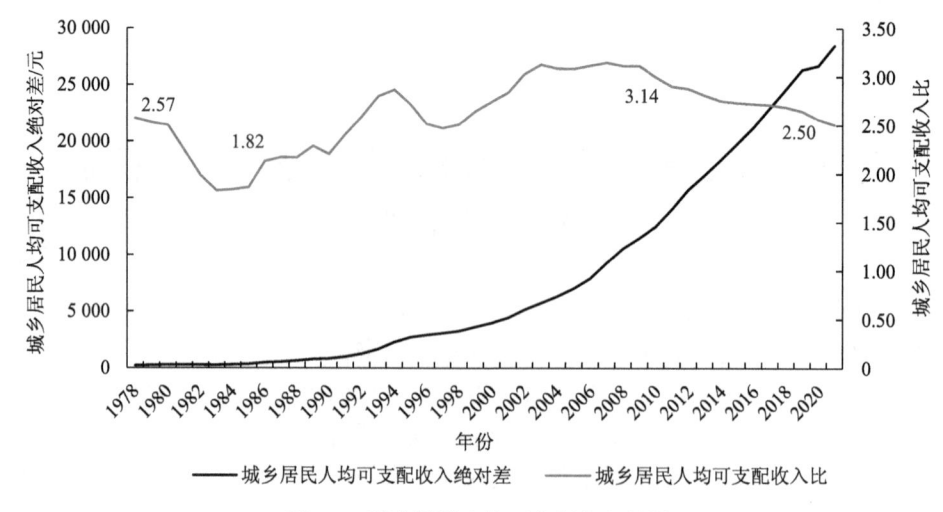

图 1.1　城乡居民人均可支配收入差距

资料来源：作者根据《中国统计年鉴》整理计算得出

在此，有必要对农村居民内部收入差距的变化予以重点关注。脱贫攻坚期间，我国实现了贫困人口的全部脱贫。但这仅仅是贫困人口绝对收入水平的提高，从收入差距的视角来看，可以发现，农村低收入人口与其他群体的收入差距在脱贫攻坚期间不但没有缩小，反而比之前有所拉大。

自 2001 年以来，农村低收入人群与其他人群的相对收入差距总体上一直在拉大。农村 20%最低收入组（图 1.2 中最低收入指 20%最低收入组）2001～2021 年人均可支配收入的年均增长率为 9.3%，低于中低收入组的 10.8%、中间收入组的 10.9%、中高收入组的 11.0%、高收入组的 10.8%和总体平均 10.9%的增长率。2021 年，农村 20%最低收入组的人均可支配收入是 20%最高收入组的 11.3%，是农村平均人均可支配收入的 25.7%，低于 2001 年的 14.8%和 34.0%（图 1.2）。2001 年，20%最低收入组在总的可支配收入中的份额是 6.4%，2021 年则降为了 4.9%。

农村 20%最低收入组与农村居民人均可支配收入中位数的收入差距也在拉大。2013 年[①]，农村 20%最低收入组的人均可支配收入占农村居民人均可支配收入中位数的比重为 34.1%，2021 年则下降到 28.7%。从城乡对比来看，农村低收入群体收入的相对贫困和恶化程度均要高于城镇低收入群体。2013 年，城镇 20%最低收入组的人均可支配收入占城镇居民人均可支配收入中位数的比重为 41.0%，比农村居民的这一比例高 6.9 个百分点；2021 年，城镇 20%最低收入组的人均可支配收入占城镇居民人均可支配收入中位数的比重虽然下降为

---

① 国家统计局从 2013 年起开始公布城乡居民人均可支配收入中位数数据。

38.5%，但农村居民的这一比例下降得更快，城乡的这一比例差距拉大到了9.8个百分点。

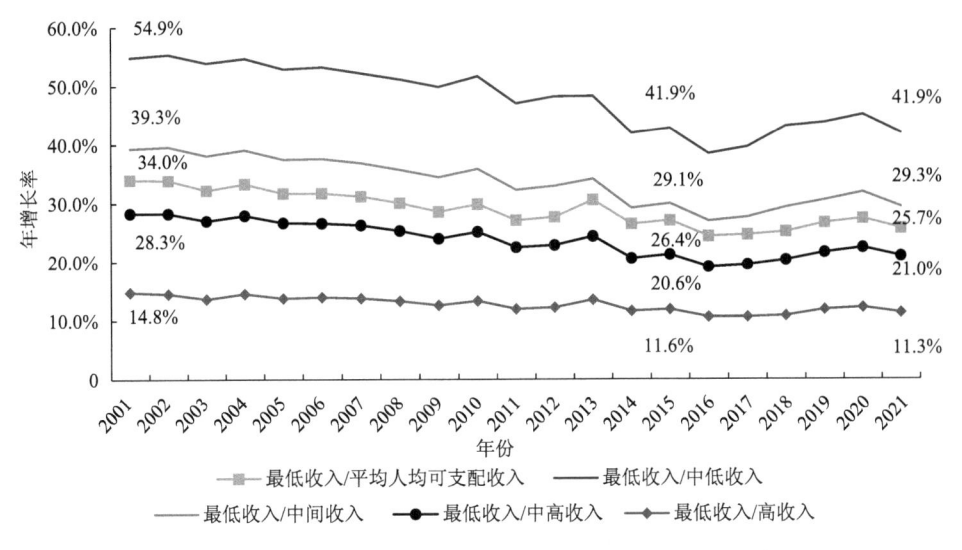

图1.2 农村居民五等分人均可支配收入比较（2001～2021年）

资料来源：作者根据《中国统计年鉴》整理计算得出

（二）基础设施与公共服务

从基础设施和公共服务维度来看，近年来，农村基本公共服务供给持续改善，但与城镇相比，部分农村地区基本公共服务仍存在短板弱项，尤其是国家乡村振兴重点帮扶县的公共服务仍然较为薄弱，需进一步提升。

以医疗为例。城市居民和农村居民享受的人均医疗资源仍有较大差距。如表1.1所示，2020年我国城市每千人口医疗机构床位数为8.81张，而农村地区为4.95张，每千人口卫生技术人员城市为11.46人，农村地区为5.18人，城乡之差为6.28人。乡村医疗卫生服务水平发展及服务质量明显滞后于城市地区。2020年我国农村每千人口乡镇卫生院床位数仅为1.50张，明显滞后于城市地区医疗服务发展。2020年中国乡村医生和卫生人员累计达到79.6万人，但乡村医生整体水平偏低，乡村医生中大学本科及以上学历的占比仅为7.1%。与此相对应，农村居民医疗消费支出占总消费的比例明显高于城市居民。2020年，我国农村居民人均医疗保健支出为13 713.4元，占消费支出比重的10.3%，明显高于城市居民（8.0%），说明农村地区的医疗负担仍较重。

表 1.1　2010~2020 年我国城乡医疗资源情况

年份	每千人口卫生技术人员/人			每千人口医疗机构床位数/张			农村每千人口乡镇卫生院床位数/张
	城市	农村	城乡差	城市	农村	城乡差	
2010	7.62	3.04	4.58	5.94	2.60	3.34	1.04
2011	7.90	3.19	4.71	6.24	2.80	3.44	1.16
2012	8.54	3.41	5.13	6.88	3.11	3.77	1.14
2013	9.18	3.64	5.54	7.36	3.35	4.01	1.18
2014	9.70	3.77	5.93	7.84	3.54	4.30	1.20
2015	10.21	3.90	6.31	8.27	3.71	4.56	1.24
2016	10.42	4.08	6.34	8.41	3.91	4.50	1.27
2017	10.87	4.28	6.59	8.75	4.19	4.56	1.35
2018	10.91	4.63	6.28	8.70	4.56	4.14	1.43
2019	11.10	4.96	6.14	8.78	4.81	3.97	1.48
2020	11.46	5.18	6.28	8.81	4.95	3.86	1.50

资料来源：2011~2021 年《中国社会统计年鉴》

另以养老保险为例。城镇职工基本养老保险水平明显高于城乡居民养老保险水平，2020 年城镇职工基本养老保险基金支出 51 301.4 亿元，年人均支出 40 197.61 元；城乡居民养老保险基金支出为 3355.1 亿元，年人均支出 2088.04 元。城镇职工基本养老保险待遇是城乡居民基本养老保险待遇的 19.25 倍（表 1.2）。

表 1.2　2011~2020 年城镇职工基本养老保险与城乡居民养老保险

年份	城镇职工基本养老保险			城乡居民养老保险			人均支出比值
	参保离退休人员/万人	基金支出/亿元	人均支出/元	领取待遇人数/万人	基金支出/亿元	人均支出/元	
2011	6 826.2	12 764.9	18 699.86	8 921.8	598.3	670.60	27.89
2012	7 445.7	15 561.8	20 900.39	13 382.2	1 149.7	859.13	24.33
2013	8 041.0	18 470.4	22 970.28	14 122.3	1 348.3	954.73	24.06
2014	8 593.4	21 754.7	25 315.59	14 741.7	1 571.2	1 065.82	23.75
2015	9 141.9	25 812.7	28 235.60	14 800.3	2 116.7	1 430.17	19.74
2016	10 103.4	31 853.8	31 527.80	15 270.3	2 150.5	1 408.29	22.39
2017	11 025.7	38 051.5	34 511.64	15 597.9	2 372.2	1 520.85	22.69
2018	11 797.7	44 644.9	37 842.04	15 898.1	2 905.5	1 827.58	20.71
2019	12 310.4	49 228.0	39 988.95	16 031.9	3 114.3	1 942.56	20.59
2020	12 762.3	51 301.4	40 197.61	16 068.2	3 355.1	2 088.04	19.25

资料来源：2012~2021 年《中国劳动统计年鉴》

再以县域内基础设施和公共服务水平为例。我们选取普通中学在校学生数占比、小学在校学生数占比、第二产业就业人员占比、第三产业就业人员占比、每万人口医疗卫生机构床位数、每万人口社会福利收养性单位床位数、每万人固定电话用户数和数字基础设施建设等指标，来度量县域内基础设施和公共服务的水平。利用2019年的数据，选取熵值法对全国1995个县域的公共服务水平进行测度，测算结果显示，东部地区县域公共服务水平明显优于其他地区，平均得分为17.15分，中部地区和西部地区县域公共服务水平均值比较接近，分别为13.82分和13.42分，东北地区县域公共服务水平得分最低，为12.25分，明显低于全国平均水平（14.38分）。县域公共服务水平差异主要来自地区内部差异，其贡献率高达90.21%。不同省份的县域公共服务水平差距较大，排名前100的县域的公共服务平均得分为31.32分，有近一半（51个）集中在浙江省（33个）和江苏省（18个）；而排名后100的县域的公共服务的平均得分仅为6.76分，主要集中在山西（14个）、黑龙江（13个）、内蒙古（13个）和云南（13个）等省份。尤其是，国家乡村振兴重点帮扶县公共服务的平均得分为11.29分，明显落后于全国平均水平（14.38分）。在排名后100的县域中，原属于国家级贫困县（50个）和重点帮扶县（13个）的数量达50个。

（三）人类发展指数

综合来看，以人类发展指数（human development index，HDI）指标来衡量，乡村发展落后城镇20年以上。

据我们（林万龙和陈蔡春子，2021）的研究，整体而言，在过去的40年中，城乡HDI的相对差距[①]从1978年的1.48减小到2017年的1.26，但差距仍然明显：中国城镇在1988年便已步入中等人类发展组别，于2007年步入高人类发展组别，而农村在2007年才步入中等人类发展组别，2020年仍未步入高人类发展组别（图1.3）。乡村HDI落后城镇20年以上。

以上分析确实如习近平总书记所指出的，"全面建设社会主义现代化国家，实现中华民族伟大复兴，最艰巨最繁重的任务依然在农村"[②]。共同富裕的前提是总体富裕，但总体富裕显然不意味着共同富裕，共同富裕还必须在实现总体富裕的同时，缓解城乡之间、区域之间和农村内部的收入差距。实施乡村振兴战略，促进农民特别是低收入农民收入的更快增长，缩小基础设施和公共服务的城乡差距，将补齐共同富裕的最大短板。

---

① 用城镇HDI值除以农村HDI值来衡量。
② 《习近平：坚持把解决好"三农"问题作为全党工作重中之重 举全党全社会之力推动乡村振兴》，https://www.12371.cn/2022/03/31/ARTI1648714506421324.shtml，2022年3月31日。

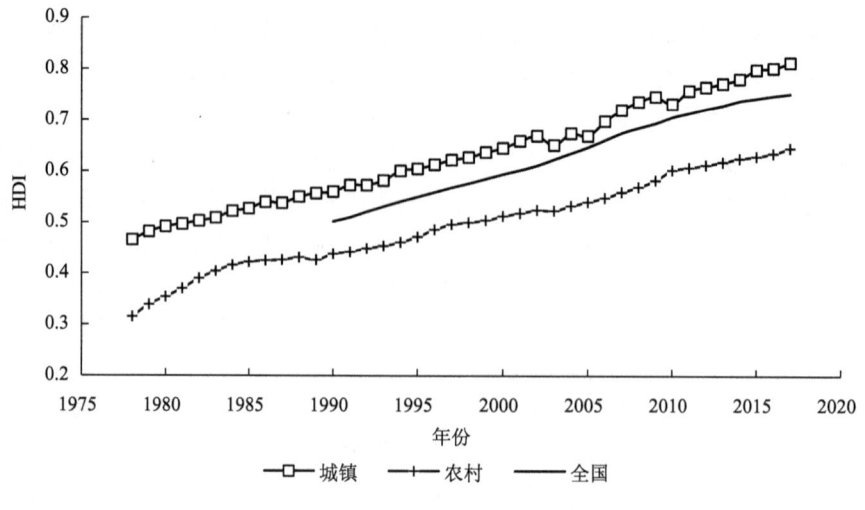

图 1.3 中国城镇、农村及全国 HDI 值测算
资料来源：林万龙和陈蔡春子（2021）

二、以乡村振兴筑牢百年未有之大变局下全体人民共同富裕的坚实基础

百年未有之大变局下，迫切需要加快构建以国内大循环为主体、国内国际双循环相互促进的新发展格局。全面实施乡村振兴战略将为确保国家粮食安全奠定基础，同时也将推动城乡要素平等交换和双向流动，增强农业农村发展活力，促进国内大循环，从而为共同富裕奠定坚实基础。从民族复兴的大局考量乡村振兴对于共同富裕的重要意义，必须清醒地认识以下三个基本事实。

（一）我国始终有大量人口居住在乡村

改革开放以来，伴随工业化的推动，我国城镇化进程也逐步加快，城镇化水平由 1978 年的 18% 上升至 1996 年的 30%。而后城镇化进程开始加速，截至 2020 年末我国常住人口的城镇化率已超过 60%。目前城镇化中期阶段即将结束，城镇化增速将逐步放缓。据林毅夫和陈斌开（2013）、徐匡迪（2013）、魏后凯和苏红键（2013）等研究的预测，我国未来城镇化率将维持在 70%~80%，到 2050 年我国的城镇化水平有可能接近天花板。2023 年末我国农村常住人口数量约为 4.77 亿人，未来我国仍将有 3 亿~4.5 亿的人口生活在农村地区，相当于甚至超过美国全国的人口规模。

（二）百年未有之大变局下必须稳住农业的基本盘

百年未有之大变局的一大标志是中国的崛起。1978 年，中国经济总量占美国的比例为 6.3%，占全球经济总量的比例为 1.8%。历经 40 余年的改革开放，我国经济体量已不可同日而语。2020年,中国经济体量占全球的比例已达到17%,而占美国的比例更是超过了70%(图1.4)。中国共产党建党一百多年后的今天,正处于实现中华民族伟大复兴战略全局和世界百年未有之大变局的交汇期,百年未有之大变局对中国的影响极为广泛、深刻、重大。中华民族现在比历史上任何时期都接近中华民族复兴的目标,但也面临着更为复杂的国际形势、外部压力和尖锐的斗争。

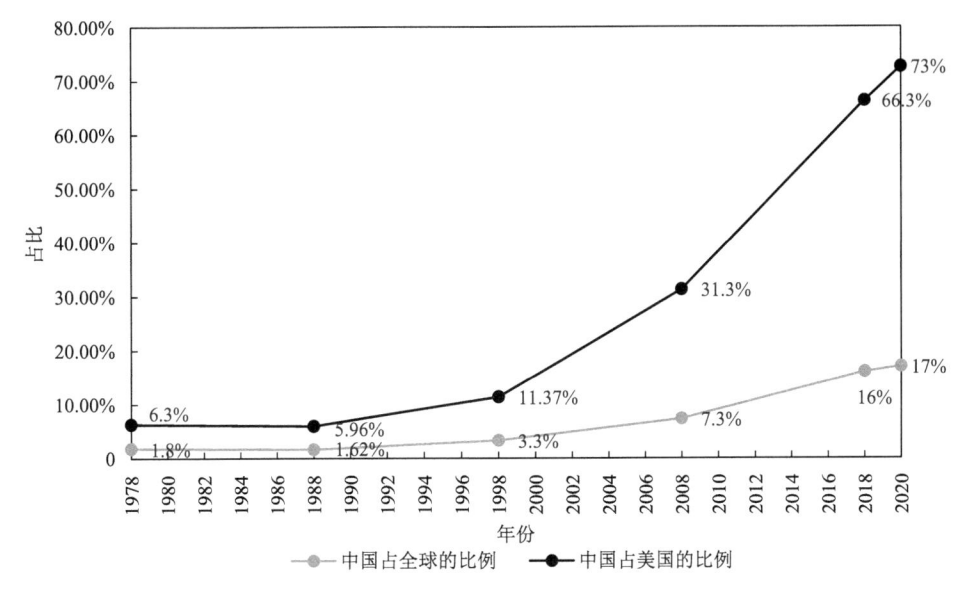

图1.4 中国经济总量变化:1978~2020年

应对百年未有之大变局带来的不确定性,需要增强风险意识,牢牢把握发展的主导权,确保国家安全。对我国这样一个拥有14亿人口的大国来说,粮食安全是国家安全的重要基础,确保粮食安全始终是治国理政的头等大事。我国以10%的耕地生产了全球21%的谷物、25%的肉类、30%的水果,养活了世界18%的人口,是非常了不起的成就。但同时也应清醒地认识到,我国粮食消费量的增长仍快于产量的提高,粮食生产和消费长期处于"紧平衡"状态,耕地保护的压力仍然很大,"谁来种地"的问题并未得到根本性解决,种质资源"卡脖子"问题突出,粮食安全问题仍然有很大的隐忧。对于坚持总体国家安全观,加强国家安全体系和能力建设而言,实施粮食安全战略也是题中应有之义。因此,百年未有之大变局下中华民族的伟大复兴必须要有强大的农业作为支撑,农业产业和粮食产业的振兴,既是乡村产业振兴的重要内容,也是百年未有之大变局下确保国家安全的需要。

（三）激发农村地区的巨大消费潜力是实现国内大循环的重要保障

应对百年未有之大变局，必须加快形成"以国内大循环为主体、国内国际双循环相互促进"的新发展格局。激发农村地区的巨大消费潜力是实现国内大循环的重要保障。有研究发现，2023年乡村消费品零售额只有6万多亿元，占整个社会消费品零售总额（41万亿元）的比重不足15%。经济学的基本原理揭示：收入相对较低的群体的边际消费倾向较高。因此，提升低收入群体的收入水平，可以显著提升总体消费水平。事实上，测算数据显示，近年来，我国农村居民家庭边际消费倾向确实显著高于城镇居民家庭（图1.5）。因此，在国内大循环的背景下，扩大内需的重要市场在农村。实施乡村振兴战略，提升农村居民收入水平，可以显著扩大农村消费市场，促进形成以国内循环为主的双循环发展格局，应对百年未有之大变局带来的风险挑战。

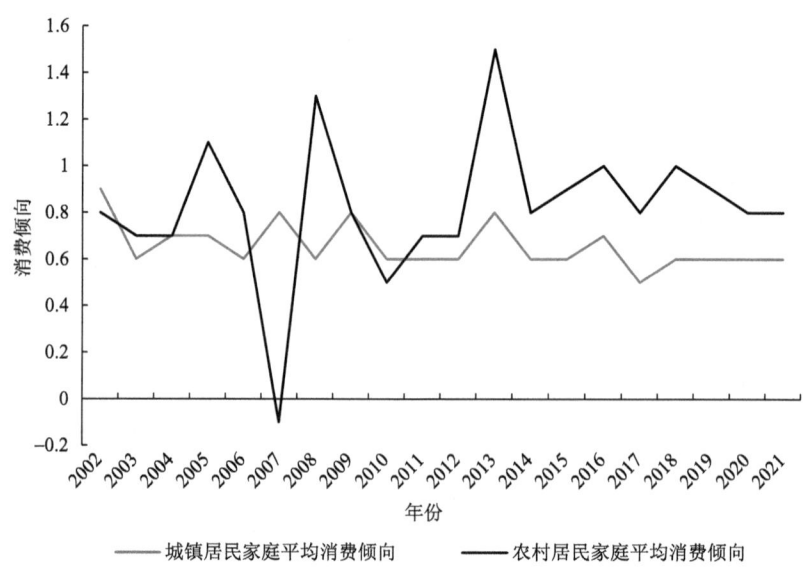

图1.5 城乡居民的家庭边际消费倾向

资料来源：作者根据2003~2022年《中国统计年鉴》相关数据计算

第二节 以乡村振兴促进共同富裕的影响机制

共同富裕的前提是总体富裕，但总体富裕显然不意味着共同富裕。共同富裕还必须在实现总体富裕的同时，兜住防返贫底线，缩小收入和福利差距。因此，共同富裕的实现途径可以表述为以下等式：

共同富裕 = 实现总体富裕+缓解收入和福利差距+兜牢规模性返贫底线

其中，上述三个途径的核心工作可以表述为

实现总体富裕=经济的可持续发展

缓解收入差距=实现低收入人口收入的更快速增长

缓解福利差距=实现基础设施和基本公共服务的城乡和区域均等化

兜牢规模性返贫底线=强化易致贫返贫和低收入人口监测与帮扶

基于上述等式，以乡村振兴促进共同富裕的影响机制可以概括为：抓好两个底线，促进两个融合，做好两个衔接。

一、抓好两个底线，筑牢乡村振兴促进共同富裕的基础

一是确保国家粮食安全底线。百年未有之大变局背景下，确保国家粮食安全意义更为重大。全面实施乡村振兴战略，不仅不能削弱，而且必须强化国家粮食安全。保障粮食安全，重点要夯实"藏粮于地、藏粮于技"的物质基础。其中，"藏粮于地"的核心是耕地，要守住 18 亿亩[①]耕地红线，提高高标准农田建设标准和质量。"藏粮于技"的核心是种子，要加强种质资源保护利用和优良品种选育推广，开展农业关键核心技术攻关。

二是防止规模性返贫。目前，脱贫地区和脱贫人口的内生动力与自我发展能力亟待进一步提升，部分农村人口仍然存在返贫致贫风险。强化易致贫返贫和低收入人口监测与帮扶、防止规模性返贫，既是巩固拓展脱贫攻坚成果的基本要求，也是全面实施乡村振兴战略的底线性要求。

二、促进两个融合，助力实现总体富裕和缓解城乡区域福利差距

一是一二三产融合发展。这既是构建现代农业产业体系、加快转变农业发展方式、促进农业农村经济可持续发展的必然要求，也是拓宽农业增收渠道、解决好低收入农户增收的重要抓手。

二是城乡融合发展。乡村产业发展离不开城市和乡村产业布局的合理调配，促进大城市、中型城市、小城市、县域、乡域的多层次产业发展布局，可以使产业、劳动力、人口的空间布局更加合理。实现共同富裕、实现更高质量的发展，一定要加快完善城乡一体化的基础设施和公共服务体系建设。要加快促进县域内城乡融合发展，实现县、乡、村功能衔接互补。

---

① 1 亩≈666.67 平方米。

三、做好两个衔接，提升低收入群体收入和福利水平

一是小农户与现代农业发展有机衔接。我国特定的人口、资源禀赋决定了在未来相当长的时期内，户均几十亩耕地的小农户经营都将是我国未来农地经营的常态。正是基于此，中央一再强调，要促进小农户生产和现代农业发展有机衔接。在这一中国特色农业现代化发展道路上，社会化服务体系建设具有重大意义，是小农户背景下实现农业规模经济的重要手段，也是农村低收入人口增收的重要途径。

二是巩固拓展脱贫攻坚成果同乡村振兴有效衔接。脱贫地区巩固脱贫成果是衔接乡村振兴的基础。中央已经决定，2020 年脱贫攻坚目标任务完成后，设立 5 年过渡期。在"十四五"时期实现了有效衔接之后，巩固拓展脱贫成果的体制和政策体系，将逐步转化过渡为实施乡村振兴的体制和政策体系。

第三节　以乡村振兴促进共同富裕的关键路径

一、对我国总体富裕程度的基本判断

党的十九大对实现第二个百年奋斗目标做出了分两阶段推进的战略安排，即到 2035 年基本实现社会主义现代化，到 21 世纪中叶把我国建成富强民主文明和谐美丽的社会主义现代化强国。党的二十大再次明确了这一两步走战略，并且明确提出：到 2035 年，"人均国内生产总值迈上新的大台阶，达到中等发达国家水平"[①]。

根据这一战略规划，可以这么认为：从经济维度来说，到 2035 年，中国人均 GDP 达到中等发达国家水平时，可以认为中国基本实现了总体富裕；到 2050 年，中国人均 GDP 比 2035 年再次翻番时，可以认为中国完全实现了总体富裕。

如何理解"中等发达国家水平"？中国的人均 GDP 是否可能在 2035 年达到中等发达国家水平？黄群慧和刘学良（2021）对此问题进行了详细探讨。根据他们的界定，2019 年全球共有 36 个国家可被视为发达国家，将这 36 个国家按照人均 GDP 水平由低向高分为两组，前 18 个（人均 GDP 相对较低的）国家为上半组，后 18 个（人均 GDP 相对较高的）国家为下半组；所谓"中等发达国家水平"，可以界定为前 18 个国家人均 GDP 的中位数或均值，即 24 699.6 美元或 26 588.1 美元。据黄群慧和刘学良（2021）的预测，按 2019 年价格计算，到 2035 年，中国

[①] 引自 2022 年 10 月 26 日《人民日报》第 1 版的文章：《高举中国特色社会主义伟大旗帜　为全面建设社会主义现代化国家而团结奋斗》。事实上，《中国共产党第十九届中央委员会第五次全体会议公报》已经提出，到 2035 年要实现人均国内生产总值达到中等发达国家水平。

人均GDP将达到23 005美元,与"中等发达国家水平"接近;到2050年,中国的GDP总量将达到55万亿美元,人均GDP将近4.2万美元,是2020年人均GDP水平的3.75倍,人均GDP将达到18个最发达国家水平人均GDP中位数的80%,应该说将完全实现总体富裕。

结合黄群慧和刘学良(2021)的研究,本章将联合国确定的60余个发达国家都看作发达国家,并将它们分为高水平发达国家、中等发达国家、低水平发达国家三类。高水平发达国家为36个公认发达国家中2021年人均GDP水平较高的18个,中等发达国家为36个公认发达国家中2021年人均GDP水平较低的18个,低水平发达国家为36个公认发达国家之外的其他发达国家。剔除18个中等发达国家中2011~2021年经济衰退的圣马力诺、法国、日本、意大利、西班牙、塞浦路斯、希腊,余下11个国家人均GDP情况如表1.3所示。假设这些国家的人均GDP在2022~2035年保持2011~2021年的平均增速,他们2035年的人均GDP区间为[25 356,55 210]。2035年中国人均GDP若能达到25 356美元,即可认为达到了中等发达国家水平,这一数字与"到2035年实现经济总量或人均收入翻一番"的目标较为接近。

表1.3 11个中等发达国家人均GDP及其预测(2021年价格)

国家	2021年人均GDP/美元	2011~2021年平均增速	2035年人均GDP/美元
韩国	34 758	3.31%	54 837
马耳他	33 257	3.69%	55 210
斯洛文尼亚	29 201	1.51%	36 035
爱沙尼亚	27 281	4.55%	50 842
捷克	26 378	1.89%	34 291
葡萄牙	24 262	0.44%	25 804
立陶宛	23 433	5.01%	46 438
斯洛伐克	21 088	1.36%	25 465
拉脱维亚	20 642	4.46%	38 040
匈牙利	18 773	2.80%	27 640
波兰	17 841	2.54%	25 356

资料来源:世界银行公开数据(data.worldbank.org.cn)

基于前面的讨论,在促进共同富裕的大目标下,中国2035年的总体富裕水平要达到中等发达国家水平,2022~2035年人均GDP年均增速应在5.18%以上,这是2035年总体富裕程度的底线目标。考虑到2011~2021年中国人均GDP平均增速为8.38%,上述增长是完全有可能实现的。

以上是将中国经济体视为一个整体进行的分析。我们还可以将城乡视作两个区域，做进一步的分析。本书关注的重点是农民农村的共同富裕。因此，还必须关注乡村地区的总体富裕程度。我们不希望当中国实现或者基本实现总体富裕时，乡村地区仍处于欠发达状态。当然，我们不能苛求当中国的人均GDP在2035年达到中等发达国家水平时，乡村地区也达到这一水平。我们在此希望的是，到2035年，以人均国民收入标准衡量，乡村地区可以达到世界银行所设定的"高收入国家"标准。这一标准以2021年价格计算，为人均13 205美元。

从1980年到2020年，中国人均国民总收入（gross national income，GNI）陆续跨过世界银行的低收入国家标准、中等收入国家标准，目前即将迈过高收入国家门槛。1980年，中国人均GNI约为312美元，在低收入国家标准（480美元）之下，属于低收入国家。1998年，中国人均GNI约为815美元，超过世界银行划定的低收入国家标准（760美元），成为中低收入国家，在全世界排第123位。2010年，中国人均GNI（4531美元）超过中等收入国家标准（3975美元），成为中高收入国家，在全球排第99位。2021年，中国人均GNI约为12 437美元，离高收入国家标准（13 205美元）一步之遥（图1.6），在全球217个经济体中排第67位。预计在"十四五"中后期，最晚在2025年，中国将可以跨过高收入国家的门槛（林毅夫和付才辉，2022；魏后凯，2020）。

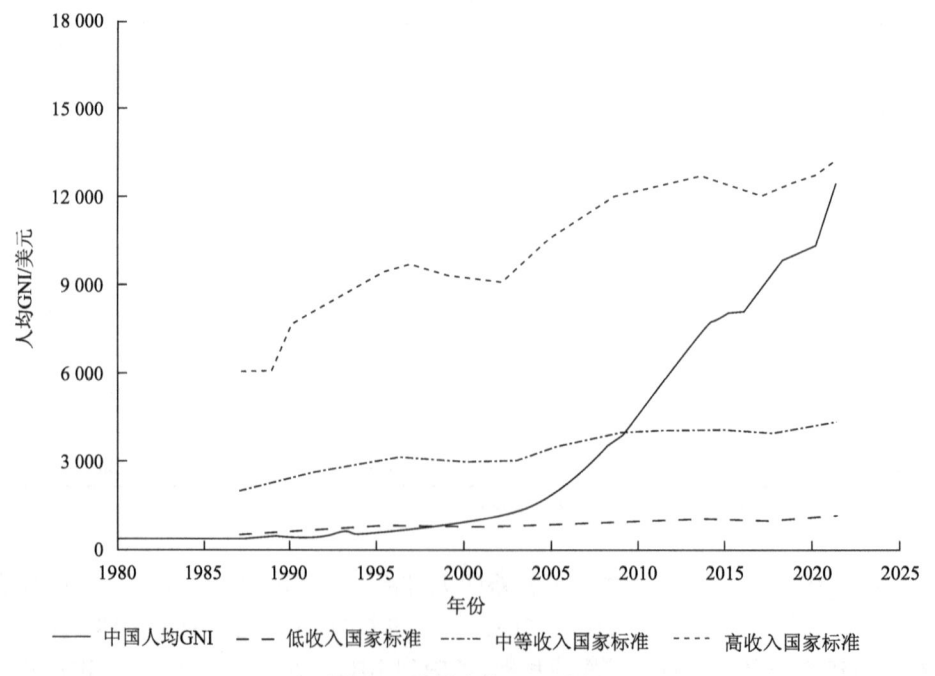

图1.6 中国人均GNI水平

资料来源：《中国统计年鉴》、世界银行官网

对乡村地区进行单独考察的困难在于没有分城乡的 GNI 数据。我们在此做一个粗略的估算，假定 GNI 在城乡之间的比例与居民可支配收入在城乡之间的比例相同，则可用城乡居民可支配收入比将全国 GNI 分为城镇 GNI 和农村 GNI，再分别除以城镇、农村常住人口即可估算（虚拟的）城镇人均 GNI 和农村人均 GNI。

1980～2021 年，中国城镇人均 GNI 提升巨大，若将其视作一个经济体，2018 年已是高收入经济体，2023 年超过高收入国家标准较多。1980 年，中国城镇居民人均可支配收入约为 600 美元。1987 年，城镇居民人均可支配收入为 500 美元，略高于低收入国家标准（480 美元），此时的中国城镇地区可以被视作一个中低收入经济体。2007 年，城镇居民人均 GNI 约为 4336 美元，超过中等收入国家标准（3705 美元），此时的中国城镇可被视作一个中高收入经济体。2004～2017 年，城镇居民人均 GNI 与高收入国家标准的差距不断缩小。2018 年，城镇居民人均 GNI 约为 12 977 美元，超过高收入国家标准（12 375 美元），此后的中国城镇地区可被视作高收入经济体。到 2021 年，城镇居民人均 GNI 约为 15 783 美元（图 1.7），相当于高收入国家标准的 1.2 倍。

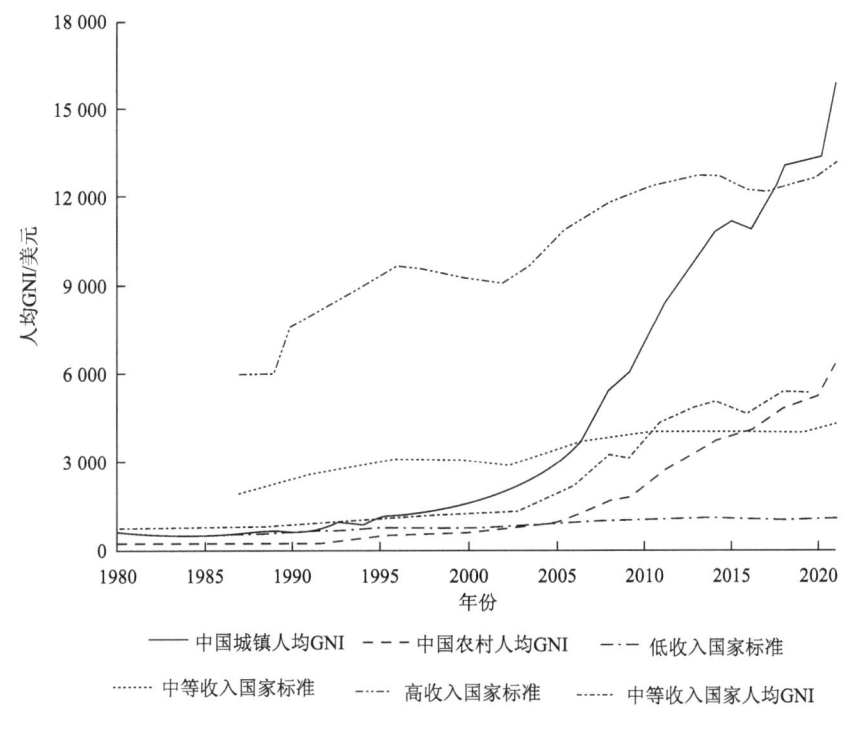

图 1.7 中国城乡人均 GNI 水平（模拟）

资料来源：作者根据《中国统计年鉴》和世界银行官网相关数据绘制

直到 2005 年，农村居民人均 GNI（888 美元）才超过低收入国家标准（875 美元），此时的中国农村可被视作一个中低收入经济体。2005~2021 年，农村居民人均 GNI 增长较多。到 2021 年，中国农村居民人均 GNI 已达到 6302 美元，略微超过中等收入国家人均 GNI（6102 美元），相当于高收入国家标准（13 205 美元）的 47.7%。假定高收入国家标准在未来维持 2010~2020 年的年均增速（0.5%），如果中国农村居民人均 GNI 能维持 2010~2020 年的年均增速的七成（即 6.1%），则可在 2035 年迈过高收入门槛；如果维持 2010~2020 年的年均增速的一半（4.38%），则可在 2040 年迈过高收入门槛。

总结以上分析，以人均 GNI 标准度量，在 2035 年左右，中国总体达到中等发达国家水平、乡村达到高收入国家门槛标准应该是比较有把握的。可以认为，到 2035 年左右，中国实现总体富裕是比较有把握的。由此看来，就实现共同富裕目标来说，重点和难点不在于总体富裕，而在于确保摆脱绝对贫困和缓解相对贫困；聚焦的对象，应该是农村低收入群体。

二、以乡村振兴促进共同富裕的关键路径 1：兜牢规模性返贫底线

（一）兜牢不发生规模性返贫底线还存在短板

巩固脱贫成果是继消除绝对贫困、全面建成小康社会后的阶段性任务，是实现脱贫攻坚与乡村振兴有效衔接的必要环节，是乡村全面振兴的基础和前提。习近平总书记指出，"要坚决守住防止规模性返贫的底线"[①]。2022 年中央一号文件将不发生规模性返贫确立为乡村振兴的两条底线任务之一。根据乡村振兴"三步走"战略安排[②]，到 2050 年，要实现乡村全面振兴，农业强、农村美、农民富全面实现。由此可以看出，农民农村共同富裕是乡村全面振兴的核心任务之一。不发生规模性返贫，既是乡村振兴的底线要求，也是实现农民农村共同富裕的底线要求。

从我们所开展的较大规模的实地调研情况看[③]，在实现巩固拓展脱贫攻坚成果同乡村振兴有效衔接过渡期的第一年（2021 年），脱贫地区"两不愁三保障"[④] 成果持续巩固，防返贫预警和监测帮扶体系初步建立，脱贫县持续落实教育、医疗、住房、饮水等扶贫政策，积极构建"教育帮、危房建、饮水改、医疗保"的巩固拓展脱贫攻坚成果工作体系，守住了不发生规模性返贫的底线。但是在"三

[①] 《习近平在参加内蒙古代表团审议时强调：完整准确全面贯彻新发展理念 铸牢中华民族共同体意识》，https://www.gov.cn/xinwen/2021-03/05/content_5590762.htm，2021 年 3 月 5 日。
[②] 《中央农村工作会议在北京举行 习近平作重要讲话》，http://www.moa.gov.cn/ztzl/ncgzhy2017/zxdt/201801/t20180103_6133744.htm，2017 年 12 月 30 日。
[③] 调研了 14 省（直辖市）的 20 个脱贫县、100 个脱贫村、3100 余户农户。
[④] "两不愁三保障"指不愁吃、不愁穿，义务教育、基本医疗、住房安全有保障。

保障"和饮水安全方面仍有隐忧,需要重视和加以克服,以降低规模性返贫风险。

(二)实现帮扶政策体系的有效衔接和过渡

中央政策文件要求,在脱贫攻坚目标任务完成后设立5年过渡期,过渡期内保持现有主要帮扶政策总体稳定,并要求逐项分类优化调整,合理把握节奏、力度和时限[1]。调整时限无疑就是5年过渡期,如何做到合理把握节奏和力度?这需要对脱贫县的农户现状有个基本的把握。

我们的调研显示(图1.8),在脱贫县中,农户之间的收入差异性极大。这不仅表现在脱贫户之中,也表现在脱贫户和非贫困户的对比之中。2021年人均可支配收入最高的20%的脱贫户的人均可支配收入已远超调研县农村居民的人均可支配收入,但人均可支配收入最低的5%的脱贫户的人均可支配收入甚至低于当年的收入贫困标准[2]。对于一般农户(即非贫困户)中那些具有一定致贫风险的突发严重困难户和边缘易致贫户来说,他们的人均可支配收入总体而言比40%的脱贫户还要低。这一结论与我们基于更大样本对脱贫地区2019年农户收入的调研分析结论一致。

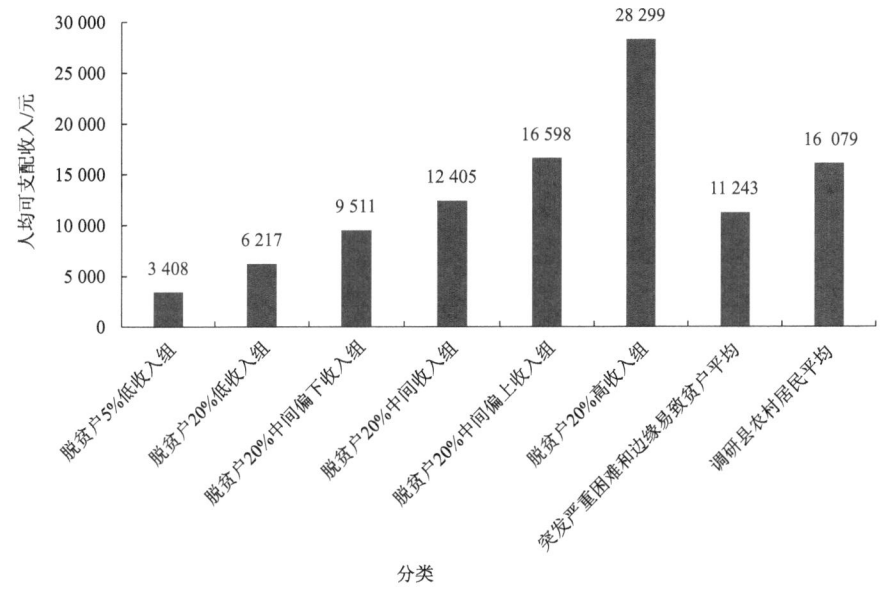

图1.8 不同农户人均可支配收入比较(2021年)

资料来源:根据作者2021年对14省(直辖市)的实地调研数据计算

---

[1] 参见2021年2月21日发布的《中共中央 国务院关于全面推进乡村振兴加快农业农村现代化的意见》。

[2] 需要注意的是,由于我国的脱贫标准主要依据的是"两不愁三保障",收入只是个参考因素。因此,人均可支配收入略低于贫困标准也不意味着未脱贫。

这一结论意味着，原有针对建档立卡贫困户的帮扶政策体系在过渡期要合理把握调整的节奏和力度，必须遵循"双渐并重、动态调整"的原则。

一方面，对于稳定脱贫农户的特惠帮扶政策应注意逐步退出，即"渐退"。具体而言，对于收入较高、可持续发展能力较强的稳定脱贫户，特惠帮扶政策应尽快退出，以体现政策公平性；对于那些收入水平较低、发展脆弱性较强的脱贫户，特惠帮扶政策的退出则不宜过急甚至应持续保持，以降低规模性返贫风险。

另一方面，特惠帮扶应同时向部分一般农户适当延伸，即"渐进"。这部分一般农户主要指的是收入水平较低、有较大致贫风险的农户。只有这样，才有可能兜住不发生规模性返贫的底线。事实上，上述需要特惠帮扶政策加以覆盖的脱贫户和一般农户，就是目前政策体系中所指的监测户[①]。监测户与脱贫攻坚期的建档立卡贫困户的一大区别，在于监测户的"动态化"，即根据农户实际状况的变化动态进入或退出监测系统，实现应纳尽纳、应退尽退（图1.9）。建立并完善动态管理的监测户帮扶政策体系，是实现帮扶政策体系的有效衔接和过渡、巩固脱贫成果、守住不发生规模性返贫底线的关键。

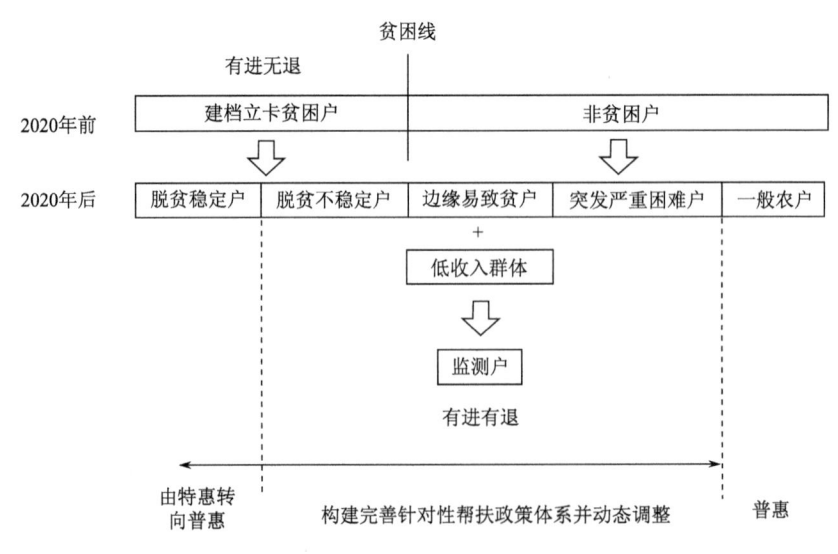

图1.9 "双渐并重、动态调整"帮扶政策体系示意图

[①] 2021年3月22日发布的《中共中央 国务院关于实现巩固拓展脱贫攻坚成果同乡村振兴有效衔接的意见》提出，要对脱贫不稳定户、边缘易致贫户，以及因病因灾因意外事故等刚性支出较大或收入大幅缩减导致基本生活出现严重困难户，开展定期检查、动态管理，重点监测其收入支出状况、"两不愁三保障"及饮水安全状况，合理确定监测标准。

三、以乡村振兴促进共同富裕的关键路径2：强化农村低收入人口帮扶

2020年脱贫攻坚任务完成后，针对绝对贫困的脱贫攻坚举措要逐步调整为针对相对贫困的日常性帮扶措施。党的十九届四中全会提出"建立解决相对贫困的长效机制"[①]。在此之后，中央政策文件中不再采用"相对贫困"这一概念，而代之以"低收入人口"的提法[②]。

维克多·富克斯（Victor Fuchs）将贫困线确定为美国全国人口收入分布中值的50%。这种设定相对贫困线的方法基本被后来的学者所沿用，即将某个国家或区域的平均收入或者中位收入乘以百分比定义为相对贫困线。例如，2001年欧盟将相对贫困线设为人均可支配收入中位数的60%，部分经济合作与发展组织（Organisation for Economic Co-operation and Development，OECD）国家采用社会中位数收入的50%作为相对贫困线，美国现行官方贫困线大致相当于中位数收入的30%～40%，日本则以家庭收入十等分组中中等收入家庭收入的60%为相对贫困线标准，等等（张琦和沈扬扬，2020）。

严格来说，收入意义上的"相对贫困人口"概念在内涵上与"低收入人口"稍微有所差异。在一个收入普遍偏低的人群中，缓解相对贫困不一定意味着摆脱了绝对贫困；而我国政策文件中的低收入人口概念，指的是摆脱了绝对贫困之后的、收入相对较低的人口[③]。如果以不再发生规模性返贫作为底线，那么可以认为，促进低收入人口更快增收与缓解相对贫困在含义上是一致的。

如前文所述，农村低收入人口的收入及收入增长状况不容乐观。以促进低收入人口收入更快增长、缩小收入差距作为核心任务，未来促进农民农村共同富裕的政策体系应把缩小城乡和农村内部收入差距作为重点。为此，需要构建农村低收入人口帮扶的"IPS三支柱"政策体系，即在初次分配领域应实现包容性（inclusive）经济增长，在再分配领域应强化益贫性（pro-poor）公共服务，在三次分配领域应鼓励可持续性（sustainable）社会帮扶。

[①] 《中国共产党第十九届中央委员会第四次全体会议公报》，https://www.gov.cn/xinwen/2019-10/31/content_5447245.htm，2019年10月31日。

[②] 例如，2021年2月21日发布的《中共中央 国务院关于全面推进乡村振兴加快农业农村现代化的意见》和2021年3月22日发布的《中共中央 国务院关于实现巩固拓展脱贫攻坚成果同乡村振兴有效衔接的意见》提出，要加强对农村低收入人口的监测和帮扶。

[③] 这与Ravallion和Chen（2011）提出的"弱相对贫困"的概念比较类似。Ravallion和Chen（2011）构造了复合型贫困指数$z=\max(z^*, a+kM_i)$用以调节绝对贫困和相对贫困之间的差异，表明贫困线由绝对贫困线z^*和相对贫困线$a+kM_i$中的较大者决定。

（一）实现包容性经济增长

亚洲开发银行 2006 年率先使用包容性增长的理念，尝试解答"如何使经济增长过程更公平，如何使经济增长的成果惠及所有人"的问题，引起了亚洲各国的广泛关注。2009 年和 2010 年，国家主席胡锦涛在亚太经合组织（Asia-Pacific Economic Cooperation，APEC）两次重要会议[①]上强调和倡导"包容性增长"，将保障和改善民生作为经济发展的出发点和落脚点，掀起了国内学者对"包容性增长"研究的热潮。

从过去 20 年的情况看，实现农民农村共同富裕所需要的包容性增长显得有所不足：2000~2020 年，农户收入结构中，反映初次分配的经营性收入和工资性收入的比重总和从 94.5%下降到了 76.2%，来自第二三次分配的转移性收入比重从 3.5%上升到了 21.4%。农村居民的人均可支配收入年均增长率为 10.7%，工资性收入年均增长率为 12.2%，而经营性收入年增长率仅为 7.5%，转移性收入年均增长率却高达 21.2%。从农村居民内部来看，包容性经济增长也未实现，2010~2020 年，20%最低收入群体可支配收入的年均增长率为 9.6%，全国农户平均可支配收入的年均增长率为 10.6%。

初次分配是再分配和第三次分配的基础。初次分配的重点在于充分发挥市场对资源配置的决定性作用，实现效率优先的同时关注公平问题，目的是"提低、扩中"，促进低收入群体收入不断增长，扩大中等收入群体的比重。故而，扎实推进农民农村共同富裕，需要在初次分配领域实现包容性经济增长，通过提升劳动力、土地、资本等生产资源的利用效率，把"蛋糕"做大做好，促进总体富裕程度的不断提升，把共同富裕的基础筑牢（唐任伍等，2022）。对于包容性增长，应着力做好以下工作。

一是强化产业发展的包容性。产业是农民农村发展的依托和根基。各地区，特别是欠发达地区在产业选择中，应选择发展包容性产业，以市场需求为导向发展当地农村居民特别是中低收入劳动力能广泛参与的特色产业。与此同时，完善联农带农机制，通过"政府+龙头企业/农民合作社/家庭农场+农户"等多元主体利益连接模式，发展能带动当地农户发展致富的新型经营主体，构建小农户与现代农业有机衔接的产业发展模式，稳步提升农户的收入水平。在产业发展中应特别注意加强对低收入农户的瞄准性和特惠性。充分考虑低收入农户人力资本匮乏、

---

① 这两次会议指 2009 年亚太经合组织领导人非正式会议和 2010 年亚太经合组织人力资源开发部长级会议，参见：《胡锦涛在亚太经合组织第十七次领导人非正式会议上的讲话》，https://www.fmprc.gov.cn/web/wjb_673085/zzjg_673183/gjjjs_674274/gjzzyhygk_674253/ytjh_674269/zyjh_674279/200911/t20091115_7664001.shtml，2009 年 11 月 15 日；《胡锦涛在 APEC 人力资源开发部长级会议上的致辞》，https://www.gov.cn/ldhd/2010-09/16/content_1703949.htm，2010 年 9 月 16 日。

发展能力不足的问题，引进一批劳动密集型产业，通过加大对低收入群体的技术培训、构建农业风险防范和补偿机制、完善市场服务体系等方式促进低收入农户与新型经营主体利益连接，让低收入群体参与到经济建设中，避免对低收入农户的单向的物质帮扶，充分连接带动低收入农户发展增收（林万龙等，2018）。

二是强化城乡产业融合发展。首先，要破除阻碍城乡要素流动、影响城乡一体化市场形成的城乡二元体制。鼓励资本、人口等生产要素在城乡间双向流动，提高全要素生产率，缩小城乡之间的发展差距。其次，要统筹城乡空间规划布局，形成"中心城市—中心乡镇—中心村"梯度辐射、层次分明、功能互补的城乡产业发展体系。最后，要推动农村一二三产业融合发展。在根据市场需求优化产业发展，做好特色农业的基础上，发展仓储保鲜、初加工、精深加工等农业加工业，并因地制宜地打造集农产品销售、农业观光、休闲采摘、农事体验等于一体的乡村旅游业。

（二）强化益贫性公共服务

2003年以来，我国再分配机制对农民农村的各项补贴政策大幅推动了农业农村发展，强化了对农业、农村、农民的公共服务政策体系，提升了农民收入和福祉水平（蔡海龙和林万龙，2017）。但从低收入农户帮扶角度来看，需要强化这些补贴政策的益贫性[①]。

林万龙和茹玉（2014）曾根据益贫性将中央的各类"三农"直接补贴政策分为三类：普惠型补贴、益贫型补贴和支出挂钩型补贴。其中，普惠型补贴具有贫困中性，益贫型补贴有利于低收入人口，而支出挂钩型补贴由于与农户的支出水平挂钩，实际受益人群更多地表现为农村居民中相对富裕的人口。该研究表明，各类"三农"直接补贴政策实施以来，支出挂钩型补贴的比例在大幅度上升，普惠型补贴的比例在大幅度下降，益贫型补贴的比例虽然大致不变，但比例非常小。叶兴庆（2022）的研究表明，恩格尔系数的下降、生产要素趋于效率的配置、城镇化对农村的辐射带动作用等市场发展本身的规律，以及不同地区、村庄、农户获得扶持项目概率的大小和自身发展能力的高低都将增加公共资源配置中的排斥性，降低公共服务的精准性和益贫性，阻碍农民农村共同富裕的实现。李实（2021）的研究也显示，公共转移支付在缩小居民收入差距方面发挥着重要作用，但是对缩小农村居民内部收入差距而言，低保、种粮补贴、农村居民医疗等转移支付发挥的作用有限。因此，要对养老保险、医疗保险等转移支付政策的缴费标准设计累进制，同时增加这些政策的益贫性，覆盖更多的低收入人口。

目前我国仍有大量的公共服务政策的益贫性不足，低收入农户的服务负担更

---

① 此处的"贫"指的是低收入人口。

重。以城乡居民医疗保险为例，2003 年，中国新型农村合作医疗的个人缴费标准为 10 元/（人·年），这一标准占同年农村居民人均可支配收入的 0.37%，占同年 20%农村高收入组人均可支配收入的 0.16%，占同年 20%农村低收入组人均可支配收入的 1.15%；2020 年，中国城乡居民医疗保险个人缴费标准为 250 元/(人·年)，这一标准占同年农村居民人均可支配收入的比重上升到了 1.46%，占同年 20%农村高收入组人均可支配收入的比重上升到了 0.65%，占同年 20%农村低收入组人均可支配收入的比重则上升到了 5.34%。农户特别是低收入农户的缴费负担明显上升。虽然政府对农村五保户、重点优抚对象、孤儿等的个人缴费部分有倾斜帮扶，但并未囊括大量的低收入人群。在报销方面，虽然最高可补偿 70%，但自付的 30%～35%的医疗费对很多低收入群体而言仍是"灾难性卫生支出"。王怡欢和张楚（2021）测算了 2018 年自付超过 40%的"灾难性卫生支出"农户，研究表明我国农村贫困家庭灾难性卫生支出发生率为 28.20%，因病致贫率为 32.40%。由此可见，增加各项公共服务的益贫性，是推进农民农村共同富裕的应有之义。

（三）鼓励可持续性社会帮扶

中国特色的社会帮扶不仅仅指通常意义上的社会捐赠和慈善事业，它泛指社会各界参与的定点帮扶、东西部协作、社会组织帮扶、企业帮扶和个人帮扶等，中国特色社会扶贫对我国农村贫困面貌的改变做出了重要贡献（林万龙等，2016）。在新的历史时期，东西部协作和对口支援等社会帮扶面临着一系列的时代挑战，亟须完善政府间责任制和激励约束机制，完善政企协作机制，进一步发挥市场在资源配置中的决定性作用（王小林和谢妮芸，2022）。就帮扶农户来说，应通过提升就业能力、拓宽就业渠道、鼓励自主创业、改进健康和教育服务质量等方面的帮扶，培养和提高帮扶对象的自我发展能力，而不仅仅是单纯的收入支持。就对口帮扶和东西部协作来说，应该通过干部交流、产业协作、市场对接等方式，更注重强化区域发展能力，更着眼于区域经济协作，将帮扶转化为互惠互利的合作。与此同时，应该制定相关的倾斜性政策鼓励慈善组织的发展，激发人民群众和企业投身慈善事业的热情，提升慈善资金利用的精准性，鼓励帮扶对象自力更生，发展特色产业，推进农民农村共同富裕。

四、以乡村振兴促进共同富裕的关键路径 3：培育乡村可持续发展产业[①]

产业振兴是乡村振兴的物质基础，是乡村振兴战略的首要任务和中心问题，是不断增加农民收入、促进农村地区发展的重要保障。其中，如何实现小农户与

[①] 本节内容引自本应急项目专题项目报告《乡村建设行动和公共服务的政策研究》，主持人：青平（华中农业大学）。

现代农业的有效衔接成为促进乡村产业振兴的关键突破口。

（一）改善乡村农业产业分布，增强企业吸纳劳动力能力，完善农村低收入者就业帮扶机制

改善乡村农业产业分布是增强企业吸纳劳动力能力的基本条件。从劳动力分布来看，城市便捷的生活环境和优质的就业机会吸引农村中青年劳动力选择在城市就业，这使得农村人口逐渐向"空心化""老龄化"发展。从产业分布来看，作为主要劳动力的中青年向非农产业转移。因此，农村需要进一步延长农业产业链、融合一二三产业，通过改善农业产业布局形成乡村产业聚集，更好地发挥农村二三产业吸纳劳动力的优势，消化回流农村的劳动力。

由于农村中青年劳动力的严重外流，农村农业的劳动生产率受到严重影响，这导致农民在农业上的劳动收入远远低于在二三产业上的收入，要实现农民增收和共同富裕仍需长期的努力。可以发现，增加农村二三产业企业吸纳劳动力的能力，可以有效帮扶农村低收入劳动力群体。因此，农村需要改善乡村农业产业分布，由当初的"重点发展农业"发展为"以农业为依托，发挥二三产业的带动作用"，充分发挥农村加工业和服务业对劳动力的吸纳能力，完善农村低收入者的就业帮扶，以实现城乡居民共同富裕目标。

鼓励返乡农民工创业，为实现乡村产业振兴有效赋能。城市务工农民工在城市工作的过程中接触了很多全新的东西，他们返乡就业将为农村带来全新的思想和观念，这不仅有助于乡村经济发展理念的转变，也能在实践中极大地提升区域经济竞争力。与此同时，农民工回乡创业还将推动当地本土就业率的增长，更多地带动本地区剩余劳动力就业，在一定程度上能够促进农民增收。因此，要鼓励返乡农民工凭借自己在城市中练就的本领、积累的经验、积攒的人脉，在乡村加以运用，创办乡村企业。乡村企业的蓬勃发展不仅能够促进当地乡村经济的发展，还有助于完善其产业结构，使乡村产业向多元化拓展。

（二）完善乡村基础设施建设，提升乡村产业投资质效，建强农业农村特色产业集群

完善农村基础设施是推进乡村振兴和实现农业农村现代化的基础性和先导性任务。农村基础设施状况是影响农村产业发展的约束性条件，也是影响广大农民群众获得感、幸福感的重要因素。推进农村基础设施建设对于弥补农村发展短板、提升农村发展动能、释放农村发展潜力具有重要作用，是新农村建设的一项迫切任务。完善乡村基础设施建设，不仅可以提高农村的生产条件和农民的居住环境，改变当地面貌，增加农村就业机会，促进农民就地就业，增加农民收入；而且有助于降低乡村的农业生产成本，减轻工业投资建设压力，为工业反哺农业、城市

支持农村、产业深度融合、乡村的工业结构调整和优化创造条件。通过基础设施建设，构建全新的乡村产业价值链，带动产业规模的扩大，提高生产要素聚集度，从人、地、钱三个角度分别形成规模化、集中化、集约化的机制，实现形成空间溢出效应，带动周围生产单元的产业发展。

基础设施和公共服务不仅具有公共物品属性，还具有规模集聚效应。乡村建设应从乡村发展的全局考虑，系统性谋划，综合性施策，兼顾农村发展产业和农民改善生活的需要，把握当代建设与未来发展、物质建设与文化建设等多方面的平衡。一方面要坚持乡村基础设施和公共服务建设是为推进乡村振兴和实现农业农村现代化服务的原则，着力解决限制农村产业发展和农民生活水平提升的约束性难题；另一方面要以乡村基础设施和公共服务的改善为抓手，吸引和带动乡村人口进行集聚，优化农村风貌和布局，释放闲置资源和发展空间。

乡村建设要畅通县乡沟通渠道，充分发挥县域城镇化的功能，辐射带动乡村发展。通过乡村建设引导实现"城—镇—村"的合理布局，破除传统城乡的"中心—边缘"遗留问题，充分发挥县域城镇对于改善农民生活、发展农村产业的溢出效应，提升城镇要素及其相关服务对乡村居民的可及性和可得性，促进生产要素从城镇向乡村的流动和配置，缓解农村产业发展面临的现实约束，提升农村产业发展的动力，扩展农村产业发展的空间。

（三）强化新型农业经营体系，加快培育产业龙头企业，发掘企业增效、农民受益新动能

推进农村三产融合发展是实现农业多功能发展的内在要求，也是推进农业产业化经营和纵向一体化发展的必然结果。深化三产融合层次和激发产业融合活力，需要结合产业主体实际和产业发展优势，把握好产业主体之间和产业之间的联系，推进融合模式的多元化发展，带动上下游产业链水平的整体提升，进而实现农业相关产业融合发展。从已有实践来看，产业融合模式多元化的表现形式集中于多元产业主体间的融合和多元产业间的融合。

产业主体是引领产业发展的内在决定因素，同时也是推进实现产业融合的基础。推动我国农业产业壮大，既需要对各农业产业主体补短板、强优势、增实力，也要探索不同产业主体的融合协作机制。作为中国农业产业基本主体的农户和以农户为基本成员的农民合作社，其因资源不足的约束较难满足三产融合的要求，因此在推进乡村产业融合发展的过程中，要重视对广大农民主体和新型农业经营主体的培育与壮大，提升其对接现代农业产业体系的能力。因此，应重视农业龙头企业在产业融合中发挥的引领作用，以及完善企业、农民、合作社等多方主体间利益分配和协调机制，推进形成产业兴旺、生活富裕的乡村产业新景象。具体可以采取以下措施：第一，加大对新型农业经营主体的培育和支持力度，通过资

金支持、资源支持和政策支持等手段提升新型农业经营主体的创新和经营能力，引导新型农业经营主体探索开展多业态的经营活动，不断丰富农业三产融合新模式；第二，发挥龙头企业的带动作用，支持龙头企业向上扩展产业链，通过订单生产等方式，吸纳广大农户加入现代农业产业体系，实现企业扩产与农民增收的双赢。

推进农村企业产业融合，要在推进农村企业产业融合的过程中，既参照成功经验和先进典型进行模仿学习，又要结合地方产业优势和农业产业现状精准施策，实现两者的有机统一。根据当地经济发展状况、乡村产业结构、地理区域位置等因素，因地制宜地制订长远规划与配套措施。此外，还应做到将先进生产技术和经营管理理念引入农产品原材料生产、采购等初级流通环节中，鼓励龙头企业采用订单农业、土地股份合作等服务方式形成以龙头企业为主导带动小农户参与农业全产业链的发展模式。在农产品加工、销售环节，通过政策激励引导龙头企业就地招工，吸纳农村富余劳动力，增加地方就业岗位，培养涵育乡村振兴产业人才。在不断完善农产品生产端、加工端、销售端"风险共担、利益共享"的联结机制的过程中，推动农村三产融合不断深化。

（四）积极嵌入现代科技元素，促进现代乡村组织建设，提升小农户与大市场联结效率

科学技术的应用能够解决限制农业生产和产业发展过程的难题，也能够对产业质量和产业规模的发展产生正向的外溢效应。因此，建议采取以下几点措施为乡村振兴注入科学技术动力。首先，发挥农业技术对现代农业的支撑作用。既要加强现代农业科技攻关力度，实现农业科技自立自强、自主可控，又要加强现代农业产业技术的推广工作，推动农业生产方式的整体进步。其次，发挥互联网技术对农业产业发展的支撑作用。互联网技术为农业产业的发展提供了新业态、新思路、新机遇，加强农村电商人才培养，完善农村互联网电商和物流基础设施建设，畅通农产品出村进城渠道。因此，可以依托数字乡村的发展理念，根据地方特点打造有特色、可持续的电子商务平台和新业态渠道。

依托现代科技元素的联结与增效功能，可以完善乡村组织建设，进一步提升小农户与大市场的联结效率。就科技而言，主要是抓好以下几件事。一是引导青年返乡创业，培养"一懂两爱"（一懂指的是懂农业，两爱指的是爱农村、爱农民）的人才，为完善乡村组织建设提供人才支撑。二是要培训农民，提高农民使用新品种、新技术的技能和本领，提高小农户与现代农业市场的联结效率。三是科技研发，要有好的研发机构和研发体系，来研发新品种、新技术、新模式、新业态等。四是要做好推广和推介工作，既要发挥好公益性推广机构的作用，也要发挥好经营性推广机构的作用。

五、以乡村振兴促进共同富裕的关键路径 4：实现基础设施和基本公共服务的城乡和区域均等化[①]

习近平总书记在论述扎实推动共同富裕时明确提出，要"促进基本公共服务均等化"[②]。2022 年，中央作出"在高质量发展中促进共同富裕"的重大战略部署，提出要促进农民农村共同富裕，巩固拓展脱贫攻坚成果，全面推进乡村振兴，加强农村基础设施和公共服务体系建设，改善农村人居环境。党的二十大以来，党中央提出，扎实推进乡村发展、乡村建设、乡村治理等重点工作，加快建设农业强国，建设宜居宜业和美乡村，为全面建设社会主义现代化国家开好局、起好步打下坚实基础。

（一）以城乡融合和区域协调发展促进乡村全面振兴

脱贫攻坚和全面建成小康社会取得伟大胜利后，新时代新的奋斗目标转变到解决发展不平衡不充分问题。区域、城乡与群体发展差距是制约乡村振兴与共同富裕实现的最大短板。《中华人民共和国国民经济和社会发展第十四个五年规划和 2035 年远景目标纲要》中提到，我国目前仍存在"城乡区域发展和收入分配差距较大"的问题，并将"基本公共服务实现均等化，城乡区域发展差距和居民生活水平差距显著缩小"作为 2035 年要基本实现社会主义现代化的远景目标之一。这标志着城乡、区域差距问题成为新时期新发展阶段面临的重要议题。妥善处理好城乡区域关系是全面建设社会主义现代化国家的重要任务，也是推进乡村全面振兴的关键路径。推进城乡融合发展与区域协调发展是新时期以习近平同志为核心的党中央破解区域城乡发展差距问题的行动方略。

党的二十大报告强调，"高质量发展是全面建设社会主义现代化国家的首要任务"，提出"着力推进城乡融合和区域协调发展"[③]。城乡融合发展是解决城乡发展差距问题的必然选择。打通区域、城乡之间要素配置，破除制约乡村高质量发展、高品质生活的体制机制障碍，有助于在乡村产业发展、资源要素增值等进程中培育农民收入增长的新动能，释放生产力潜能。加快以县域为单位的城乡融合发展，强化统筹谋划和顶层设计，破除城乡分割的体制弊端，加快打通城乡要素平等交换、双向流动的制度性通道，统筹县域产业、基础设施、公共服务、生态保护等空间布局，实现城乡居民全面发展，助力乡村全面振兴。推动区域协调发

---

① 本节内容引自本应急项目专题项目报告《乡村建设行动和公共服务的政策研究》，主持人：王小林（复旦大学）。

② 习近平：《扎实推动共同富裕》，《求是》，2021 年第 20 期。

③ 引自 2022 年 10 月 26 日《人民日报》第 1 版的文章：《高举中国特色社会主义伟大旗帜 为全面建设社会主义现代化国家而团结奋斗》。

展是解决区域发展差距问题的内在要求。健全区域协调发展体制机制,完善新型城镇化战略,构建"东西部协作""山海协作"的区域发展模式,支持革命老区、民族地区、欠发达地区加快发展,以城市群、都市圈为依托构建大中小城市协调发展格局,推进以县域为重要载体的新型城镇化建设,促进了资金、技术、信息、人才和管理等要素向乡村流动,有力推动了农业规模化发展,为乡村发展增添了新的活力,赋能乡村振兴战略。

（二）以基础设施和公共服务均等化为先行战略

实施乡村建设行动,应继续把公共基础设施建设的重点放在农村,在推进城乡基础公共服务均等化上持续发力,注重加强普惠性、兜底性、建设性民生建设。加强城乡基础设施建设、推进城乡基本公共服务均等化是解决分配问题的内在要求,是缩小城乡差距的重要内容,是实现乡村振兴的重要抓手。加强城乡基础设施建设、促进基本公共服务均等化,使农民共享改革发展成果,既是解决当下中国发展中城乡不平衡问题的关键因素,也是实现共同富裕目标的重要判断标准。习近平总书记在论述扎实推动共同富裕时明确提出,"促进农民农村共同富裕……要加强农村基础设施和公共服务体系建设,改善农村人居环境"[1]。基础设施与公共服务提升需以习近平新时代中国特色社会主义思想为指导,坚持人民主体地位,坚持共同富裕方向。

（三）以数字化赋能乡村全面振兴

当前,新一代信息技术创新空前活跃,不断催生新技术、新产品、新模式,推动全球经济格局和产业形态深度变革。数字赋能乡村振兴,是以物联网、大数据、人工智能、区块链等新一代数字化基础设施为硬件基础,以数据和信息为关键生产要素,以现代互联网信息平台为重要载体,通过数字技术与农业农村发展深度融合,推动乡村产业、生态、文化、治理、服务等方面的数字化转型,促进实现乡村产业兴旺、生态宜居、乡风文明、治理有效、生活富裕等的全面振兴。

党的十八大以来,以习近平同志为核心的党中央高度重视农村信息化建设,作出了一系列战略决策。2015年,国务院印发的《促进大数据发展行动纲要的通知》明确提出要"大力推动政府信息系统和公共数据互联开放共享,加快政府信息平台整合,消除信息孤岛,推进数据资源向社会开放"[2],确立了加快数字中国建设的指导思想。习近平总书记在2017年中共中央政治局第二次集体学习时指

---

[1] 习近平:《扎实推动共同富裕》,《求是》,2021年第20期。
[2] 《国务院关于印发促进大数据发展行动纲要的通知》,https://www.gov.cn/gongbao/content/2015/content_2929345.htm,2015年8月31日。

出:"要运用大数据促进保障和改善民生。"①这意味着数字化将在乡村建设中有所作为,数字乡村建设将成为乡村全面振兴的主要抓手。2018年中央一号文件首次提出实施"数字乡村战略",正式将乡村建设提到国家发展战略的层面。连续四年中央一号文件均对建设数字乡村提出了明确指示和部署。2019年5月,中共中央办公厅、国务院办公厅印发的《数字乡村发展战略纲要》提出,要进一步发掘信息化在乡村振兴中的巨大潜力,促进农业全面升级、农村全面进步、农民全面发展。《中华人民共和国国民经济和社会发展第十四个五年规划和2035年远景目标纲要》明确指出"推进数字乡村建设"。数字乡村建设为乡村振兴提供了新动力,其带来的普惠性增长,深刻改变着乡村振兴的发展方向,助力农业全面升级、农村全面进步、农民全面发展。

本章参考文献

白龙, 翟绍果. 2022. "天下大同"与"天下共富":共同富裕的历史逻辑与实践路径. 西北大学学报(哲学社会科学版), 52(2): 83-92.

蔡海龙, 林万龙. 2017. 供给侧结构性改革与农业补贴政策调整. 甘肃社会科学, (4): 238-243.

程国强, 朱满德. 2020. 新冠肺炎疫情冲击粮食安全:趋势、影响与应对. 中国农村经济, (5): 13-20.

黄群慧, 刘学良. 2021. 新发展阶段中国经济发展关键节点的判断和认识. 经济学动态, (2): 3-15.

蒋永穆, 豆小磊. 2021. 共同富裕思想:演进历程、现实意蕴及路径选择. 新疆师范大学学报(哲学社会科学版), 42(6): 16-29.

李实. 2021. 共同富裕的目标和实现路径选择. 经济研究, 56(11): 4-13.

李实, 陈宗胜, 史晋川, 等. 2022. "共同富裕"主题笔谈. 浙江大学学报(人文社会科学版), 52(1): 6-21.

林万龙, 陈蔡春子. 2021. 中国城乡差距40年(1978—2017)比较:基于人类发展指数的分析. 河北师范大学学报(哲学社会科学版), 44(3): 120-129.

林万龙, 华中昱, 徐娜. 2018. 产业扶贫的主要模式、实践困境与解决对策:基于河南、湖南、湖北、广西四省区若干贫困县的调研总结. 经济纵横, (7): 102-108.

林万龙, 李成威, 陆汉文, 等. 2016. 全面深化改革背景下中国特色社会扶贫政策的创新. 经济纵横, (6): 80-85.

林万龙, 茹玉. 2014. 对2001年以来中国农民直接补贴政策体系与投入状况的初步分析. 中国农村经济, (12): 4-12.

林毅夫, 陈斌开. 2013. 发展战略、产业结构与收入分配. 经济学(季刊), 12(4): 1109-1140.

林毅夫, 付才辉. 2022. 中国式现代化:蓝图、内涵与首要任务:新结构经济学视角的阐释. 经济

---

① 《习近平主持中共中央政治局第二次集体学习并讲话》,https://www.gov.cn/xinwen/2017-12/09/content_5245520.htm, 2017年12月9日。

评论, (6): 3-17.
刘培林, 钱滔, 黄先海, 等. 2021. 共同富裕的内涵、实现路径与测度方法. 管理世界, 37(8): 117-129.
宋洪远. 2004. 调整城乡关系: 国际经验及其启示. 经济社会体制比较, (3): 88-91.
孙武安. 2013. 共同富裕的内涵、价值及其紧迫性. 江西社会科学, 33(2): 168-172.
唐任伍, 孟娜, 叶天希. 2022. 共同富裕思想演进、现实价值与实现路径. 改革, (1): 16-27.
王小林, 谢妮芸. 2022. 东西部协作和对口支援: 从贫困治理走向共同富裕. 探索与争鸣, (3): 148-159, 180.
王怡欢, 张楚. 2021. 农村贫困家庭灾难性卫生支出风险及影响因素研究: 基于 2018 年 CHARLS 数据. 中国卫生政策研究, 14(1): 44-49.
魏后凯. 2020. 从全面小康迈向共同富裕的战略选择. 经济社会体制比较, (6): 18-25.
魏后凯, 苏红键. 2013. 中国农业转移人口市民化进程研究. 中国人口科学, (5): 21-29, 126.
徐匡迪. 2013. 中国的城镇化. 中国发展观察, (4): 53-56.
燕连福, 王亚丽. 2022. 全体人民共同富裕的核心内涵、基本遵循与发展路径. 西安交通大学学报(社会科学版), 42(1): 1-9.
杨静, 魏依庆, 任振宇, 等. 2022. 新时代共同富裕的政治经济学研究. 政治经济学评论, 13(2): 69-87.
杨文圣, 李旭东. 2022. 共有、共建、共享: 共同富裕的本质内涵. 西安交通大学学报(社会科学版), 42(1): 10-16.
杨宜勇, 王明姬. 2021. 共同富裕: 演进历程、阶段目标与评价体系. 江海学刊, (5): 84-89.
叶兴庆. 2022. 以提高乡村振兴的包容性促进农民农村共同富裕. 中国农村经济, (2): 2-14.
易重华, 席学智. 2013. 邓小平共同富裕思想的内涵、地位及其现实指导意义. 湖北社会科学, (12): 8-11.
袁银传, 高君. 2021. 习近平关于共同富裕重要论述的历史背景、科学内涵和时代价值. 思想理论教育, (11): 33-39.
张来明, 李建伟. 2021. 促进共同富裕的内涵、战略目标与政策措施. 改革, (9): 16-33.
张琦, 沈扬扬. 2020. 不同相对贫困标准的国际比较及对中国的启示. 南京农业大学学报(社会科学版), 20(4): 91-99.
张占斌. 2021. 中国式现代化的共同富裕: 内涵、理论与路径. 当代世界与社会主义, (6): 52-60.
张占斌, 吴正海. 2022. 共同富裕的发展逻辑、科学内涵与实践进路. 新疆师范大学学报(哲学社会科学版), 43(1): 39-48, 2.
Ravallion M, Chen S H. 2011. Weakly relative poverty. Review of Economics and Statistics, 93(4): 1251-1261.

本章执笔人: 林万龙、何禄康、梁琼莲

第二章 返贫的诱发机制与防返贫的政策应对

第一节 研究背景

返贫问题在人类减贫实践中如影随形，预防和治理返贫是贫困治理题中应有之义。然而，返贫问题诱因复杂、形式多样，不仅与政府定向配置公共资源的能力有关，还与农户可行能力、市场机制等密切相连，在不同国家、不同资源禀赋、不同制度与技术条件下呈现出不同的发展规律。基于我国经验，揭示"返贫"现象的生成逻辑，探索防止返贫的科学机制，对于推动减贫理论的突破与发展具有重大价值。另外，2020年，我国脱贫攻坚战取得全面胜利，困扰中华民族几千年的绝对贫困问题得到历史性解决。坚决守住不发生规模性返贫的底线，巩固拓展脱贫攻坚成果，衔接推进乡村振兴，是"十四五"时期"三农"工作的重中之重，也关系到全面建设社会主义现代化国家全局和第二个百年奋斗目标的实现。防范和治理返贫，既是一个紧迫的现实问题，也是一个长远的战略问题。将防止返贫摆在经济社会发展的重要位置，不仅要求国家和全社会继续投入帮扶资源，更要求这些资源能够及时瞄准返贫风险人群，有效化解返贫风险。因此，以科学理论为依据，探讨返贫的诱发机制，本章提出防止返贫的对策建议，对于巩固拓展脱贫攻坚成果、实现"十四五"时期奋斗目标具有重大现实意义。

返贫问题生成逻辑及其解决办法是国内外贫困治理研究长期探索的一个重点问题。国外代表性探索有：森（Sen，1981）运用权利方法分析埃塞俄比亚、孟加拉国的饥荒现象，阐明权利生产与新致贫、返贫发生的联系，为防范和治理返贫提供了参考。安塞尔和盖伊（Ansell and Gash，2008）将协调治理理念引入返贫治理过程，认为通过资源共享、信任建立等方式使帮扶资源继续瞄准脱贫人群，可以有效预防社区脱贫人口返贫。唐森德（Townsend，1979）认为反复贫困的"破土活动"可以从农村社区入手，坚持能力建设而非物质投入原则，建构以政府为主导、村民为自治者、社会制度为支撑的多维防贫体系。国内较早时期具有代表性的探索有：分析农村地区贫困人口经济脆弱性的种种表现，如资源环境差、基础设施不足、人力投资不足、收入稳定性差等（董春宇等，2008），认为脆弱性是农村"扶贫—脱贫—返贫"怪圈形成的根本原因（吴晓俊，2010）。通过建立和推行"人口-资源-生态"三位一体扶贫模式，可以实现农村扶贫开发的可持续，进而遏制脱贫人口返贫（丁军和陈标平，2010）。聚焦少数民族地区村级发展环境对贫困人口返贫的影响，提出建立以生态建设为基础的经济发展模式（庄天慧等，2011）。

党的十九大以后，伴随脱贫攻坚战即将取得全面胜利，防返贫相关研究迅速增加。蒋南平和郑万军（2017）在改进 A-F 多维贫困指数分析的基础上，提出了多维返贫识别及测算方法，并对中国农民工多维返贫进行了有效测度。雷明（2018）从生态、教育、医疗卫生、自然灾害等方面阐释返贫发生机制，认为不返贫是精准扶贫效果的重要体现。包国宪和杨瑚（2018）认为返贫问题的前期预防是脱贫攻坚极为重要的一环，主张从预警模型主体构成、预警程序制度化、支撑条件保障等方面，建立健全返贫预警机制。张琦（2019）提出以乡村振兴促进减贫实践，首先要确保脱贫人口不返贫，这是脱贫攻坚与乡村振兴有效衔接的底线目标。陆汉文和黄承伟（2020）在准确描述返贫户的人口结构、家庭结构、生计结构等家户特征的基础上，从监测预警系统构建、异质人群公共服务、家户资产积累等方面提出防返贫的政策建议。汪三贵等（2021）基于 2020 年后巩固拓展脱贫攻坚成果的需要，提出从加强潜在风险对象动态监测、提升人力资本与激发内生动力、完善政策性农业保险与商业保险互补体系等方面，构建防范化解返贫风险的制度体系。左停和赵梦媛（2021）认为农村返贫风险具有累积性、叠加性、传染性等特点，从风险管理视角提出风险防范的关口前移、完善风险共担机制，以及通过赋能增强家庭应对风险冲击能力等防返贫举措。

上述研究触及防返贫问题的重要方面，对返贫问题的生成逻辑及其治理措施做出了富有启发性的解读，为本书研究奠定了良好基础。但是就本书要解决的问题看，现有研究仍存在不足：一是相关研究虽然认识到疾病、教育、自然灾害、市场波动是造成农户返贫（或面临返贫风险）的重要因素，但较少涉及返贫发生机制的深入分析，使得对于该问题的研究呈现泛化趋势。二是相关研究在探讨返贫问题的相关治理对策时，更多地遵循返贫发生的事后治理逻辑，对于返贫风险的事前阻断方面的关注较少。鉴于此，本章重点关注返贫的诱发机制与防止返贫的政策应对问题。在较宽泛的意义上，我国农村人口绝大部分是在改革开放以后摆脱贫困的，建档立卡贫困人口脱贫后再次陷入贫困和非建档立卡人口陷入贫困均可称为返贫。在此意义上，使用返贫概念能够更好贴近当前防返贫实践，更好对接相关政策需求。

第二节 返贫风险诱因及发生机制分析

农户面临的返贫风险，受诸多具体因素影响，具有多元性、突发性、不稳定性等特征。概括来说，返贫风险形成的诱导因素主要来源于返贫主体、自然环境、经济社会环境、政策变化等方面，据此，本章将返贫风险生成诱因概括为家庭变故类、能力缺失类、自然灾害类、发展卡顿类、衔接不足类等五种类型。

一、以家庭变故为诱因的返贫风险

以家庭变故为诱因的返贫风险，指的是农户家庭成员因意外伤残、身患疾病而出现的返贫风险。部分农户因文化水平低、缺乏劳动技能等，外出务工只能从事一些缺乏安全保障的低技术门槛工作，如高空作业、建筑业、采矿等，出现意外伤残事故的概率较高。部分脱贫地区生存环境恶劣，属我国地方病（碘缺乏病、大骨节病、克山病等）和传染病（艾滋病、肺结核等）高发区，农户面临较大健康风险。同时，受生命周期规律影响，很多农村老年人晚年受到疾病困扰，身患慢性病或重大疾病，加之身体机能下降导致经济收入减少，容易出现因病返贫、贫病交加困境。家庭成员出现意外伤残或患有疾病，一旦严重往往需要住院治疗。虽然有医疗保险等制度作为保障，但是对于农户特别是低收入农户来说，可能依然难以负担除去医保报销部分的自付医疗费用，导致医疗费用支出压力较大进而影响自身正常生活，返贫风险较高。

与此同时，农户家庭因意外伤残、身患疾病丧失了主要劳动力，往往会对家庭经济收入造成严重影响。如果家庭主要劳动力因意外伤残、患病而短期丧失劳动能力，那么至少在患病时期，患者并不能从事生产劳动，家庭经营性收入或工资性收入将会减少。如果家庭主要劳动力出现严重伤残事故，或所患病症属于慢性病或大（重）病，那么家庭经济收入减少将成为长期问题。更值得注意的是，个体的意外伤残或疾病风险事件还具有非常强的延展性，即农户家庭成员出现严重意外伤残或遭受重大疾病时，在很大程度上会引发一系列连锁式反应，如其他成员出现有偿劳动时间缩减、精神压力增大等问题，从而增加进一步降低家庭经济收入水平的风险。例如，笔者在黑龙江调研时发现，脱贫户张某某44岁，家里有3口人，母亲84岁，患有脑血栓和眼疾，已经丧失劳动能力；儿子8岁，智力低下，属于二级残疾。为了方便照顾老人和孩子，张某某只能选择在乡镇打些零工，2022年因家庭人均纯收入低于防返贫监测线而被识别认定为监测对象。

二、以能力缺失为诱因的返贫风险

依据能力贫困理论，判断一个农户是否存在返贫风险不应该仅仅考虑其收入水平，而应关注农户实现自身想要的基本物质生活和自由的可行能力，这种可行能力才是判断农户是否真实存在返贫风险的决定性因素（周海玲，2022）。进一步来说，农户通过提升自身可行能力可顺利实现脱贫发展，其可行能力缺失则容易导致返贫风险。以能力缺失为诱因的返贫风险，主要包括自我发展动力不足、劳动就业技能有限以及市场感知与应对能力薄弱。

自我发展动力不足，是指个体的生活目标模糊或幻灭，没有个人认为值得奋斗的目标,"做一天和尚撞一天钟"成为当事人具有内在合理性的选择。这类农户可能在成长的某个阶段遭遇过重大挫折,一系列的人生目标(如娶妻、生子)不再构成自己的人生任务,努力完成此项任务的需求自然也会随之消解,从而在现实世界中展现出无所事事、游手好闲、得过且过的生活状态。例如,农村单身汉成为当前防返贫治理的重要对象,想娶媳妇而不成的单身汉,他们曾经围绕娶妻生子、成家立业编织过美好的人生目标,并为此努力奋斗。然而,随着时间的推移,这个目标与自己渐行渐远,直至幻灭消失。在这种情况下对于他们来说,自我约束、勤俭持家、认真劳动等生活内容,全部失去了存在的意义,他们丧失了经营自我或家庭的动力(杨永伟和陆汉文,2019)。在这种背景下,外部帮扶力量自行制定帮扶策略并实施帮扶项目,缺乏自我发展动力的农户被动参与帮扶实践过程。这些农户不仅不会认可帮扶措施,还会觉得帮扶项目就是外部帮扶力量(如地方政府)的一项工作,自己属于"旁观者",至于村庄上实施何种帮扶项目和措施以实现怎样的帮扶目标,都是地方政府或村干部一厢情愿的主意。这样,在帮扶对象潜意识中就会产生羊是"工作队的羊"、鸡是"帮扶人的鸡"等想法,他们对于帮扶项目的实际运作过程表现出冷漠、无所谓的态度,从而进一步加剧了其返贫风险。

劳动就业技能有限引致的返贫风险,指的是农户特别是低收入农户受教育程度偏低,就业技能及学习能力受限,就业渠道狭窄,其就业领域不仅决定了其工资水平较低,更存在就业岗位不稳定、从业时间受约束、务工工资易波动等诸多不稳定因素。进一步分析,就业不稳定使得农户难以在就业过程中获得有价值的工作经验和经验积累,伴随现代化生产方式的转型升级,农户就业技能不足可能会遭遇"适应难、就业难、发展难"等生计可持续发展困境。在这种背景下,一旦遭遇经济发展放缓或公共危机事件,用工单位面临停工或开工不足,市场吸纳就业能力降低,他们就会面临失业困境,面临突出的返贫风险。例如,2020年以来全球新冠疫情肆虐,劳动力市场就业机会减少,全球减贫和防止返贫事业都面临巨大挑战。相关统计显示,疫情已吞噬过去10年的全球减贫成果,大量低收入家庭劳动力外出受限、从业时间减少,人类发展指数30年来首次下降,世界新增1亿多贫困人口,近8亿人生活在饥饿之中(邱海峰,2022)。

市场变幻莫测,存在不稳定性、竞争性。市场感知与应对能力薄弱引致的返贫风险,指的是部分农户自身不具备市场风险感知能力和规避、应对市场风险的能力,在市场竞争中常常处于不利地位,容易遭遇因市场波动而形成的产业发展收益降低、增产不增收等返贫风险。另外,产业发展过程中对市场经济发展规律把握不准,盲目追求规模化,导致产业发展存在趋同化现象。大量当季农产品一起进入市场,存在严重滞销和降价销售等问题,致使农户损失惨重。即便外部帮扶主体,如地方政府、龙头企业、社区组织等,通过资源投入和产业配套等方式带动发展产业项目，一般也需要农户家庭本身具备一定的产业承接能力，如基本的土地、技能、资本或社会关系网络等。但对于农户特别是低收入农户来说，正是由于缺乏上述能力才处于生活困境状态。更进一步，农户难以有效承担经营（市场）风险，对市场变迁和社会发展反应滞后，无法有效接触并尝试新鲜事物，反过来会进一步消解他们在产业帮扶实践中的能动性和创造性，使其难以有效参与产业帮扶项目，从而进一步加剧返贫风险。

三、以自然灾害为诱因的返贫风险

高风险返贫人群赖以生存与发展的自然生态环境普遍较为恶劣，多为生态环境脆弱、自然灾害频发、基础设施薄弱地区（陈茜和汪三贵，2023）。在脱贫攻坚阶段，反贫困主战场是革命老区、少数民族地区、边疆地区以及生态脆弱的深山区等特殊物理空间内的农村（姜长云，2022）。从区域范围来看，我国原有的832个贫困县与特定的生态系统在空间分布上具有高度的相关性，呈现显著的地理耦合性特征（秦中春，2022）。现阶段，乡村振兴重点帮扶县是发生规模性返贫的高风险区域，这些地区集中在"老少边"等生态环境脆弱区。当地居民生产生活对自然条件的依赖性强，抵御灾害手段较为有限，农户特别是低收入农户一旦遭受自然灾害就会面临较高的返贫风险。生态环境脆弱导致自然灾害频发，以自然灾害为诱因的返贫风险往往具有面积大、范围广、突发性强等特征。因灾返贫主要是区域内地震、滑坡、泥石流、极端天气等自然灾害多发，导致区域内农户家庭重新陷入生存与发展困境。

调研发现，不同类型的自然灾害对于农户返贫的影响机制是不一样的。有些自然灾害（干旱、冰雹、霜冻等）主要是造成农作物减产或绝收，通过降低生产经营性收入和增加生产经营性支出（如复耕、复种），致使人均纯收入大幅下降，进而出现返贫风险。例如，2023年4月河北蔚县发生寒潮，严重影响处于盛花期的杏树生长，杏果产量减产60%以上。以笔者调研的村庄为例，全村种植杏树2828亩，2023年寒潮使得杏树成灾面积2100多亩，其中村合作社1500亩，其余600多亩共涉及农户54户127人（脱贫户32户77人），户均损失2000元。另有一些自然灾害不仅会造成农作物减产或绝收，而且会对农户住房或生命财产安全构成威胁。我国应急管理部公布的数据显示，2022年中国自然灾害以洪涝、干旱、风雹、地震和地质灾害为主，全年各种自然灾害共造成1.12亿人次受灾，因灾死亡失踪554人，紧急转移安置242.8万人次；倒塌房屋4.7万间，不同程度损坏79.6万间；直接经济损失2386.5亿元。特别是部分农户经济基础薄弱，抗灾基本保障措施和抗灾能力相对较差，在生产生活受到自然灾害冲击后，如果缺乏充分的资本积累和保障，就可能因为风险过载而无法承担灾害损失。

四、以发展卡顿为诱因的返贫风险

以发展卡顿为诱因的返贫风险,主要是指农户虽然具有脱贫发展的意愿,但受到如制度结构、条件机会的限制,使其在发展过程中遭遇阻滞甚至失败,从而陷入发展困境,返贫风险大大增加。

一是产业发展的卡顿。脱贫攻坚期依靠各方帮扶力量培育的到人到户类帮扶产业,在脱贫攻坚后由于各项政策和资金支持减弱,部分地区产业后续发展动力大大降低。另外,农业主导产业多停留在种植收益环节和农产品初级加工环节,产业附加值不高。以河北蔚县为例,农业主导产业为小米和杏果,小米产业的加工主要停留在小米去壳、筛选和包装方面,杏果产业主要停留在杏扁和杏干的粗加工方面,两大产业均没有向"高精深"加工方向进行产业链的延伸与拓展。产业链条短,农产品附加值不高,使得新型农业经营主体(如龙头企业、农业合作社等)带动农户增收特别是稳定增收的能力有限,普通农户被卡顿在产业链条的低端。

二是教育提升的卡顿。具体体现为,大多数农户家庭已经认识到教育的重要性,并希望通过教育改变子女乃至家庭的命运,阻断贫困的传递。虽然九年义务教育阶段家庭承担的教育费用较低,但高中、大学阶段的教育费用较高,农户特别是低收入农户若孩子较多,由读书导致的家庭刚性支出太大,就会影响家庭的基本生活,从而产生教育卡顿及相关的返贫风险。另外,义务教育阶段学生若出现辍学现象,导致"三保障"中的"义务教育"出现卡顿问题,也会增加返贫风险。例如,有些农户家庭处于义务教育阶段的子女学习成绩较差,存在强烈的厌学情绪,主动辍学外出务工,但因文化水平太低,难以找到稳定工作,其后续发展(如成家立业)出现困境的可能性很大。

三是婚姻选择的卡顿。由于农村地区特别是脱贫地区发展滞后,农户家庭经济相对薄弱,重男轻女思想依然盛行。在选择性生育所带来的人口出生性别比失衡恶果已经显现的背景下,随着打工经济的兴起,日益增强的社会流动性进一步打破了区域性婚姻市场的平衡。落后的条件使越来越多的本地年轻女性选择到外面去寻找新的生活,女性梯度转移带来的婚姻挤压使得当地娶妻成本和压力越来越大,部分农村地区娶妻彩礼高达几十万元(刘成良,2018)。在高额婚姻成本下,大多数普通农民家庭都是倾尽一生积蓄才能够帮儿子娶上媳妇,那些多子家庭以及经济能力较弱的家庭,其完成此项任务的难度可想而知。子代家庭在结婚后往往会与父代家庭在经济关系上完成切割,多数子代家庭不承担家庭债务,将这些债务留给父代家庭去承担。父代家庭在帮助子代完婚之后,其经济能力通常大幅下滑、背负高额债务,这不但影响家庭基本生活,而且会严重制约生产经营领域投资发展,大大增加返贫风险。

五、以衔接不足为诱因的返贫风险

政策保障是返贫问题治理的重要基础。在脱贫攻坚战中，各级政府对贫困地区和贫困群众实施优惠政策，加大扶持力度，推动贫困地区逐步脱贫致富。从攻坚期到过渡期，地方政府存在明显的"去旧开新"倾向，出现衔接不足问题，如医疗和到户产业帮扶的"急退"，兴趣点快速向乡村振兴示范创建项目转移等，影响脱贫地区的可持续发展。对于脱贫人口来说，由于其自身对传统生计方式的依赖和发展性生计资产有限，政策转型过程中的衔接不足意味着失去政府的"供血"，容易出现返贫风险问题。以河北蔚县为例，脱贫攻坚期间，蔚县聚焦贫困人口脱贫，通过产业资金奖补方式，引导农户大力发展中药材、杏扁、牛羊养殖、特色农业等到人到户产业。然而，进入衔接期后，蔚县衔接资金投入产业发展的方向发生了重大变化，从支持到人到户产业发展转向大型产业示范项目的推进建设。蔚县 2022 年使用中央、省、市、县四级衔接资金安排项目资金共 39 616.53 万元，其中 23 257.55 万元用于发展产业，且全部用于支持发展 13 个大型产业项目，以县级平台公司租赁或县直行业部门委托经营的方式与其他公司合作运营。这些产业项目施工周期较长，短期内无法带动低收入人口增收。地方政府工作重心和工作兴趣转移与返贫风险的发生存在较强关联性，不少产业帮扶项目发展没有重点支持监测对象、脱贫户等低收入人口参与生产以提高家庭经营性收入。

第三节 防返贫动态监测帮扶机制的构建

打赢脱贫攻坚战，历史性解决了绝对贫困问题。但返贫风险诱导因素的长期存在，意味着农户特别是低收入农户依然存在返贫风险，因而必须建立防返贫动态监测与帮扶长效机制，为巩固脱贫攻坚成果、防止规模性返贫提供制度保障。通过防返贫动态监测与帮扶机制的构建，并通过返贫风险指标对数据进行比对和综合评估，对风险及时发出预警信号。在此基础上，从风险预警对象实际情况出发，因地、因户、因人施策，做到事前监测预警、事中妥善处理、事后跟踪问效，确保面临返贫风险的农户得到及时救助与帮扶。2020 年 3 月，在决战决胜脱贫攻坚的关键时刻，国务院扶贫开发领导小组印发了《关于建立防止返贫监测和帮扶机制的指导意见》，各地方在聚焦高质量打赢脱贫攻坚战的同时，开始探索建立防返贫动态监测机制。2021 年 5 月，伴随脱贫攻坚目标的顺利实现，中央农村工作领导小组印发《关于健全防止返贫动态监测和帮扶机制的指导意见》，各地将防止返贫工作摆到更加重要的位置，逐步构建起防返贫动态监测和帮扶机制。

一、监测标准制定

开展防返贫动态监测与帮扶，首先需要明确返贫监测标准。返贫是一个多维概念，除了经济维度以外，还包括健康、教育、住房等维度。现行返贫监测以可量化的标准为基础，同时还辅以一些定性的综合判断。

具体来说，防返贫监测按照家庭年人均纯收入低于某一标准（如脱贫攻坚期国家扶贫标准的 1.5 倍或农村低保标准）确定出具体的监测范围。在此基础上，以农村家庭户为单位，将监测对象分为脱贫不稳定户、边缘易致贫户、突发严重困难户。脱贫不稳定户和边缘易致贫户，分别指的是存在返贫风险的脱贫户和一般农户。他们的家庭年人均纯收入低于监测范围，且存在"三保障"或饮水安全等方面的风险，依靠自身力量难以摆脱困境。突发严重困难户是指因突发因素而出现返贫风险的农户。他们的家庭年人均纯收入虽然通常略高于监测范围，但因病、因灾、因意外事故等情况，刚性支出较大或收入大幅缩减，致使家庭基本生活出现严重困难，依靠自身力量难以摆脱困境。对满足上述条件且不存在"不予认定"特殊事由（如购买较高市值的商品房；有大额存款；法定赡养、抚养、扶养人收入水平较高，明显具备抵御风险能力，能保障其基本生活等）的，可以确定为返贫监测对象。

二、风险信息收集

信息收集是防返贫监测预警机制构建的基础要素，是触发后续流程的关键依据。防返贫动态监测帮扶的关键在于返贫风险信息的有效收集。从农户返贫风险发生的多维条件来看，风险信息的有效收集，需要突破单纯依靠村干部采集农户家庭基础信息的现状，推动地方政府、社会力量以及农户自身等多元行动主体的共同参与（蒋和胜等，2020）。

在当前返贫监测实践中，主要形成了以下几种风险信息收集方式。一是干部走访摸排。依托既有组织与治理架构，采用集中排查与日常摸排相结合的方式，由县乡干部、驻村干部、村干部、网格员等基层力量通过入户走访，发现并收集风险信息线索。二是农户自主申报。通过政策宣传，农户凡认为自己家庭状况达到监测标准，可由农户自身或授权他人，向村庄提出书面申请。三是部门信息推送。针对因病、因学、因灾、因意外事件等返贫因素，县级医保、教育、公安、残联、应急管理等各行业部门，通过行业大数据筛查、信息监测、调研督导等渠道，收集农户返贫的风险信息推送给县级防返贫部门。四是风险关联监测。通过新闻媒体、政务信箱、公共网络等渠道，发现农户返贫的风险信息线索。在保障信息安全的基础上，通过大数据平台推动多元行动主体风险信息互联共享，以便全方位掌握存在返贫风险农户的生产生活状况。

三、监测对象识别

通过干部走访排查、农户自主申报、部门信息推送、风险关联监测等渠道收集汇总的风险线索，乡村两级基于返贫监测标准，共同组织分析研判，从而形成拟纳入监测对象的核实名单。根据拟纳入监测对象的核实名单，村干部、驻村工作队组成专项工作组开展入户核实，填写《防止返贫监测对象信息采集表》。农户签订《承诺书》，证明其提供信息的真实性，并授权依法查询其家庭存款、车辆、房屋等相关的资产信息。

村庄根据入户核实情况，组织村民代表进行民主评议，评议结果经公示后无异议的，由村庄上报所在乡镇。在此基础上，乡镇和县级防返贫部门开展复查审核：一方面，乡村收集汇总各村上报的名单以后，组织实地抽查，对存在疑问的农户进行重点复查，并将审核结果上报县级防返贫部门；另一方面，县级防返贫部门将乡镇审核的名单反馈给县级各行业部门开展大数据信息比对，对存在"不予认定"特殊事由等情况做出进一步核查核实。县级防返贫部门把已核实的拟确定监测对象名单，按程序报上级相关部门审定核准后，再将结果反馈至监测对象所在村庄进行公示公告，以此最终确定监测对象。

四、帮扶措施落实

防返贫动态监测机制的建立是为了实时监测农户返贫风险情况，一旦出现返贫风险能够及时应对，避免返贫问题实质发生。为此，需要建立完善防返贫长效帮扶机制。在各地实践中，纳入监测的脱贫不稳定户、边缘易致贫户和突发严重困难户，享受行业部门统一帮扶政策。各级财政衔接推进乡村振兴补助资金适用于监测对象。在此基础上，由县级统筹落实监测对象帮扶责任人，针对监测对象的资源禀赋、自身能力和发展需求制定落实帮扶措施。按照"缺什么补什么"的原则，开展针对性帮扶。针对风险单一的农户，实施单项措施，防止陷入福利陷阱。针对风险复杂多样的农户，因户施策落实综合性帮扶。

一是对具备产业发展条件的监测对象，支持发展乡村特色产业，完善针对监测对象的创业担保贷款政策，支持落实优势特色农产品保险。扶持和培育龙头企业、家庭农场、农民专业合作社等新型经营主体，带动监测群众融入产业利益链条，提升抵御市场风险的能力。二是对有劳动能力和就业意愿的监测对象，开展针对性就业帮扶，包括开展就业培训、补助就业成本、提供就业信息、用工企业开展劳务对接等。三是推动护林员、护路员、护草员、护水员等乡村公益性岗位向监测对象倾斜，帮助特殊困难监测对象（如因家庭变故、自然灾害等面临返贫风险的农户）就近就地就业。四是继续做好"三保障"及饮水安全工作。及时解决新发现住房不安全问题；完善农村供水网络，提高农村供水保障应急处置能力；

协调落实监测对象基本医疗保险、大病保险、医疗救助、大病救助、慢病签约服务、先诊疗后付费、医疗费用控制等政策措施，提升监测对象医疗保障能力；对监测户义务教育阶段适龄儿童失学辍学进行劝返、送教上门，继续落实家庭经济困难学生生活补助等帮扶政策。五是对无劳动能力的监测对象，进一步强化低保、特困救助、基本医疗、养老保险等综合性保障措施，确保应保尽保；对因病、因残、因灾等意外变故返贫的家庭，及时落实健康、残疾、灾害、临时救助等政策，保障其基本生活不受影响。六是推动乡村精神文明建设，重点探索建立激发内生动力的帮扶制度，改善监测对象的精神状态。在此基础上，开展农村移风易俗活动，特别是针对高额彩礼、大操大办等重点领域突出的问题进行专项治理，避免农户因陈风陋俗陷入返贫风险。

五、动态管理

返贫诱因构成复杂，且处于不断变化的过程之中。脆弱的农户容易陷于不断摆脱贫困和返回贫困的动态循环，这种状态的变化包括脱贫、返贫、短暂贫困和持续贫困等（孙壮珍和王婷，2021）。因此，防返贫工作也需要贯彻动态管理的基本思路。

具体来说，省市县三级防返贫部门建立定期研判工作机制，通过工作调度、随机抽查、调研督查等方式，及时发现掌握各地工作推进情况，开展分析研判，解决各类突出问题。在此基础上，对于家庭收入持续稳定，"两不愁三保障"及饮水安全持续巩固，返贫致贫风险已稳定消除的，确定为风险消除对象，不再按监测对象进行监测帮扶；对风险消除稳定性较弱，特别是收入不稳定、刚性支出不可控的，在促进稳定增收等方面继续给予帮扶，风险稳定消除后再履行相应程序；对无劳动能力的，落实社会保障措施后，暂不标注风险消除。驻村干部和帮扶责任人通过各种方式每月跟踪监测对象收支情况、"两不愁三保障"及饮水安全状况、帮扶措施落实情况等。对风险稳定消除的，驻村干部和帮扶责任人要进行常态化回访。监测对象风险消除后，若新出现致贫、返贫风险，按程序重新纳为监测对象。

六、组织保障

防止返贫动态监测与帮扶机制平稳运行的内生动力，源于地方政府、村级组织、农户等多元参与主体的风险防范自觉，后者又决定了这些主体在返贫监测帮扶中的责任担当、实践态度和价值判断（胡世文和曹亚雄，2021）。因此，强化组织保障，推进防返贫动态监测与帮扶的组织覆盖和工作覆盖，是凝聚起防返贫监测与帮扶强大合力的关键。

一是坚持把防止返贫、巩固拓展脱贫攻坚成果摆在突出位置，严格落实"四个不摘"（摘帽不摘责任、摘帽不摘政策、摘帽不摘帮扶和摘帽不摘监管）要求，层层压实各级各有关部门的工作责任。按照"省负总责、市县乡抓落实"的工作机制，市（州）县（市、区）党委、政府对本区域防止返贫动态监测与帮扶工作负主体责任，充实工作力量，坚决守住不发生规模性返贫底线。二是建立防返贫动态监测与帮扶数据共享共用机制。各级医保、卫健、教育、住建、水利、人社、民政、农业农村、林业、公安、残联、应急管理、妇联、团委、信访等部门，切实发挥行业数据筛查预警和比对作用，及时反馈预警信息和比对结果，督促指导开展信息核查，落实行业部门帮扶政策。三是乡村两级加强监测帮扶工作宣传力度，重点宣讲防返贫动态监测对象、范围、程序和行业部门帮扶政策。四是将防止返贫动态监测的工作成效作为巩固拓展脱贫攻坚成果的重要内容，纳入乡村振兴战略实绩考核和巩固脱贫成果后评估范围。通过引入第三方机构、实行交叉考核、组织暗访调查等方式，克服返贫治理中的信息不对称难题，以严格的考核评估保障防返贫监测与帮扶机制有效、有力运转。

第四节 防返贫面临的常见问题及原因分析

从实践来看，各地在构建防返贫动态监测与帮扶机制过程中，积极应用量化指标和数据，制定应用标准化程序，取得了比较突出的成效。特别是大数据和互联网技术的创新应用，为从技术层面建构比较完备的防返贫动态监测体系提供了支撑。不过，一项制度的有效运作，既与技术应用相关，又涉及利益格局调整重构等丰富内容。与技术应用相比，利益机制是防返贫监测与帮扶机制更深层次的力量。2021年12月至2022年1月，笔者对中部3县和西部19个县（市、区）的防返贫监测工作进行了实证调查，以下根据调查资料就防返贫动态监测实践中的主要问题进行讨论，重点就其背后的利益机制进行分析，为相关对策奠定基础。

一、防返贫监测范围偏窄

为了精准识别监测对象，国家在政策设计层面制定出完善的返贫监测标准化体系。但在基层实际执行精准识别政策的过程中，复杂化的制度环境通常会导致治理目标的冲突（刘建，2019）。基层干部通过选择性地执行精准识别标准，实现对于国家政策的"合法变通"，导致在实践中出现防返贫动态监测范围偏窄问题。一是存在用纳入低保替代纳入防返贫动态监测的倾向。西部某县脱贫户2021年新增低保户520户，但新增监测户只有27户，新增监测户占新增低保户的比例为5.19%；中部3县脱贫户中2021年新增低保户共计29 630户，新增监测户仅有5268户，占比17.78%，大量应该纳为监测对象的新增低保户未被纳为监测对象。二是当脱贫户出现住房安全等单项风险时，地方上只采取干预措施，不纳入防返贫动态监测。中部3县2021年分别有75户、157户、133户脱贫户住房被认定为

C、D 级危房并实施危房改造，但其均未被纳为防返贫监测对象。防返贫动态监测范围偏窄，容易导致监测信息失真和防返贫动态监测机制失灵，进而增加返贫问题的治理难度。

究其原因，防返贫动态监测范围偏窄，实际上是基层在政策执行中"合法变通"的结果。在衔接过渡期，守住不发生规模性返贫的底线是一项硬任务（陆汉文和杨永伟，2020）。基层政府往往有这样一种顾虑：监测对象纳入过多是不是意味着脱贫质量不高，会不会引起上级的关注，进而增加抽取为考评县和"检查问责"的风险。与此同时，一些基层干部特别是村干部认为以前村庄识别出很多贫困户，导致自己的工作压力很大，现在"吸取教训"，谨慎对待监测户的识别，有意识地收紧监测对象的纳入关口。在这种背景下，一旦有农户出现返贫风险，基层干部倾向于给予低保或其他形式的帮扶，而不选择首先将他们纳为监测对象，以免给自己工作造成不必要的"麻烦"。

另外，与监测对象相比，低保对象享受更加优惠的帮扶政策（如大病保险更加优惠）。当发现农户出现经济困难等情形时，村干部首先想到的往往是帮助他们申请低保。一旦申请成功，就认为其已经不存在返贫风险，因而也不需要被纳为监测对象。

二、监测标准把握不实

防返贫动态监测与帮扶机制有效运行的前提和基础是瞄得准，做到精准识别。然而，在实践中，基层干部特别是（驻）村干部存在监测标准把握不实的问题。一是不少地方倾向于将确定返贫监测范围的家庭年人均纯收入作为唯一评判标准。由于农户收入难以准确计算，且收入标准无法反映农户其他维度的返贫风险，以收入作为监测对象唯一识别标准，不仅不符合政策要求，还使得识别过程带有显著的人格化和随意化特征，即农户家庭收入主要依靠基层干部的主观估计来测算。二是将不予认定情形中的"法定赡养、抚养、扶养人收入水平较高，明显具备抵御风险能力，能保障其基本生活"等标准绝对化。特别是对与子女分户单过的老年人来说，如果子女有稳定工作或外出务工情形，老年人无论面临何种返贫风险，在一些村庄中都不会被纳为监测对象。

政策在落地实施中能否被精准执行，与（驻）村干部在思想、文化、能力等方面的综合素质具有密切关系。一些村干部文化素质不高，政策理解能力较差，且责任意识不强，对农户家庭的走访调查趋于形式化，从而使防返贫动态监测政策的执行较为粗放。部分驻村干部，特别是新轮换的没有驻村经验的驻村干部，在防返贫动态监测政策理解方面也存在一定偏差。他们认为现在农村工作的核心是乡村振兴，并将主要精力放在产业振兴和村庄治理方面，没有将防返贫动态监测作为一项重要工作来推动，表现为不了解监测户纳入监测的原因，不清楚风险消除的具体标准，对于具体监测对象的家庭基本情况也存在不熟悉的问题。甚至一些村庄中监测对象的评定，基本上由基层干部商议决定，缺乏让农户参与进来的空间，减少了农户从防返贫监测帮扶政策中有效获取福利的可能。

三、存在"虚假返贫"问题

所谓虚假返贫，指的是农户尚未达到返贫监测标准，在生产生活中没有显著的返贫风险点，却被识别为防返贫监测对象。调查发现，这类"虚假返贫"主要集中在低收入农户，特别是特困供养户群体。例如，某县 2021 年新增 198 户监测户，其中 71 户是特困供养户，占比高达 35.86%。这批特困供养户的经济保障水平远高于防返贫动态监测范围，生活稳定正常，"三保障"和饮水安全也没有问题。地方政府只是单纯将他们纳入防返贫监测系统，从而出现了"大量监测户是特困供养户，但并不开展具体帮扶"的情形。

开展巩固脱贫成果后评估是巩固拓展脱贫攻坚成果的重要抓手，也是各地推进防返贫动态监测工作的"指挥棒"。为确保在考核评估中取得好成绩，部分地方政府通常基于考核内容和指标体系，会对防返贫动态监测政策的执行做出一些"变通"。这种"变通"并非从农民群众的切身利益出发谋政绩，而是从个人职务晋升出发造政绩，致使实践中出现"虚假返贫"的形式主义行为（李金龙和董宴廷，2020）。例如，巩固脱贫成果后评估将防返贫动态监测"应纳未纳"现象作为一项重要的评估内容。为降低在考核评估中的风险，一些地方政府本着宁愿"错返"也不愿"漏评"的原则，重点对一些特困供养户进行了返贫监测识别。

另外，部分低收入农户，特别是一些特困供养户虽然没有返贫风险，仅仅存在所谓"视觉贫困"问题，如家庭环境看上去脏、乱、差等。这类农户容易成为考核评估的关注点，一些对监测标准把握不到位的考核评估人员容易将存在"视觉贫困"的农户认定为具有返贫风险。为了规避这一问题，地方政府往往会主动将他们纳入监测，导致防返贫动态监测在执行中"走样"。

四、农户自主申报比例较低

农户不仅是返贫治理对象，更是返贫治理主体。与其他治理主体相比，农户对自身生产生活状况变化的感知更为及时、了解更为全面。通过农户自主申报的方式，及时获取返贫风险信息，是防返贫监测对象有效识别的重要途径。然而，在地方实践中，各地在返贫风险信息收集过程中，农户自主申报的比例均比较低。笔者调研的西部 19 个县中，2021 年有 1 个县通过农户主动申报的有 54 户，其中 53 户经核实后纳入监测，占该县当年新增监测户的 44.54%；有 12 个县 2021 年农户主动申报一共有 79 户，其中 37 户经核实后纳入监测，仅占这 12 个县当年新增监测户总数的 2.85%；有 6 个县农户自主申报数量为 0。自主申报比例较低，意味着农户在返贫治理中的参与度有限,这不仅加大了防返贫动态监测与帮扶工作的难度,还会影响返贫风险的后期治理效果。

知情是农户参与的前提和基础。农户只有全面了解关于防返贫监测帮扶政策的内容、目标等信息,才能以适当方式参与到防返贫政策的执行过程之中。基层干部(特别是村干部)对防返贫政策的宣传不到位,是导致农户自主申报数量较少的重要原因。一些基层干部认为现阶段的防返贫工作是脱贫攻坚的延续,政策宣传主要集中在脱贫户、低保户、特困户等低收入群体,在实践中并没有实现对农户政策宣传的全覆盖。从宣传方式上看,村庄主要通过喇叭广播或公示栏进行防返贫政策宣传,宣传方式较为单一,难以有效覆盖一些居住得比较偏远、行动不便或外出务工的农村群众。防返贫政策宣传中存在的上述问题,降低了群众对于政策的知晓率。调查发现,衔接过渡期头两年,不少农户特别是一般农户,往往只知道贫困户概念而不清楚监测户是什么,更不清楚可以通过线上系统(防返贫 APP)或直接向村干部反映自身存在的返贫风险。

农户自主申报的比例较低,既是外部政策宣传不到位的结果,也是农户自身存在问题的反映。一方面,一些农户特别是老年户,不会用智能手机,抑或自身文化水平不高,无法线上操作自主申报系统。另一方面,受自上而下决策模式的长期影响,农户的权利意识和参与意识薄弱,在政策执行中处于被动接受地位。这使得农户在遇到家庭变故或生活困难时,首先想到的是依靠自身力量解决问题,抑或投亲靠友,而不是告知村干部。对一些村庄特别是经过合并、人口较多或居住分散的村庄来说,只有农户到村里办理业务时(如咨询医保报销、开具证明等),村干部才会了解他们遇到的困难。农户缺乏主动参与意识,进一步导致他们在防返贫动态监测中出现了功能缺位。

五、存在纳入不及时问题

作为防返贫风险发生的事前干预机制,防返贫动态监测需要做到监测对象及时认定,为及时消除监测对象的返贫风险点提供目标与方向。但在一些地方,纳入不及时问题依然比较突出。从纳入时间节点上看,普遍存在个别月份集中纳入监测对象的情况。前述实地调查的数据显示,西部 19 个县 2021 年新增监测户 1414户,其中 6 月、12 月分别集中纳入了 654 户、402 户,占比高达 74.68%。从纳入时间跨度上看,监测对象从发生风险到纳入监测的时间跨度较长。22 个县入户抽查监测对象 1481 户,其中 499 户是 2021 年新识别纳入的,从发生风险到批准纳入监测的平均时长为 2.6 个月。从分县入户抽查数据看,监测对象从发生风险到批准纳入监测的时间跨度,最长的 5 个县依次为 11.7 个月、11.2 个月、9.0 个月、7.7 个月和 6.8 个月。监测对象纳入不及时,使得返贫风险有更多机会演化为返贫事实,对防返贫工作构成较大挑战。

通过基层干部（特别是乡镇干部和村干部）的走访排查，获取返贫风险信息，识别并纳入监测对象，是推动防返贫动态监测有效运作的关键环节。然而，一些基层干部在日常实践中缺乏工作主动性，主要根据省、市（州）、县等上级政府部门的部署要求，进行大规模、运动式的走访排查。另外，上级一般在年底开展巩固脱贫成果后评估。为防止出现"应纳未纳"问题而被问责追责，基层政府通常选择在年底（特别是12月上旬）进行突击排查，将当年存在返贫风险的农户集中纳入监测对象。特别是在农户自主申报数量严重不足的背景下，干部走访排查无论采用集中排查方式还是突击排查方式，都没有做到防返贫排查工作的常态化，防返贫动态监测无法实现对监测对象的及时发现、及时纳入。

六、帮扶工作存在不扎实问题

按照制度设计，地方政府应针对不同返贫风险，从监测对象实际情况出发，坚持因地、因户、因人施策，确保监测对象得到及时救助与帮扶。但帮扶工作不扎实问题并不鲜见。具体来说，一是防返贫帮扶存在形式主义、走过场问题，如村庄中监测对象的纳入原因、发展条件、发展需求等各不相同，既包括有劳动力的，也包括无劳动力的，但针对监测对象制订的帮扶计划完全一样，都包含产业、就业、综合保障、志智双扶、社会帮扶等帮扶措施。二是防返贫帮扶工作存在不精准问题，如西部19个县调查的1074户监测对象，有738户为因病纳入，其中53.62%没有得到健康帮扶措施。特别是对自负医疗费用较高（超过15 000元）的监测对象来说，可能因为缺乏针对性健康帮扶措施而深陷生活困境之中。三是防返贫帮扶存在"一兜了之"的问题，即有的村庄在防返贫帮扶中，无论监测对象有无劳动能力，均通过低保等兜底措施进行帮扶，对于有劳动能力的监测对象开展发展类帮扶措施。

无论是帮扶计划的制订还是帮扶政策的落地实施，都离不开村干部、驻村工作队、帮扶责任人等基层干部群体。然而，打赢脱贫攻坚战以后，一些地方的基层干部存在"松口气、歇歇脚"的思想，对防返贫帮扶工作或事项的处理较为简单、随意，存在制订帮扶计划不征求监测对象意见等不负责任的行为，从而出现帮扶工作不扎实，监测对象不清楚、不认可帮扶措施的情形。

第五节　防返贫的政策建议

建立健全防返贫动态监测与帮扶机制,对返贫风险人口开展常态化监测帮扶，是巩固脱贫攻坚成果的重要环节。这项工作在技术应用及操作化流程设计等环节已经达到较高的科学化、规范化水平，但受基层复杂化的制度环境特别是利益关联的影响，仍存在一些值得关注的问题。从基层相关主体行为逻辑及复杂环境出发，进一步完善制度设计和执行，具有重大意义。

一、严格按照标准识别监测对象

县、乡、村三级干部在监测对象识别过程中，要严格对照政策标准进行操作。一方面，完善县级行业部门联动机制。打通低保户、危房改造户和防返贫动态监测对象的识别工作，制定出台防返贫动态监测责任管理办法，细化监测责任分工，按要求开展集中排查、重点排查和常态化排查，避免防返贫动态监测出现"体外循环""应纳未纳"等问题。特别是对于拟新增为低保对象或危房改造对象的农户，凡是符合防返贫动态监测纳入条件，均同时识别为监测对象。另一方面，加强对基层干部的监督和管理。通过内部监督（纪检监察、人大、政协等渠道）和外部监督（群众、舆论等渠道）相结合的方式，织密不作为、乱作为等行为监督网络，防止基层干部和工作人员因自身利益考量而出现官僚主义或形式主义行为。以此为基础，村级工作人员要主动加强与上级部门和村民的沟通交流，秉持精细化服务理念，既要将符合条件的农户全部纳入监测，又要坚决杜绝"虚假返贫"现象，保证监测数据的准确性和客观性及监测工作的严肃性，为接下来对监测对象开展精准帮扶提供可靠支撑。

二、提升基层干部对政策的理解和执行力

村干部和驻村干部位于防返贫动态监测帮扶工作一线，承担为普通户、脱贫户、监测户等不同类型农户解答疑惑的工作职责，需要具备坚实的政策知识基础、较强的政策执行力和为民服务的饱满工作热情。一是通过政治学习不断强化基层干部的党性修养，改变部分干部被动应付的不作为心态，提升他们在防返贫动态监测帮扶实践中的责任感和使命感。二是通过定期或不定期的干部轮训、集中培训、实地参访、政策宣讲、座谈访谈等方式，提升基层干部关于防返贫动态监测与帮扶政策的执行能力，防止他们在工作中出现标准把握不实、政策认识不清、工作定位不准等问题。三是通过吸引人才返乡带动农村党支部建设、精准选派第一书记开展驻村帮扶、组织专家学者打造乡村振兴"智囊库"等方式，提升基层干部整体的文化素质与服务能力，打通防返贫动态监测与帮扶政策落地实施的"最后一公里"。四是进一步强化激励机制，提升基层干部主动学习政策、认真执行政策的积极性、能动性。

三、提高农户对相关政策的知晓度

以防返贫动态监测与帮扶政策的宣传为抓手，重点向农户宣讲过渡期政策调整变化、防返贫动态监测纳入标准、政策享受以及自主申请程序等，提高他们对政策的知晓度。一方面，要高度重视到户层面的宣传工作。通过发动村干部、驻

村干部、村小组长和帮扶责任人定期开展入户走访，同时对常年不在家的农户进行电话访问，用通俗易懂的语言向他们宣讲防返贫政策，要求制定并发放防返贫监测与帮扶政策"明白纸"，确保每户有个"明白人"。另一方面，也要加强社区层面的宣传工作。在防返贫动态监测帮扶实践中，不仅要通过村庄广播、宣传栏等常规手段宣传，更要利用村庄微信群、乡镇公众号、抖音、快手等新媒体资源，创新宣传内容和形式。引导农户在知晓政策的基础上，提高防返贫风险意识，及时向村干部反映自身或周边群众生产生活状况，营造巩固脱贫攻坚成果的良好氛围，减少由政策认识不清所引起的利益矛盾和冲突。

四、做好监测对象及时纳入工作

实现监测对象及时纳入的根本在于第一时间发现农户出现的返贫风险。一是通过在提升农户政策知晓度的基础上，进一步简化线上自主申请程序，拓宽农户自主申请的路径（如电话申请、邻里协助申请），让农户自主申报在返贫致贫风险信息收集中发挥更大作用。二是建立健全干部走访排查的常态化工作机制，如定期调度县级层面的干部走访排查数据，发现数据异常（个别月集中纳入、年底突击纳入、连续几个月没有纳入）情况，及时给予警示提醒。三是依托村庄网格化治理体系，明确第一书记、村干部、驻村工作队员、村小组长的职责分工，确保干部走访排查工作每个月周密有序，防止出现走过场、留空白的情况。四是引导支持村庄老党员、老教师、老干部等乡贤和热心人士的力量，组建防返贫动态监测帮扶理事会或类似机构，在防返贫监测中发挥补充作用。

五、提升防返贫帮扶工作实效

选优配强防返贫帮扶力量，及时调整由于年龄过大等各种原因精力有限、责任心不够的帮扶干部。围绕防返贫监测帮扶责任落实，进一步完善村干部、驻村干部、帮扶责任人等基层干部的管理办法，强化约束激励机制，落实县、乡两级及人民群众对帮扶工作的日常监督，推进防返贫帮扶工作精准落地，取得实效。基于全国防返贫监测信息系统数据，根据返贫诱发机制和风险因素对返贫风险人口进行分类，对不同地区、不同群体返贫风险成因做出精准分析和判断。借鉴推广防返贫实践中的成功经验，按照分类施策、精准施策的基本思路，加强对不同类型返贫风险人口的帮扶力度，改变其在帮扶过程中的"被动"状态。另外，将返贫风险人口识别认定成监测对象后，及时落实帮扶责任人，及时完成帮扶计划制订和帮扶措施申报，有针对性地落实各类帮扶措施。针对有劳动能力的返贫风险人口，坚持开发式帮扶，通过产业帮扶、转移就业、公益性岗位安置等措施，保障其收入稳定增长；针对缺乏劳动能力的返贫风险人口，不断完善兜底保障制度和逐步提高保障标准；针对区域性返贫风险，进一步补齐区域发展短板和弱项，如改善基础设施、提升公共服务水平、加强社会建设和文化建设等，提高区域可持续发展的水平和能力。

六、健全防返贫考核评估机制

提升防返贫监测与帮扶工作质量，不仅需要完善监测帮扶制度体系和保障人员、资金、政策投入，而且需要有力的考核评估机制，发挥考核评估的质检仪、指挥棒、推进器作用。一是根据实践发展逐年调整、优化和完善考核评估的重点内容与指标体系。在此基础上，完善考核评估人员培训机制，提升考核评估人员对考核评估内容和标准的理解与把握能力，提升不同考核评估队伍与人员考核结果的客观性、一致性和可比性。二是强化考核评估现场督导，确保考核评估人员严格按照考评规程与技术规范开展工作。对于考核评估过程中发现的新问题、新情况，考核领导机构及时给出权威的评价标准。三是严肃并审慎应用考核评估结果。坚持问题导向，将问题整改作为考核评估结果应用的主要抓手。把考核评估发现的问题区分为约束性、引导性两种类型，其中约束性问题属于不应该出现的负面清单（如返贫人口），引导性问题属于今后要努力逐步减少的问题。根据约束性问题的多少及严重程度确定考核评价约谈对象（凡未出现约束性问题的均不作为约谈对象），综合两类问题确定考核评价名次。注重总结推广经验，凡考核评估位于前列的，均应形成书面的经验总结材料，并用于其他省（自治区、直辖市）学习借鉴。

总体而言，当前的防返贫监测与帮扶的政策制度设计已经相当完善。鉴于这些政策制度涉及地方广大干部群众特别是基层干部群众的切实利益，其落地实施过程总是离不开利益驱动下的变异。政策制度完善的方向在于，深入了解防返贫监测与帮扶政策制度对相关人员利益的影响，把握其在利益驱动下的行为取向，堵住政策制度执行过程中的漏洞，疏通拓展利益取向和政策制度目标相一致的路径，让利益驱动成为防返贫监测与帮扶政策制度不断完善的深层动力。

<h2 style="text-align:center">本章参考文献</h2>

包国宪, 杨瑚. 2018. 我国返贫问题及其预警机制研究. 兰州大学学报(社会科学版), 46(6): 123-130.

陈茜, 汪三贵. 2023. 规模性返贫的底线评判、潜在风险与防范机制. 湖南农业大学学报(社会科学版), 24(2): 39-48.

丁军, 陈标平. 2010. 构建可持续扶贫模式 治理农村返贫顽疾. 社会科学, (1): 52-57, 188.

董春宇, 栾敬东, 谢彪. 2008. 对返贫现象的一个分析. 经济问题探索, (3): 176-178.

胡世文, 曹亚雄. 2021. 脱贫人口返贫风险监测：机制设置、维度聚焦与实现路径. 西北农林科技大学学报(社会科学版), 21(1): 29-38.

姜长云. 2022. 影响我国粮食安全的新趋势新问题. 人民论坛•学术前沿, (4): 94-100.

蒋和胜, 田永, 李小瑜. 2020. "绝对贫困终结"后防止返贫的长效机制. 社会科学战线, (9): 185-193, 282.

蒋南平, 郑万军. 2017. 中国农民工多维返贫测度问题. 中国农村经济, (6): 58-69.

雷明. 2018. 论习近平扶贫攻坚战略思想. 南京农业大学学报(社会科学版), 18(1): 1-11, 160.

李博, 左停. 2017. 谁是贫困户？精准扶贫中精准识别的国家逻辑与乡土困境. 西北农林科技大学学报(社会科学版), 17(4): 1-7.

李金龙, 董宴廷. 2020. 目标群体参与: 精准扶贫政策执行领域形式主义的治理之道. 天津行政学院学报, 22(1): 61-69.

刘成良. 2018. 因婚致贫: 理解农村贫困的一个视角. 南京农业大学学报(社会科学版), 18(3): 37-44, 153.

刘建. 2019. 标准化、自由裁量权与街头博弈: 贫困治理情境转换的路径及逻辑: 基于L乡精准扶贫实践的案例分析. 甘肃行政学院学报, (4): 14-24, 124-125.

陆汉文, 黄承伟. 2020. 中国精准扶贫发展报告(2019): 贫困边缘人口的致贫风险与规避对策. 北京: 社会科学文献出版社: 65-77.

陆汉文, 杨永伟. 2020. 从脱贫攻坚到相对贫困治理: 变化与创新. 新疆师范大学学报(哲学社会科学版), 41(5): 86-94, 2.

秦中春. 2022. 确保不发生规模性返贫应从三方面重点推进. 农村工作通讯, (3): 25.

邱海峰. 2022-03-22. 守住守牢不发生规模性返贫底线. 人民日报(海外版), (1).

孙壮珍, 王婷. 2021. 动态贫困视角下大数据驱动防返贫预警机制构建研究: 基于四川省L区的实践与探索. 电子政务, (12): 110-120.

汪三贵, 郭建兵, 胡骏. 2021. 巩固拓展脱贫攻坚成果的若干思考. 西北师大学报(社会科学版), 58(3): 16-25.

吴晓俊. 2010. 中国农村返贫困境分析与可持续扶贫探索. 求实, (6): 92-95.

杨永伟, 陆汉文. 2019. 贫困人口内生动力缺乏的类型学考察. 中国农业大学学报(社会科学版), 36(6): 128-136.

张琦. 2019. 稳步推进脱贫攻坚与乡村振兴有效衔接. 人民论坛, (S1): 84-86.

周海玲. 2022. 防止脱贫人口返贫监测预警和帮扶机制建设研究. 理论探讨, (4): 100-104.

庄天慧, 张海霞, 傅新红. 2011. 少数民族地区村级发展环境对贫困人口返贫的影响分析: 基于四川、贵州、重庆少数民族地区67个村的调查. 农业技术经济, (2): 41-49.

左停, 赵梦媛. 2021. 农村致贫风险生成机制与防止返贫管理路径探析: 以安徽Y县为例. 西南民族大学学报(人文社会科学版), 42(7): 32-41.

Ansell C, Gash A. 2008. Collaborative governance in theory and practice. Journal of Public Administration Research and Theory, 18(4): 543-571.

Sen A. 1981. Poverty and Famines: An Essay on Entitlement and Deprivation. New York: Oxford University Press: 154-179.

Townsend P. 1979. Poverty in the United Kingdom: A Survey of Household Resources and Standards of Living. England: Allen Lane and Penguin Book: 86-97.

本章执笔人：杨永伟、陆汉文

第三章　乡村产业振兴的发展模式、路径和对策研究

第一节　研究背景

产业兴旺是实现乡村产业振兴的核心要求。乡村产业要以三产融合发展为路径，扎根于当地，依托当地的农民，立足当地特色农业资源，开发特色农产品，推动农业高质量发展，为农民提供更多、更优质的就业岗位，为农村发展提供更良性的经济效益。产业兴旺要在绿色发展理念背景下朝着质量兴农、绿色兴农、品牌强农等方向激发创新活力，高度重视生态环境问题，更好地保护和提升生态环境质量，大力整治乡村人居环境，进一步落实生态宜居要求。大力发展县域经济、加大人才培养力度、提高基础设施覆盖率和健全公共服务体系配套等措施有利于农村教育、文化、卫生等社会事业全面发展，为农村乡风文明与有效治理奠定良好基础（柯炳生，2018）。产业兴旺是乡村振兴的必然路径（任常青，2018），农村发展要以产业兴旺为支撑，激发农村经济新活力，进而促进现代化的乡村产业体系的形成，为乡村居民提供优质的就业机会，为乡村建设培养优秀的人才队伍，为乡村振兴提供坚实的物质保障（郭永田，2018）。产业兴旺是农业增效、农民增收、农村繁荣的关键，是乡村振兴的核心。完善的乡村产业链是缩小城乡差距、促进农村建设的重要引擎，是建设农业强国坚实的经济支撑。

农民是乡村社会的基本结构单元，是乡村振兴的主体。然而，"大国小农"是中国的基本国情，小规模、分散化、具有明显自然经济特征的小农经营主体在农机购置、生产资料购买、农产品销售等方面面临诸多困难。难以突破的先天不足制约着小农户与现代农业的有效衔接，迫使小农户滞留于产业链中较末端的位置。小规模经营虽然具备农业生产的精细化特征，但难以推广机械化和负担农业机械的购机沉淀成本。此外，因为小农户是分散经营，所以具有参与合作经济组织程度低、信息获取能力弱、抗风险能力差等缺点。因此，如何实现小农户与现代农业的有效衔接成为促进乡村产业振兴的关键突破口。

有鉴于此，本章基于文献梳理和现实考证，对乡村产业振兴的发展模式、路径和对策进行归纳与总结，旨在为助力乡村产业发展和农业强国建设提供有益的参考。本章总体结构如下：第二节对现有相关研究进行了梳理和总结；第三节归纳了当前产业振兴的四种主要发展模式；第四节分析了当前乡村产业发展面临的主要问题，并在第五节提出了相应的政策与措施。

第二节　现有研究梳理

现有研究成果从内涵上对产业兴旺进行了分析。吴中伦（2019）认为产业兴旺包含四个要素：多元产业构成、特色经营模式、现代产业体系和融合的产业资源。在我国，现代农业发展离不开产业兴旺，农业质量的提升和效益的提高、乡村产业链条的衍生也需要产业兴旺（任常青，2018）。实现乡村振兴的首要任务是实现产业兴旺，产业兴旺不仅有利于乡村的复苏，还有利于新型城镇化的发展（李国祥，2018）。实现乡村产业兴旺，不仅是要促进乡村产业经济的快速增长和提升国民经济增长的贡献率，还要促使乡村各种经济活动形成相互渗透、相互融合、相互发展的稳定状态（朱启臻，2018）。当然，要想实现产业兴旺，不仅要促进现代农业的发展，促进新业态的发展，还要把握好当前经济环境趋势，推动三产深度融合（曾福生和蔡保忠，2018）。依托三产融合，进一步实现产业体系、生产体系、经营体系这三大体系的有机结合（黄祖辉，2018）。此外，高帆（2019）的研究发现，在当前社会主要矛盾发生变化、供给侧结构性改革和经济高质量发展的大背景下，我们必须采取措施，通过技术创新、组织创新和市场创新，推动乡村产业的融合、产业链的延伸、产业功能的拓展和产业附加值的提升，从而促进乡村产业的可持续发展。

对于如何推动农业产业发展以实现乡村产业振兴这一关键议题，董逸豪（2022）提出了四种路径，即发展智慧农业、实行产业融合、培养新型职业农民以及打造特色农业。刘朋虎等（2020）则表明应该完善资源投入机制、寻求前沿的科技支持、发展集约化产业等，并在此基础上实现生态循环农业的发展。于建嵘（2018）则认为应当因地制宜、精准施策，充分利用各地资源禀赋差异化优势，推动乡村产业和文化繁荣齐头并进。青平等（2019）认为营养强化农作物的市场化与产业化需要政府、企业、种植户和消费者等多个主体实现协同开发。程国强等（2022）认为对于脱贫地区的乡村振兴，要牢牢把握好构建长效帮扶产业体系、改善地区基础设施条件、加快公共服务提档升级和加强扶贫资产后续管理四条路径。

土地、资本、新型农民、信息技术、补贴政策、农村经营体制、农产品种植结构、"三位一体"综合性农民合作社、重构乡村生产空间、培育企业家精神、乡村旅游新业态等方面的改革发展是目前乡村产业振兴的主要路径（Gladwin et al.，1989；汪发元和叶云，2018；龙花楼和屠爽爽，2018；高帆，2019；张晓山，2019；朱兆伟和徐祥临，2019；王生斌，2021）。产业结构的优化是农业产业发展的重要驱动力，是乡村振兴的重要前提（Young，1995）。赵之阳（2018）认为产业融合作为乡村振兴的重要抓手，应在依托城乡协同发展优势的同时，以"农民富、农村美、农业强"为发展目标，加快推进农业农村现代化。在此基础上，张云华（2018）

分析了"推进市场化"和"赋权"的新路径。青平等（2020）提出发展高营养、高附加值农业，调整农业产业结构，可以有效提升低收入群体收入水平，实现营养产业扶贫。李登旺（2020）表明构筑乡村产业用地保障机制可以有效提高土地集约化利用程度。也有学者认为，应该在农村土地"三权分置"的制度现状基础上，解决土地"细碎化"、农民"组织化程度低"等问题，重新发挥农村土地作为集体生产资料的特性功能（乔陆印和刘彦随，2019；贺雪峰，2019）。

在"大国小农"背景下，促进全体人民共同富裕，最大的难题是在农村，而小农户又是农村的短板和乡村产业发展的基础。小农户即以家庭为单位，依托特定资源禀赋进行生产消费决策的农业微观主体。由于处在相对封闭的环境下，小农只能在小范围覆盖的区域内实现自给自足（钟甫宁，2021）。当前中国农业现代化面临的主要问题是如何实现小农户与现代乡村产业发展相衔接（叶敬忠等，2018；唐忠和钟晓萍，2023）。小农生产在以中国和日本为主的东亚长久不衰，是人多地少条件下历史理性的选择（姚洋，2017）。第三次农业普查数据表明：我国共有耕地 20.24 亿亩，而户均耕地仅有 9.78 亩。世界银行关于小农户的标准是耕地面积低于 30 亩，我国的基本国情是小农户大量且长期存在，中国农业生产主要的模式仍将是小农生产模式。在实现乡村产业振兴的过程中，怎样将小农户嵌入现代乡村产业发展轨道，提升其发展现代乡村产业的能力，关乎国民经济的基础（李谷成，2021）。

然而，从实践上看，使得小农户与现代乡村产业发展有效衔接仍存在短板和困难（Barrett and Swallow, 2006; Foster and Rosenzweig, 2010; Dillon and Dambro, 2017; Barrett et al., 2020；赵培和郭俊华，2022）。首先，小农户难以有效配置现代化的生产要素。农业服务的社会化事关小农户与现代农业发展的衔接以及农业生产分工经济的形成（罗必良，2020）。由于农机装备投资的专用性，其对于作业目标的选择较为单一，农业生产的季节性农机装备使用率不高，最终造成投资利用率不高以及沉淀成本的形成（罗必良，2020）。另外，由于农机服务在部分作业环节的较高监督成本，农机服务市场的完善度以及相关产业的发展对小农户技术采纳决策起到关键性的作用。此外，小农户是市场价格的接受者、销售渠道单一化、难以应对市场和气候的双重风险等方面，最终导致其经营效益欠佳（黄季焜，2010；叶兴庆和翁凝，2018；刘守英和王宝锦，2020）。

其次，小农户经营较为分散，参与合作经济组织的程度低。小农户经营模式的生产高度分散的特性，使其往往游离在市场的边缘，在农产品"出村进城"的产销对接过程中面临诸多困难，无法与"大市场"进行有效衔接（许竹青等，2013；阮文彪，2019）。由于农业存在自然再生产与经济再生产相结合等特点，小农户匹配一定程度的经营规模所需的劳动力需要支付较高的隐性交易成本（罗必良，2020），参与市场交易需要支付较高的交易成本，在流动环节难以形成规模经济，从而影响农户的生产收益。小农户无法对不断变化的市场需求做出正确反应，也难以分享现代农业红利。分散经营难以标准化生产，小农户难以通过标准化生产方式产出符合标准和规范的农产品，从而达到收购要求，即使有高品质农产品也难以获得定价权（何宇鹏和武舜臣，2019；蒋永穆和戴中亮，2019）。目前我国城镇化仍旧处于推进阶段，但城镇化与相关配套保障制度之间发展不协调、不同步，不仅体现在农民工就业与工资难以获得保障，而且体现在农民难以融入城市、难以获取相关的社会保障（阮文彪，2019）。

最后，小农户所面临的剩余劳动力老龄化倾向十分明显，已经出现农业劳动力代际更替的需求。目前，中国农民普遍受教育程度不高，小农户的人力资本形势严峻（阮文彪，2019）。大多数小农户的受教育程度不高，导致其对新技术和新生产模式接受度不高，严重阻碍了农业科技进步和技术扩散。现实情况表明，小农户兼业情况普遍，兼业是小农户获取足够的生存资源的关键（叶兴庆，2021）。兼业和劳动力转移的根本原因是进城务工的预期收益大于务农的预期收益（Harris and Todaro，1970）。但已有研究表明小农户兼业化伴随着较低的生产效率，这也意味着小农户兼业会影响农业生产效率的提高与现代化生产要素的有效配置。

从全球范围看，世界各国在发展乡村产业的进程中，不乏以小农户经营为基础进一步实现农业现代化的先例。推进农业经营规模成为当前农业产业发展的重要目标之一（何秀荣，2016）。尽管现有农业强国在人地关系上各具特色，在主体农户经营规模上也略有不同，但仍有值得借鉴学习的典型案例。就国际经验而言，包括美国在内的新大陆国家，多为大规模、大兼并的大农场模式。美国的小规模家庭农场自我服务能力不断强化，资产配置显著增强，外包服务逐渐减少，内部一体化明显提高，逐步步入高成本的资本密集时代（姜长云，2023）。又如二战后的日本，由于人多地少的限制因素和土改后分田到户的政策因素，故而普遍推行一家一户的小规模经营模式，最终平均到每户农户的经营耕地仅有 1 公顷（林万龙，2017）。20 世纪 50 年代的日本小农户的占比高达 95%（程郁和张云华，2015）。发展小农场需要给予高补贴，却会带来农业发展对保护政策的依赖，这就需要走出美国与日本"资本型农业"的农业现代化发展外的"第三条道路"（林万龙，2017；张红宇，2018；罗必良，2020）。

部分学者认为要实现小农户与现代农业发展的有效衔接，最亟待解决的议题是如何开展有针对性的措施。已有的研究结论主要集中在主体的培育、组织的带动和现代农业服务的提供等三个方面。首先，将小农户培育为现代农业的经营主体是实现小农户与现代农业衔接的理想状态（刘敏等，2022）。通过小农户自身的发展和壮大，来实现农业生产经营过程的现代化。保障小农户收益，确保农业成为其主要收入来源，只有这样才能兼顾农户增收与现代农业发展（芦千文和苑鹏，2021）。其次，新型经营主体，即在家庭联产承包责任制完善的基础上，懂技术、有文化、善经营的职业农民,以及经营规模较大、集约化程度较高、市场竞争力较强的农业经营组织。新型经营主体有系统的知识和丰富的经济资源,对于市场的需求和变化反应灵敏,同时积极采纳现代农业技术手段,具备发展现代农业产业的优势。新型经营主体正日渐成为衔接小农户与现代农业的重要桥梁(覃志敏和陆汉文,2021)。新型经营主体是小农户与现代农业服务对接的有效载体,同时也是小农户与现代乡村产业发展相衔接的重要路径(尹翠娟和任大鹏,2021)。

在现代农业服务层面上,已有研究提出提供现代农业服务是必要的,主要包括生产性服务、经营性服务和金融性服务等(张露和罗必良,2018;韩长赋,2019)。首先,农业生产性服务贯穿于整个农业生产作业产业链,是对农业生产各环节作业进行协助的社会化服务,能够为小农户遇到的技术瓶颈问题提供解决方案(张红宇和胡凌啸,2021)。在农业产业化经营实践中,小农户生产并非农业政策的扶持重点(韩喜艳等,2020),而"合作社+农户"多数为"专业大户"的合作,由于大股东控股问题的普遍存在,并不能达到真正带动小农户生产的目的(潘劲,2011)。其次,经营性服务主要是为了帮助农户解决农产品滞销等市场风险问题,其中包括参与合作社,以农批对接(石岿然和孙玉玲,2017)、农超对接(姜增伟,2009;周树华等,2011;施晟等,2012;李崇光等,2015)、农社对接(郭锦墉等,2019)、农产品电商服务(曾凡益和青平,2022)等方式直接对接消费者。农村电子商务服务的集聚带动了资本、人才、技术等要素向农村的转移(Qi et al.,2019),而且能够促进农产品增值和农民增收(Luo and Niu,2019)、提供更多的就业机会(Kong,2019),在一定程度上解决了小农户和现代农业有效衔接的问题(Zeng et al.,2019)。最后,金融性服务主要包括正规金融服务和非正规金融服务。金融性服务可以有效降低小农户投资风险和流动性约束(Bencivenga et al.,1995)。让更多农户参与到电商服务中,既是吸引人才的途径,也是增加收入的途径(温铁军和邋浩,2019)。当农村金融发展到一定水平时,会形成金融集聚(Palmberg,2012)。集聚的农村金融服务给乡村产业振兴带来资本活力,带动区域内产业的迅速发展(Kar et al.,2011)。财政优先保障领域和金融优先服务领域要坚持以农业和农村作为主要对象,确保今后农业农村投入力度不断提高、总量不断增加(韩长赋,2019)。

尽管已有研究对产业振兴、产业兴旺、小农户和现代乡村产业的有效衔接做出了大量的阐述,然而鲜有研究系统考察以下几方面重要问题:我国乡村产业振兴的主要发展模式与成效是什么?当前乡村产业振兴面临的主要问题和对策是什么?如何通过产业振兴实现城乡共同富裕?本章尝试解答上述问题,旨在为促进乡村产业发展、实现乡村振兴和共同富裕提供政策参考与借鉴。

第三节　乡村产业振兴的主要发展模式与路径

为促进乡村产业发展、实现乡村振兴与共同富裕，通过调研各地推动乡村产业振兴的典型案例，课题组总结相关实践经验并归纳出我国乡村产业振兴的主要发展模式，主要有：特色农产品开发模式、农业产业链延伸模式、农业多功能扩展模式和一二三产业融合发展模式四种模式（图3.1）。

模式一	模式二	模式三	模式四
●特色农产品开发模式	●农业产业链延伸模式	●农业多功能扩展模式	●一二三产业融合发展模式

图3.1　我国乡村产业振兴的主要发展模式

一、模式一：特色农产品开发模式

立足当地特色资源，就地开发特色农产品、推动农业高质量发展，这是振兴乡村产业的根基。特色农产品开发模式是在特定区域内进行的，以区域内自然、历史和文化条件为基础，以满足消费者对农产品差异性消费需求为目的进行的农作物、牲畜、禽鸟等特色农产品集生产、加工、销售于一体的产业振兴模式。该模式具有以下特点。第一，生产具有区域性。特色农产品开发模式是在与一定地理区域密切相关的独特自然条件基础上，开展的农业生产活动，这种生产条件的自然垄断性与不可再生性决定了该发展模式仅适用于特定区域。第二，产品具有独特性。特色农产品开发模式将独特生产技术与特有自然资源相结合，其最终产品具有一定特质，产品质量优于同类农产品，因此具有不可替代性。当前，在各级农业部门的大力支持下，区域性特色农产品产业发展迅速，已形成一批重点优势农产品产业带。

案例一：福建福鼎特色茶产业。福建省福鼎市通过大力发展地区特色茶产业以促进地区乡村振兴事业建设。茶产业作为福鼎市的标杆产业，是福鼎市脱贫攻坚、实现乡村振兴的支柱产业，而白茶更是支柱产业的龙头。作为世界"白茶发源地"，福鼎的白茶已经形成了具有文化价值的区域公用品牌。2014~2023年"福鼎白茶"的品牌价值持续上升，一直位列中国茶叶区域公用品牌前十强。

在推动福鼎特色茶产业的开发过程中，福鼎市积极探索新模式，走出了"公司+基地+合作社+茶农"的新路子,助推"小、散、弱"茶叶种植园和小型、微型茶叶初制加工作坊向专业化合作社或龙头企业集聚,通过建立现代农业产业园,促进茶产业的规范化运营与管理。此外,福鼎市加强白茶品牌建设,依托国家农产品地理标志保护项目,融合中国茶叶区域公用品牌前十强的名气,在福鼎市连续多次举办白茶开茶节,打响福鼎白茶品牌。

案例二:云南昆明花卉产业。云南省昆明市的花卉产业作为特色产业集群建设的重要产业,在推动云南特色农产品竞争中发挥了优势作用。云南打通了40多个国家和地区的出口通道,如澳大利亚、日本、东南亚等,花卉产业市场覆盖了世界各地。云南花卉产业经过多年发展,不仅在全国处于领先地位,在国际上的影响力也与日俱增。云南省花卉产业集群县区2021年的鲜切花产量达到85.6亿枝,占全省鲜切花总量的52.8%。统计数据显示,2021年该产业的种植规模基本稳定在192.4万亩,产值逐步增加至1034.27亿元。根据表3.1,2021年云南花卉产业各主要品类发展态势良好,其中产值最高的为鲜切花品类,产值140.4亿元。云南花卉产业各个品类板块展现出中心与地区齐头并进的产业韧劲,产业热点不仅包括玫瑰、百合等鲜切花,还包括多肉、大花蕙兰等盆花。部分特色花木(如云南山茶)和食用花卉(如食用玫瑰)作为产业补充,发展业态趋于成熟,具备良好的产业基础和竞争优势。

表3.1 花卉产业主要品类2021年生产情况表

主要指标	鲜切花	盆花	绿化观赏苗木	食用和药用花卉	种用花卉		
					种子	种苗	种球
面积/万亩	32.6	12.9	35.3	88.9	0.65		
产量	162.25亿枝	6.82亿盆	7.5亿株	2.07亿千克	3.8万千克	10.3亿株	0.16亿粒
产值/亿元	140.4	106.1	96.7	50.2	5.7		

为把花卉产业作为特色产业来发展,云南省昆明市聚焦重点,通过对栽培设施升级改造、花卉生产基地运输设施完善与更新,夯实花卉产业发展的基础。此外,昆明市坚持规模化、集中化发展的思路,破解了花卉产业中花农小而散的问题。昆明市贯彻落实创新驱动理念,坚持以创新引领花卉产业高质量发展的思路,在本地特有的优异花卉种子资源基础之上,推动品种创新,培育开发全新的花卉品种;通过研发与实践,将新的技术逐步推广覆盖到育种、种植、生产、加工的全过程,为花卉产业的发展注入全新动力。昆明花卉产业搭乘"一带一路"的快车,依托中国(云南)自由贸易试验区昆明片区、中老铁路等项目,将昆明花卉送出国门,推广到世界各地,使昆明花卉产业更具有"国际范"。

案例三:陕西西安猕猴桃产业。陕西省西安市以果业提质增效为重点,建成面积与产量居世界第一的百万亩猕猴桃优势产业带。猕猴桃对种植地区的气候、土壤和水分等条件都有相应的要求，目前西安市共有灞桥区、长安区、周至县、鄠邑区等多个猕猴桃基地，这些地区都是满足猕猴桃生长的优良地区。近年来陕西猕猴桃果园种植面积快速提升，2021年陕西省猕猴桃的种植面积和产量分别达97.9万亩和129.4吨，较2020年分别增加了6.1万亩和13.6万吨。各地的有机猕猴桃专业生产合作社把一家一户小生产者联合起来，实施统一管理标准、统一技术指导、统一包装销售，确保了当地种植户持续稳定增收。同时，为拓宽种植户增收渠道，当地政府结合该地发展实际，整合各地资源，鼓励种植户积极参与到猕猴桃全产业链中，以"产业带动就业"，多渠道增加群众收入，实现增产、增收、增效。在此基础上，产业区也努力做好第三产业融合发展，在发展猕猴桃种植、加工的基础上，依托独特的自然资源和文化资源积极发展文化旅游和乡村旅游。

案例四：四川德阳蔬菜产业。四川省德阳市已初步形成"稻菜""稻菇"轮作产业带，大力推广水稻-大棚瓜果菜轮作模式和水稻-食用菌轮作模式等。水稻-大棚瓜果菜轮作模式依托大棚设施，主要生产瓜果菜，但在夏秋季的高温季节，空闲田地可以轮作一季水稻。通过轮作模式可以合理搭配时间茬口，在衔接季节的基础上减轻病虫害，缓解改善土壤连作障碍、土地荒化等一系列问题，提高土地的产出率，并使其转化为经济效益，这样既可以保证农民的口粮需求，又可以在此基础上提高农民收入。为帮助农户攻克技术难题，实现传统农业向精准农业的转型，四川省攀枝花市利用"互联网+农业"实施"大数据种菜"，将数字技术应用至农业供应链的整个环节，以实现水稻标准化和规模化种植，并逐步开发"蔬菜季农户自种增收、水稻季公司统种增产"的模式。"稻菜"模式可提高夏秋闲田的利用率，而"稻菌"模式则可通过食用菌与水稻二者间的轮作，提高冬田的利用率，该模式不仅可以增加食用菌生产场地，还可以借助种植的水稻，让好气性杂菌和危害菌类生长的蚁类、螨类等害虫明显减少。

二、模式二：农业产业链延伸模式

延伸农业产业链条，拓展乡村产业增值空间，是实现乡村产业振兴的新引擎。农业产业链以上游阶段生产资料的生产和销售、中游阶段产业的种植和养殖及下游阶段农产品的加工为重要构成部分，涉及农业产前、产中、产后的三个阶段，是联结农业各环节的有机整体。而聚焦到农业产业链延伸的乡村振兴模式，其旨在通过农副产品的顶层设计到政策落地实施，加强农产品从播种、生长、加工、生产到销售各个环节之间的关联，促进产业链向下游延伸，以期实现产品的增值。通过建立以乡镇及村经营公司为主体，企业为龙头的大流通格局，实现城乡相通、内外相连，进而减少中间环节，推进农产品直销，并构建"线上+线下"双通道销售立体网络，在国内参与全球竞争的基础上，将国内市场拓展到国际市场，实现通过产业链延伸从而提高产品附加值的目标。

案例一：云南普洱咖啡产业。作为我国重要的咖啡主产区，云南省普洱市咖啡种植面积最大、产量最高、品质最优，普洱市咖啡种植面积占云南省咖啡主产州市总面积的50%（图3.2）。普洱市致力于塑造咖啡产业全产业链，以打造"云南咖啡"的特色品牌。普洱市地理位置优越，天气条件、土地资源得天独厚，满足咖啡种植与生长的需要，能保证咖啡果香醇厚、品质精良。2022~2023年采收季节，咖啡产业以22.15亿元的总产值成为普洱市的重要支柱产业之一。

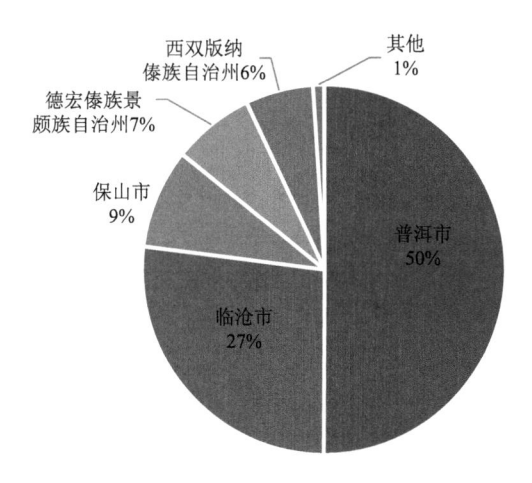

图3.2 云南省咖啡主产州市面积占比

针对云南咖啡产业的发展特征和具体情况，为了推动咖啡产业有序、健康发展，云南省出台了一系列文件，提出了有针对性的目标、措施。普洱市从产业链延伸入手，构建了以咖啡为核心的现代产业体系。在咖啡种植方面，普洱市咖啡种植面积位居云南省第一，且普洱咖啡拥有地理标志证明商标，具备得天独厚的优势；在咖啡加工方面，普洱市建立了云南精品咖啡的加工园区，通过招商，吸引了咖啡精深加工龙头企业入驻，还通过推进烘焙、冷萃冻干、三合一速溶、浓缩咖啡液、咖啡即饮及包装等精深加工项目落地，强力推动普洱咖啡向精深加工方向发展。同时，普洱市还通过投资建设咖啡实验室、良种繁育基地、咖啡产品创新中心等配套服务研发体系，实现咖啡产业的产、学、研融合发展。

案例二：河南漯河粮食产业。河南省漯河市"三链同构"融合发展，推进全产业链建设。漯河市通过延伸产业链、提升价值链、打造供应链"三链同构"的农业发展模式，促进融合发展，做到农业竞争力和质量效益的双提高，实现粮食安全和现代高效农业相统一。食品产业以高集中度、重品牌、高附加值为标杆。"三链同构"的产业链载体是"农食融合"发展的关键。在纵横延伸产业链措施下，产业化联合体公司采用双导模式管理漯河市的粮食生产，"指导+引导"农户完成种植、管理、收储的"三统一",订单收购模式同样运用在粮食生产中,该模式从供给方面保证了公司优质原料供应,从收入方面为农户的收入兜底。做到产业链纵向和横向共同打通。在快速提升价值链措施下,漯河市发挥实用研发、成果转化、第三方检测、企业孵化等功能,开展多种形式的产学研合作,广泛吸纳各种产业人才。在坚实打造供应链措施下,漯河市顺应"互联网+"发展趋势,从新型供给业态的探索、产品供给效率的提高两方面入手。目前漯河市冷库总容量、运输合作企业、物流货运量均已达到稳定供应标准,为食品全产业链的转型发展奠定了良好基础。

三、模式三:农业多功能扩展模式

农业不仅能够创造经济价值,也蕴含着巨大的生态和人文价值。开展农业建设不仅需要保障农产品的稳定优质供给,也要注意加强其特有的生态、人文和社会等方面的功能。其一,生态功能。农业发展有利于固碳减排、涵养水源、改善气候条件和保持生物多样性等。其二,人文功能。中国农耕文化长久以来秉持的"应时、取宜、守则、和谐"的核心理念,能够缓解一味追求经济增长和物质至上的发展怪象,重塑对自然的敬畏。其三,社会功能。农业是保证农户生计可持续、防范返贫和实现致富的重要屏障,也是疏通村庄网络、保障社会稳定的基本盘。农业多功能扩展的产业振兴模式是指在推动农村经济发展期间,以发挥农业食物和原料供给功能为基础,同时兼顾其生态、人文与社会等功能,实现从单一生产向多元开发转变的乡村振兴发展模式。

案例一:辽宁辽阳生态技术产业。对于农业生态功能的发挥,辽宁省辽阳市形成了用作物秸秆覆盖农田表面以实现免耕播种的保护性耕作技术。采用该技术有如下好处。一是提高土壤养分含量。经田间试验测算,作物秸秆连续三年还田可增加0.2%~0.4%的土壤有机质含量,还能增加土壤中氮、磷、钾等有益成分,从而培肥地力、减少化肥施用量。二是抗旱保墒。秸秆覆盖能够增加土壤储水量并提高水分入渗效率,与增加40~50毫米的降水量具有同等效果,对缓解春季旱情具有重要作用。三是保护农田和土壤生态环境。辽宁省辽阳市政府积极与中国科学院沈阳应用生态研究所开展合作,通过设置示范点、购置免耕机械等措施大力推广保护性耕作技术、合理利用作物秸秆,更好地保护黑土地。

案例二:云南大理农旅融合产业。在农业人文功能方面,云南省大理白族自治州着力建设"洱海绿色食品牌"示范区,开展稻鱼健康综合生态种养以实现物质资源利用的良性循环,并积极修复古建筑以优化人居环境。洱海流域得天独厚的自然景观成为当地旅游业发展的先天优势,景区已有的知名度和市场客流量也为农旅融合发展提供了有利的契机。乡镇政府结合地区资源优势,大力发展观光和休闲农业,并适时融入"乡愁"这一文化元素,增强当地乡村旅游业发展的核心竞争力。特殊的地理位置和普遍的生存需求促成了当地"湖中耕田、渔农兼收"的土地利用方式和垛田景观，与珠三角地区"桑基鱼塘"的农业发展模式有异曲同工之妙。

四、模式四：一二三产业融合发展模式

三产融合的特色发展模式，可以有效提高农产品附加值，保障农民增收。全面推进农村一二三产业融合发展是中共中央对于加大改革创新力度、加快农业现代化建设提出的发展意见之一，将其纳入中央一号文件也彰显了其在农村经济发展中的重要地位。农村一二三产业融合发展模式是通过三大产业之间融合渗透、交叉重组和整合衔接农产品产销各环节，提升农产品附加值和增加农民收入增长并最终实现乡村振兴的发展模式。当前，我国农村因地制宜促进一二三产业融合，逐渐探索出多种融合发展方式，具体包括以现代互联网、物联网为重点的技术主导型发展方式，以发挥集聚优势为依托的农业产业化示范基地和现代农业示范区等产业集聚融合型发展方式，以农业资源高效利用为着力点的生态循环型产业融合发展方式等。在实践层面也已形成涵盖全国34个省级行政区并逐步拓展到县域层面的农村一二三产业融合发展先导区。

案例一：云南哈尼梯田农工旅融合产业。云南省元阳县哈尼梯田，由"森林-村落-梯田-水系"四大元素同构的传统农耕系统，既是名胜风景区，又是农业生产区、农民生活区。元阳县通过培育催生出一批集农业观光旅游、农产品生产、田园风光、农耕体验等多功能于一体的乡村旅游业态，三产联动发展，使"风景田"变成"丰景田"，带动了老百姓增收致富。元阳县围绕世界文化遗产——千年哈尼梯田，布局"一丘田""一粒米""一条鱼""一枚蛋"产业链。通过对原产品采取统一品种、统一收购、统一加工、统一包装、统一品牌、统一销售"六统一"的方式，推动产销一体化、产品标准化发展。元阳县以农业为基础、以文化为内核、以旅游为载体，打造具有国际水准的特色小镇，深挖哈尼梯田稻作文化，不断丰富旅游业态，助推农文旅融合发展。

案例二：宁夏银川生态农工旅项目。宁夏回族自治区银川市贺兰县位于银川市主城区北部，在政府的引导、帮助和支持下，实现了由传统种植到立体种养，再到一二三产业融合发展的转型升级，实现了生态保护、产业融合和农民增收多重效益。在三产融合发展层面，该地区的主要思路为"提升一产、做优二产和拓展三产"。"提升一产"，是在当地水土气候条件和传统种植模式的基础上，精选品种来提高产量。同时，减少农药、化肥等相关投入品的施用，推动绿色转型。在政府和龙头企业带动下，创新渔业养殖方式，实现"养殖尾水进稻田"和"稻田净水回鱼塘"的循环。在"做优二产"方面，在政府支持引导下，由龙头企业为农户提供粮食的收获、储藏、烘干、加工和销售服务，为农户提供全方位服务。

同时大力发展水稻加工产业，开发特色大米产品，提高产品附加值。在"拓展三产"方面，当地大力发展以稻鱼共养为基础的特色旅游产业，建设稻田画观赏区、大米加工展示区等主体功能区，同时将特色农产品作为旅游产品进行销售，形成了独具特色的生态农工旅项目。

案例三：黑龙江哈尔滨现代农业产业园。自 2018 年起，黑龙江省哈尔滨市北大荒集团扎实推进现代农业产业园发展，着力推动一二三产业融合的"良园"体系建设。在第一产业方面，使用智慧农业技术实现无人施用种子、肥料等，施用精度在 95%以上，可以连续工作超 10 小时。在智慧农业管理平台帮助下，工作人员运用 5G（5th generation of mobile communications technology，第五代移动通信技术）、大数据、物联网等技术，实时掌握园区试验田作物生长情况，监测虫情、病情、苗情、灾情，为科学种植提供依据，不仅可以兼顾生态环境的状况，还能提高农业生产经营效率，彻底转变农业生产者和生产组织的结构体系。在第二产业方面，截至 2023 年北大荒集团推动稻米加工企业 39 家，农产品加工、仓储等企业 20 家，现年加工能力 102 万吨。在第三产业方面，针对消费者提供相应的农业信息，构建特色有机农业示范区、农科总部园区和高端休闲体验区，促进生产者和消费者的有效互动。

第四节　当前乡村产业发展面临的主要问题

经实地走访、调研分析和文献梳理，针对当前乡村产业发展情况，课题组归纳了五点当前乡村产业面临的主要问题，分别是：产业融合发展失衡，小农户增收引领受限；政府调控依存过度，市场作用发挥失灵；产业体系发展滞后，科技支撑动力不足；经营主体赋权分散，产业组织活力欠佳；农户市场关系松散，市场衔接能力薄弱（图 3.3）。

当前乡村产业发展面临的主要问题				
产业融合发展失衡，小农户增收引领受限	政府调控依存过度，市场作用发挥失灵	产业体系发展滞后，科技支撑动力不足	经营主体赋权分散，产业组织活力欠佳	农户市场关系松散，市场衔接能力薄弱

图 3.3　当前乡村产业发展面临的主要问题

一、问题一：产业融合发展失衡，小农户增收引领受限

产业融合是当前小农户增收的重要发展方向，也是乡村振兴的重要路径。当前我国农村进行产业融合需要以农业为基础，以资本、技术、资源的更合理配置为路径，通过体系创新、产业集群、技术共享、产业互联等方式，促进三大产业

的有机融合。要切实实现各产业内部分工细化，以期在生产技术、管理技术乃至产业形态方面更好地创新，形成种养加结合、农文旅结合的多样化开发模式，以客观的市场需求为依据，建立更完善的相关各群体间的利益联结机制，带动乡村产业结构不断调整与优化。

当前我国乡村产业融合发展呈现出第一产业发展较快，工业和服务业即二三产业发展相对落后的特点，具体表现为三大产业各自内部结构失衡、三大产业之间融合深度与层次不够等问题。首先，第一产业当前发展薄弱点在于特色农产品，即发展过程中尚未对特色农产品进行深入的挖掘和开发。另外，农产品质量检测并没有统一的标准，质量把控也不严格。其次，第二产业的主要问题在于基础薄弱，囿于地理条件和位置限制，我国农村的工业普遍起步晚、发展缓慢，目前尚未打好基础。最后，第三产业发展的问题主要在于千篇一律，即各地的观光旅游和休闲项目同质化较高，各地很少有自己的突出亮点。另外，由于乡村基础设施建设薄弱，活动宣传力度也小，因此知名度和市场竞争力较差。

在乡村产业发展中也存在农户增收引领受限的特征，主要表现如下。第一，农业产业链短，产品转化能力不足。由于农村地区经济发展并不充分、基础设施建设比较薄弱，其发展受到人力、物力、财力以及交通运输等方面的制约，导致乡村产业链较短，产业之间明显分割，无法有机整合，农产品"生产、加工、物流、销售"一体化产业体系发展水平有待提高。第二，非农产业割裂，"农业+"模式尚未得到广泛且有效的应用。多数地区农业产业依旧停留在个体农户从事最基础的种植业，提供初级农产品的阶段，农户在后续加工、物流、销售等环节的参与过少，并未很好地与工业、服务业的发展相融合，从而导致农民难以获得农产品加工、物流、销售等环节的增值收益，农业附加值较低，在当前农村的价值链和产业链中处于劣势地位。第三，乡村产业融合过程中过度侧重经济功能，忽视了其他功能。当前乡村产业发展更多关注经济效益，追求乡村经济的高速增长、农民的大幅增收，这些本质上是正确的，但在激活其文化、社会、生态等其他功能方面还欠考虑与统筹推进。

二、问题二：政府调控依存过度，市场作用发挥失灵

产业政策是乡村振兴的重要基石。近年来，在乡村产业规划以及产业项目的建设和投资中，市场应该发挥的作用过多被政府的介入和杠杆所代替，使得当前乡村产业发展缺少对市场作用的思考与开发，普遍对政府过度依赖。政府与市场关系的失调主要有以下两方面原因。一方面，政府过度介入导致市场竞争无序和资源配置低下。政府作为非市场主体，在农业产业融合和发展的过程中过多替代了市场应有的作用，导致资源配置并未体现市场的需求和作用，以致无序、竞争失度和资源浪费等问题层出不穷。另一方面，过度的政府调控导致主体行为扭曲

和经营制度异化。一段时间以来，国家出台了不少政策，利好培育新型农业经营主体，促进农业经营主体的发展，改善农业经营主体的结构。但由于其对市场的过度干预，经营主体无法清晰辨别农业不同经营制度的区别，导致经营主体的行为不是向市场看齐而是向政府看齐。

政府与市场关系的失调导致在乡村产业融合和发展的进程中，相关主体对客观市场规律的把握欠缺，对市场的研究和了解甚少，过度依赖政府决策，并未发挥出市场应有的作用，主要体现在如下两方面。第一，过度依赖政府来决定如何进行产业发展，规划发展路径。因为过度依赖政府规划和已有经验，对本地区特点和优势挖掘不足，许多乡村地区的产业发展模式亮点和特色不够鲜明和突出，同质化程度过高。第二，过度依赖政府进行营销实践，导致乡村产业主体不注重营销策略创新。政府在产业发展过程中过多地承担了创新营销策略（如网络直播带货、新媒体营销以及区域农产品品牌建设），使得乡村产业相关主体在制定营销策略方面存在不足，不注重特色产品的开发，更不注重产品的差异化营销策略，造成产业缺少当地特色，进而导致产品缺少竞争能力。在未来的乡村产业融合发展中，需要正确处理市场和政府的关系，让市场决定资源配置与发展方向。政府则主要打造利好的外部环境，出台政策以形成制度性保障，政府和市场共同推进乡村产业融合持续深入发展。

三、问题三：产业体系发展滞后，科技支撑动力不足

产业创新是乡村振兴的重要途径。目前乡村产业仍然过多依赖于传统要素投入，产业集中度低，资源整合效率过低，科技贡献率不高，优质绿色农产品特别是精细化中的高端农产品较少，人才难以回流到乡村，乡村振兴人才储备不足。乡村产业集中度低，尚未形成完整的产业链体系。

现阶段乡村要素利用不足，科技贡献率不高。首先，现代化程度低，技术创新有待提高。乡村产业融合需要多个产业共同进行，与传统的第一产业相比，具有明显的跨行业、难度大的特征，需要经营主体根据现实情况进行创新，从技术、组织等方面对乡村产业融合起到主导作用。但就目前乡村产业的发展而言，第一产业与第二、第三产业的科技创新、技术利用率差距较大，农业科技创新能力总体偏弱，新技术应用速度偏慢。与其他科技创新成果转化率比较，农业科技创新成果转化率低，转移机制不完善，服务体系不健全。

其次，要素整合欠佳，资源利用率低。乡村要素配置与乡村经济体制紧密相连，市场制度的不完善导致乡村要素分配不均，不能实现效用最大化。如土地产出率与劳动生产率技术效率低，资源利用率与质量安全技术效率低等。大多数乡村经营主体存在经营管理能力有待提高、管理水平不足、生产经营结构有待改善等问题，无法有效率地整合现有资源，在产品、业态、模式的创新等方面难以及

时跟上市场需求变化的节奏,导致农产品精深加工工艺研发成果以及加工装备创新不足,乡村产业信息化水平有待提高,对市场中消费者快速变化的需求适应力不足,这将对产业融合的发展以及乡村产业的竞争力造成威胁。

最后,乡村产业融合人才支撑不足。日本和美国在推进乡村产业融合发展的进程中,其产业融合人才培训的措施主要为:通过系统化的培训内容,提高产业融合主体的生产、经营、管理技术以及其综合一、二、三产业的经营能力。事实证明,日本、美国所采取的相关举措能有效解决农村人力资本缺乏的问题,加快新技术在乡村产业发展中的应用,对产业融合主体生产经营能力的提高具有较大的助推作用,提高其在乡村产业不同环节和领域的比较优势。但是,目前我国在完善乡村产业融合发展主体的培育体系、开展高素质农民培育行动等方面存在不足,未充分重视对不同主体实施有针对性的培育。加之我国城乡发展不均衡的现状,绝大多数现代型人才不愿回到农村、投身乡村产业发展,导致农村发展所需的人力资本长期供不应求。

四、问题四:经营主体赋权分散,产业组织活力欠佳

产业组织是乡村振兴的重要载体。乡村经营主体同质化和对经营主体的刻板印象是产业发展受限的重要原因。长期去组织化条件下,农民集体化意识不断被削弱,加上大量青壮年劳动力外流,农村集体经济的重建存在难题。在推进乡村产业振兴过程中,激活组织既与产业链各经营主体有关,又与制度联结的效益相符。

联结机制多表现为农户和企业之间的利益关系,在实现资源与利益共享的同时,能够实现风险共担。目前,产业经营主体结构多以传统形式出现,然而固有的利益联结机制不适用于现代化发展。其中,传统农业经营主体的稳定性差。目前我国乡村的产业经营主体仍然比较传统,主要包括小农户、规模经营农户、合作社和农业企业四种,它们的发展能够使农户获取短期利益,但各经营主体间的经济联系不足,例如,农户与企业仅存在雇佣劳动生产的关系。并且,现有联结机制还存在生产规模小、发展成本高、抗风险能力弱等问题。此外,目前大部分经营主体对新技术和新理念的采纳接受程度不足,其生产经营集约程度有待提高,导致其资源整合、要素配置、适应市场的能力较为薄弱,最后表现为其对产业融合的引领作用低下。

乡村产业利益联结机制有待完善。乡村产业融合的目的和目标是通过提升乡村产业的整合度,提高乡村经济发展水平,实现农民增收。因此,完善的利益联结机制对乡村产业具有重要的助推作用,有利于加快农业产业向上游、下游发展,拓展产业链深度。但是,目前产业融合中的利益联结机制仍有待完善,合作形式也有待提高。政府对乡村产业项目的过度干预导致农户经营积极性普遍不高,企业与农户的利益联结机制缺失,不能很好地将两个经济主体有机结合。目前,各

类主体在合作中的利益联结表现形式主要为订单合作，订单双方通过土地租赁关系、农产品及原料买卖关系实现利益联结。契约式、分红式、股权式的利益联结更为完善和紧密，但其在主体之间的占比不高。

五、问题五：农户市场关系松散，市场衔接能力薄弱

市场对接农户是乡村振兴的必然要求。乡村振兴本质上就是小农户的振兴，增加农民收入的主要任务也就是增加小农户的收入。小农户如果不能与市场紧密连接，不能主动适应市场需求，那么他们就无法有效参与现代农业建设，无法从乡村振兴战略、乡村产业融合等中获取红利，也就无法实现规模创收和生活富裕。

当前小农户市场衔接能力较差，在市场竞争中处于明显劣势。第一，小农户由于自身资本投入能力有限、接触农业新技术的机会缺乏、无法很快地理解和采纳农业新技术，因此在推进现代农业进程中缺乏足够的资金来引进新品种、扩大生产规模，使其在适应市场需求方面处于弱势。同时，由于自身距离产品消费市场较远，加上对互联网的了解和应用不够深入，小农户对市场信息获取速度较慢，对市场信息缺乏敏感性，这导致他们无法及时有效地对市场需求做出反应，进一步降低了他们的市场适应能力。

第二，传统小农经济中，小农户被挤压在收益低的粮食种植生产环节，收益高的非粮作物种植和养殖业基本上被农业企业和产销大户所垄断，在市场竞争中处于十分不利的境地。而如今，虽然乡村振兴战略和乡村产业融合初步取得成效，农民收入有了小幅度的提升，但由于乡村产业经营主体分散，产业融合尚且处于初步阶段，小农户在产业链中不利的地位尚未得到本质改变，使得其农业收入普遍较低，农业生产积极性不高。

第三，小农户由于自身土地生产要素过少，所生产的粮食作物和经济作物产量不如农业企业、产销大户，更是远未形成规模生产水平，质量和品种也参差不齐。所以小农户参与市场交易的单位产品交易成本较高、交易规模较小，加上小农户本身与市场主体接触不多，与上下游市场主体的交易仅局限于很小的区域内，导致其交易渠道较窄、交易能力较弱。农业企业和产销大户无论是交易规模还是交易渠道，均比小农户拥有更大的优势，这些方面的弱势让小农户在面对农业企业、产销大户等经营主体时缺乏市场竞争力。如何扭转小农户在市场中的不利地位、克服地理距离等困难，切实拉近农民与市场的关系连接，是当前乡村产业发展亟须解决的重大问题。

第五节 促进当前乡村产业发展的政策与措施

针对前文梳理的我国乡村产业发展所面临的问题，课题组通过文献梳理、

实地走访和专家咨询等方式，归纳了五点促进乡村产业发展的政策与措施，分别是：推进农村一二三产业高效融合、发挥政府与市场分工协同效应、加强科技成果转化的金融支持、发展新型农业经营和服务主体及完善小农利益分享机制（图3.4）。

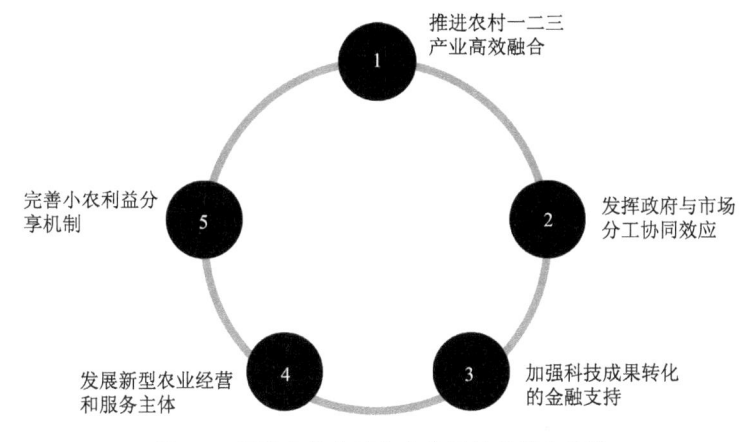

图 3.4 促进当前乡村产业发展的政策和措施

一、对策一：深入推进农村一二三产业高效融合，促进乡村产业高质量发展

从产业业态的视角来看，促进乡村产业高质量发展，形成产业链、价值链和利益链的有效互动，需要对"三链"针对性下功夫，即促进乡村三产融合，延长产业链，提升价值链，完善利益链，实现乡村产业的横向一体化与纵向一体化发展。着力推进乡村三产融合发展，拓展农业生产价值链，让农业生产之外的价值收益流入农民口袋。一是要促进乡村第一产业和第二产业融合发展，尽量将加工增值留在农产品产区所在村、乡镇、县城，提高农产品在产区的加工转化率。二是要促进乡村第一产业和第三产业的融合发展，在现成的农业生产基础上发展观光采摘、市民菜园等新型服务业，提高农民、农产品、农地的服务价值。三是要促进建立契约型或产权型利益连接机制，从根本上保障农民获益。

着力推进乡村三产融合发展，大力推广社会化生态农业，实现乡村产业兴旺。一是要进行农业内部产业重组型融合，将种植养殖与加工业、服务业等多元化业态融合，形成"农业+"多业态发展态势，提高农村经济综合附加值。二是要依托乡村现有资源开发利用农业多功能性，从乡村历史文化与乡村自然生态出发，开展多元化的乡土社会活动，开发创意农业，发挥农业多方面的价值和功能。三是要推动城乡融合的农业社会化发展。农业生产的产前、产中和产后三大环节伴随着产业链的延长、农业附加值的增加，也离不开社会各界的广泛参与。

二、对策二：充分发挥政府与市场分工协同效应，构建产业振兴长效机制

从产业参与的视角来看，激活市场既要加快发挥市场机制作用与功能的改革，又要推进政府职能转换的改革。政府对于产业发展的引领主要体现在政策支持、示范带动和投入引导三方面，而企业引领则体现在投资农业、产业融合、带动小农三方面。政府与市场缺乏统筹协调容易引起引导作用和引领作用的脱节，加剧市场供求和价格波动。理论和现实表明，有效市场离不开有为政府，要达到两者最优，需要两者不断磨合直至找到最佳协同方式，其中，有为政府发挥着重要作用。在乡村产业振兴政策的制定上，政府不仅要提供优惠政策吸引高质量的企业和项目进驻乡村产业，也要营造良好的营商环境让高质量的企业留下来。

构建产业振兴长效机制需要充分发挥政府与市场分工协同效应。一是要转变政府职能，将相关职能赋予市场和行业组织。政府提供公共物品和服务，市场进行具体运营。此外，应将行业组织制度纳入其中，形成政府、市场、行业组织"三位一体"的长效运营机制。二是要实现要素市场化，完善产权制度。产权制度的构建不仅要以政府为主导，也要与市场制度相协调匹配，从而让市场在要素适配、主体激活、效率增进等方面充分发挥作用。三是要充分发挥涉农企业的带头引领作用。鼓励并引导企业和资本进入农业产业，对龙头企业农业技术创新提供支持，推动高水平农业技术研发中心建立，推进农业产业结构升级。关注企业在产业融合中的引领作用，监督并完善企业与农民间的利益机制，引导并规范龙头企业与种养大户、合作社的合作，组建具有区域特色的农业产业化联合体。

三、对策三：加强科技成果转化的金融支持，提升产业科技创新能力

产业振兴的过程实质上是依托科技成果，提高劳动生产率，降低生产成本，实现农业现代化的过程。产业振兴的驱动力在于创新，要重点发挥科技成果对乡村产业振兴的引领驱动作用。高产、优质、高效、生态和安全是高效农业产业持续发展的具体表现，高效农业产业的具体表现离不开农业科技的参与；同时，由品种研发、良种培育、产品生产和加工包装组成的高效农产品全产业链条也与农业科技息息相关，因此农业科技在高效农业产业持续发展和全产业链条的搭建过程中发挥的作用不容小觑。围绕绿色农业、有机农业以及农产品深加工开创的许多新兴科技领域，为农业产业的快速发展创造了良好条件。因此，产业科技创新能力是我国农业产业发展的重要组成部分，未来应该搭建农业产业的创新平台，充分发挥农业科技的支撑作用。

在数字化背景下，数字乡村是乡村振兴战略的重要内容，是促进乡村发展、推进乡村建设和改进乡村治理的重要路径。首先，要推进基础设施的数字化更新建设，推动乡村网络基础设施体系化，做到乡村网络全覆盖，打通农村地区互联

网使用的"最后一公里",从而提高网络数据和网络信息在农村的普及率和可利用率,锻炼农业生产主体采用互联网搜索和获取信息的能力,改善农村地区的信息贫困。另外,要加速构建乡村产业信息数据库,借助网络云平台完善农业农村信息化建设,打通"农村—城市""农民—客户"之间的信息流,进行数据信息整合,实现数据资源长期共建共享。乡村可以在互联网蒸蒸日上的技术推动下,借助新媒体的力量,充分利用电商平台,发展一村一品,提升村域内部产品的知名度,最终走好数字乡村的路径。

其次,加强金融支持对科技成果转化的支撑作用。金融作为促进乡村产业持续振兴的重要因素,其资源配置是区域产业结构升级和经济持续增长的重要推动力。一方面,要鼓励不断探索财政、金融协同支持乡村产业发展路径,加大支持力度、拓宽支持渠道。积极引导中国农业发展银行等政策性银行对乡村产业发展的政策倾斜,督促其带动金融系统对乡村产业的长期发展提供稳定的资金支持。另一方面,要更深入探索经济风险担保方式,增强农民对金融服务业的认识和对金融服务的意愿,建立值得农民信任的经济担保方式。除此之外也可以开设农村金融培训课堂,帮助农民正确认识金融服务的特点及内涵,降低对金融服务的不信任,解开对创新创业风险担忧的心理束缚,坚固抵御风险的韧性。

最后,需以高校为依托加强科技成果转化。加强地方企业与高校实践的联结,鼓励高校人才参与到农业科技创新中来,促进高校科技成果转化,带动地方农业企业及农户的产业发展。农业作为基础产业,难逃在市场化规律下所表现出来的产业弱质性特点,但是其产业地位又决定了农业需要得到持续性发展,这就要求农业务必进行农业科技创新,走一条"政产学研用"相结合的一体化协同创新道路。创新离不开资源的整合,政府应发挥"领头羊"精神,对高校、研究机构、企业等主体进行引导和安排,充分运用各方资源,推进农业技术研发、应用推广和农业产业化,加快体现各方优势作用,促进农业产业的快速发展。

四、对策四:发展新型农业经营和服务主体,激发乡村产业振兴活力

新型经营和服务主体是衔接小农户与现代农业的桥梁,是助力乡村振兴的重要路径,对新型经营和服务主体的扶持是激发产业振兴活力的重要手段。新型农业经营主体的组织形态包括农民专业合作社、家庭农场和农业开发公司等。新型经营主体对市场变化敏感,愿意采用现代农业技术,具有发展现代农业产业的优势,是实现小农户与现代农业有机衔接的关键枢纽,引领着现代农业的发展方向,符合激发乡村振兴活力的基本要求,是乡村产业发展的中坚力量。政府在培育新型经营主体和服务主体来提升乡村产业振兴活力的过程中要发挥主导作用,加大支持力度和范围,强化新型经营主体和服务主体的双重功能,促进新型农业经营体系的不断完善,进而促进乡村产业振兴。

从产业组织视角，进一步发展小农经济的核心问题在于如何将小农经济与现代化结合起来，即通过发展集体经济来引导小农经济迈向现代化。在推进乡村产业振兴的过程中，市场、主体、要素、政策、组织是乡村振兴的五个核心内容，激活五个核心是乡村振兴战略的重要推进路径。推进"五个激活"，是促使乡村产业焕发新活力的重要路径。第一，完善利益联结机制。提升农民主体认识，促进农民主动参与是促进农村要素投入与流动的重要渠道，是乡村产业实现可持续发展的基础。实现政府、企业与农民三方的利益联结，要依托于农业农村资源，实现农民的主体地位，通过完善利益联结机制，提升农民对个人主体地位的认识，使其主动参与到乡村产业振兴中来并共享其中收益。第二，培育新型农业组织。促进乡村产业发展，不能局限于传统的农业生产组织和主体，而要转变思维，开拓路径，培育一批新型农业经营主体。如培养一批有"懂农业、爱农村、爱农民"情怀的人才，创新"三位一体"的组织制度等，通过组织创新和制度创新，实现政府、企业和农户的多渠道合作，帮扶和引导乡村产业发展。第三，发展创业融资政策。由于商业银行天生的趋利性，且农业企业资产抵押性低，目前农业创业融资主要途径为商业银行贷款，无形的门槛在一定程度上制约了农业创业企业的发展。因此，需要设立为新型农业经营主体提供信用担保的新机制。

五、对策五：完善小农利益分享机制，强化小农户与大市场的有效结合

小农户先天的局限性制约了自身与大市场的有效衔接。由于小农户存在生产经营规模小、土地较为分散、单位面积生产成本高、劳动生产率低等不足，在农业产业链和价值链中处于弱势地位。同时，小农户缺乏足够的经济资源和理论知识来适应现代农业，进一步彰显了小农户与大市场有效结合的必要性和紧迫性。要进一步扶持小农户，需要实现农民分享全产业链增值收益。要健全利益联结机制，支持小农户参与农业多功能、多业态、多元价值的开发，建立多种利益分享机制，让小农户成为现代农业发展成果的直接受益者。

小农户通过紧密的利益联结机制，可以更深度地参与到农产品"从田间到餐桌"供应链的全过程中，并从中获得稳定的收益。将生产资料和经营权等作为入社股份后，小农户得以通过合作社的产业链条获得农产品增值收益，从而实现从全产业链中分享合作社收益。合作社也要健全盈余分配机制和利润返还制度，保障农户的稳定收益。通过参与合作社经营，小农户增强了对农产品生产、加工、流通、销售和消费各环节的认知，提高了自身主体意识，提升了参与各环节的合作层次。通过与各环节合作，小农户得以通过订单和分红等多种形式与企业建立利益联结机制，与企业之间形成利益共同体。

利益分享、利益有效分配是推动小农户积极参与现代农业发展、实现规模创收、推动乡村振兴的重要举措。第一，在推进乡村振兴、小农户对接大市场的过

程中，应确立利益共享、风险共担的机制。确立利益共享、风险共担的机制，应该以利益为纽带有效连接各方，使其积极主动参与到现代农业发展中来，经营各方利益共享、风险共担，共同追求以最低成本获得最大产出的目标。但经营各方也要以各自的投入为参照制定明确合理的利益分配标准，在增加各方收入的同时，使小农户的收入有所保障。第二，应结合当地实际，因地制宜，创新利益分享的具体形式。例如，浙江省海宁市发挥农业龙头企业、农民专业合作社、家庭农场的联农、带农作用，辐射更多小农户融入全产业链，在实践中不断深化完善"四大利益联结"机制，使小农户和其他农业主体构建股份合作、订单合同、服务协作、土地流转等利益联结模式，成为利益共同体、命运共同体和责任共同体，实现利益共享。

本章参考文献

程国强, 马晓琛, 肖雪灵. 2022. 推进巩固拓展脱贫攻坚成果同乡村振兴有效衔接的战略思考与政策选择. 华中农业大学学报(社会科学版), 162(6): 1-9.

程郁, 张云华. 2015. 日本持续强化农地规模经营制应对农业问题. 发展, 28(3): 48-49, 51.

董逸豪. 2022. 乡村振兴战略下农业产业发展的路径选择. 农村经济与科技, 33(11): 153-156.

高帆. 2019. 乡村振兴战略中的产业兴旺: 提出逻辑与政策选择. 南京社会科学, 30(2): 9-18.

郭锦墉, 徐磊, 黄强. 2019. 政府补贴、生产能力与合作社"农超对接"存续时间. 农业技术经济, 38(3): 87-95.

郭永田. 2018. 产业兴旺是乡村振兴的基础. 农村工作通讯, 63(1): 34.

韩长赋. 2019. 坚持农业农村优先发展 大力实施乡村振兴战略. 农村工作通讯, 64(8): 5-8.

韩喜艳, 刘伟, 高志峰. 2020. 小农户参与农业全产业链的选择偏好及其异质性来源: 基于选择实验法的分析. 中国农村观察, 41(2): 81-99.

何秀荣. 2016. 关于我国农业经营规模的思考. 农业经济问题, 37(9): 4-15.

何宇鹏, 武舜臣. 2019. 连接就是赋能: 小农户与现代农业衔接的实践与思考. 中国农村经济, 35(6): 28-37.

贺雪峰. 2019. 乡村振兴与农村集体经济. 武汉大学学报(哲学社会科学版), 72(4): 185-192.

黄季焜. 2010. 六十年中国农业的发展和三十年改革奇迹: 制度创新、技术进步和市场改革. 农业技术经济, 29(1): 4-18.

黄祖辉. 2018. 科学把握乡村振兴战略的内在逻辑与建设目标. 决策咨询, 29(3): 27, 29.

姜长云. 2023. 农业强国. 北京: 东方出版社.

姜增伟. 2009. 农超对接: 反哺农业的一种好形式. 求是, 52(23): 38-40.

蒋永穆, 戴中亮. 2019. 小农户衔接现代农业中的价值创造与价值获取. 社会科学研究, 41(4): 52-59.

柯炳生. 2018. 如何理解产业兴旺的重大意义. 农民科技培训, 17(7): 37-38.

李崇光, 肖小勇, 张有望. 2015. 蔬菜流通不同模式及其价格形成的比较: 山东寿光至北京的蔬菜流通跟踪考察. 中国农村经济, 31(8): 53-66.

李登旺. 2020. 深化土地制度改革, 推动乡村产业振兴. 中国发展观察, (23): 49-51, 53.

李谷成. 2021. 论农户家庭经营在乡村振兴中的基础性地位. 华中农业大学学报(社会科学版), 41(1): 43-48, 175.

李国祥. 2018. 实现乡村产业兴旺必须正确认识和处理的若干重大关系. 中州学刊, 40(1): 32-38.

林万龙. 2017. 农地经营规模: 国际经验与中国的现实选择. 农业经济问题, 38(7): 33-42.

刘敏, 杨锦秀, 张社梅. 2022. 小农户与现代农业有机衔接的路径研究: 基于社交平台嵌入的视角. 价格理论与实践, 41(3): 51-54.

刘朋虎, 赖瑞联, 刘韬, 等. 2020. 以发展生态循环农业促进乡村产业振兴的技术对策. 亚热带资源与环境学报, 15(2): 74-80.

刘守英, 王宝锦. 2020. 中国小农的特征与演变. 社会科学战线, 43(1): 63-78.

龙花楼, 屠爽爽. 2018. 土地利用转型与乡村振兴. 中国土地科学, 32(7): 1-6.

芦千文, 苑鹏. 2021. 农业农村现代化中的小农户发展动态与衔接机制研究. 江淮论坛, 64(4): 60-67.

罗必良. 2020. 小农经营、功能转换与策略选择: 兼论小农户与现代农业融合发展的"第三条道路". 农业经济问题, 41(1): 29-47.

潘劲. 2011. 中国农民专业合作社: 数据背后的解读. 中国农村观察, 32(6): 2-11, 94.

乔陆印, 刘彦随. 2019. 新时期乡村振兴战略与农村宅基地制度改革. 地理研究, 38(3): 655-666.

覃志敏, 陆汉文. 2021. 细分式组织化: 小弱农户和现代农业发展有机衔接的具体路径: 以广西两个脱贫村的农业发展为例. 江汉论坛, 64(11): 125-131.

青平, 廖芬, 闵师, 等. 2020. 营养扶贫: 助力健康扶贫与推进精准扶贫的新模式: 基于国内外研究的文献综述. 农业经济问题, 41(5): 4-16.

青平, 曾晶, 李剑, 等. 2019. 中国作物营养强化的现状与展望. 农业经济问题, 40(8): 83-93.

任常青. 2018. 产业兴旺的基础、制约与制度性供给研究. 学术界, 33(7): 15-27.

阮文彪. 2019. 小农户和现代农业发展有机衔接: 经验证据、突出矛盾与路径选择. 中国农村观察, (1): 15-32.

施晟, 卫龙宝, 伍骏骞. 2012. "农超对接"进程中农产品供应链的合作绩效与剩余分配: 基于"农户+合作社+超市"模式的分析. 中国农村观察, 33(4): 14-28, 92-93.

石岿然, 孙玉玲. 2017. 生鲜农产品供应链流通模式. 中国流通经济, 31(1): 57-64.

唐忠, 钟晓萍. 2023. 乡村发展过程中农户分化的考察分析与政策启示. 农村经济, 41(3): 98-107.

汪发元, 叶云. 2018. 乡村振兴战略背景下的农村经营体制改革. 学习与实践, 35(12): 38-43.

王生斌. 2021. 浅谈农民合作社与乡村产业发展有机衔接的关键纽带: 基于企业家的企业理论分析. 农村·农业·农民(B版), 36(2): 48-49.

温铁军, 逯浩. 2019. 乡村振兴的历史机遇. 中国金融, 70(19): 122-124.

吴中伦. 2019. 乡村产业兴旺的内涵诠释与模式探索. 经济研究导刊, 15(29): 50-51.

许竹青, 郑风田, 陈洁. 2013. "数字鸿沟"还是"信息红利"?信息的有效供给与农民的销售价格: 一个微观角度的实证研究. 经济学(季刊), 12(4): 1513-1536.

姚洋. 2017-03-06. 小农生产过时了吗?. 北京日报, (18).

叶敬忠, 豆书龙, 张明皓. 2018. 小农户和现代农业发展: 如何有机衔接?. 中国农村经济, 34(11): 64-79.

叶兴庆. 2021. 迈向2035年的中国乡村: 愿景、挑战与策略. 管理世界, 37(4): 98-112.

叶兴庆, 翁凝. 2018. 拖延了半个世纪的农地集中: 日本小农生产向规模经营转变的艰难历程及启示. 中国农村经济, 34(1): 124-137.

尹翠娟, 任大鹏. 2021. 社区性与专业性: 组织差异化背景下的合作社再合作: 基于贵州遵义的案例研究. 中国农业大学学报(社会科学版), 38(3): 94-106.

于建嵘. 2018. 乡村产业振兴要因地制宜. 人民论坛, 29(17): 64-65.

曾凡益, 青平. 2022. 农产品电商集群企业地理集中度、双重知识网络嵌入与协同创新绩效. 农业现代化研究, 43(3): 420-430.

曾福生, 蔡保忠. 2018. 以产业兴旺促湖南乡村振兴战略的实现. 农业现代化研究, 39(2): 179-184.

张红宇. 2018. 中国现代农业经营体系的制度特征与发展取向. 中国农村经济, 34(1): 23-33.

张红宇, 胡凌啸. 2021. 构建中国特色的农业社会化服务体系. 行政管理改革, 146(10): 75-81.

张劲松. 2019. 农房流转: 推进乡村振兴的新业态. 社会科学战线, 42(2): 181-188.

张露, 罗必良. 2018. 小农生产如何融入现代农业发展轨道?——来自中国小麦主产区的经验证据. 经济研究, 53(12): 144-160.

张晓山. 2019. 推动乡村产业振兴的供给侧结构性改革研究. 财经问题研究, 41(1): 114-121.

张云华. 2018. 农业农村改革40年主要经验及其对乡村振兴的启示. 改革, 31(12): 14-26.

赵培, 郭俊华. 2022. 共同富裕目标下乡村产业振兴的困境与路径: 基于三个典型乡村的案例研究. 新疆社会科学, 42(3): 169-177.

赵之阳. 2018. 以产业融合引领乡村振兴. 中国农业资源与区划, 39(8): 60-64, 74.

钟甫宁. 2021. 中国农村脱贫历史性成就的经济学解释. 农业经济问题, (5): 4-11.

周树华, 张正洋, 张艺华. 2011. 构建连锁超市生鲜农产品供应链的信息管理体系探讨. 管理世界, 27(3): 1-6.

朱启臻. 2018. 关于乡村产业兴旺问题的探讨. 行政管理改革, 10(8): 39-44.

朱兆伟, 徐祥临. 2019. 乡村产业振兴如何起步. 人民论坛, 28(18): 90-91.

Barrett C B, Reardon T, Swinnen J, et al. 2020. Agri-food value chain revolutions in low-and middle-income countries. Journal of Economic Literature, 60: 1316-1377.

Barrett C B, Swallow B M. 2006. Fractal poverty traps. World Development, 34: 1-15.

Bencivenga V R, Smith B D, Starr R M. 1995. Transactions costs, technological choice, and endogenous growth. Journal of Economic Theory, 67: 153-177.

Dillon B, Dambro C. 2017. How competitive are crop markets in sub-Saharan Africa?. American Journal of Agricultural Economics, 99: 1344-1361.

Foster A D, Rosenzweig M R. 2010. Microeconomics of technology adoption. Annual Review of Economics, 2: 395-424.

Gladwin C H, Long B F, Babb E M, et al. 1989. Rural entrepreneurship: one key to rural revitalization. American Journal of Agricultural Economics, 71: 1305-1314.

Harris J R, Todaro M. 1970. Migration, unemployment & development: a two-sector analysis. American Economic Review, 60: 126-142.

Kar M, Nazlıoğlu Ş, Ağır H. 2011.Financial development and economic growth nexus in the MENA countries: Bootstrap panel granger causality analysis. Economic Modelling, 28: 685-693.

Kong S T. 2019. E-commerce development in rural China//Song L G, Zhou Y X, Hurst L K. The Chinese Economic Transformation: Views from Young Economists. Canberra: ANU Press: 129-141.

Luo X B, Niu C Y. 2019. E-commerce participation and household income growth in Taobao villages. World Bank Policy Research Working Paper, 8811.

Palmberg J. 2012. Spatial concentration in the financial industry//Andersson D E. The Spatial Market Process. Leeds: Emerald Group Publishing Limited: 313-333.

Qi J Q, Zheng X Y, Guo H D. 2019.The formation of Taobao villages in China. China Economic Review, 53: 106-127.

Young A. 1995.The tyranny of numbers: confronting the statistical realities of the East Asian growth experience. The Quarterly Journal of Economics, 110: 641-680.

Zeng Y W, Guo H D, Yao Y F, et al. 2019.The formation of agricultural e-commerce clusters: a case from China. Growth and Change, 50: 1356-1374.

本章执笔人：青平、李剑、闵师

第四章　乡村建设行动和公共服务的政策研究

本章重点回答如何优化乡村建设行动与公共服务的政策体系，以推进乡村振兴并实现共同富裕。首先，厘清共同富裕目标、乡村振兴战略、乡村建设行动、城乡融合发展与基本公共服务均等化的内在逻辑；其次，科学测度县域基础设施和基本公共服务的短板，进行区域、城乡及群体差距分析；最后，总结现状问题及不足，诊断体制机制问题，并提出实现目标的路径和政策体系。总体来看，在理论层面本章重点在于厘清乡村建设的理论基础，以及其与乡村振兴和共同富裕的内在逻辑；在实践层面，提出全面提升农村基础设施和公共服务的总体框架与政策体系，并基于县域内、区域内县域间、区域间的多重视角提出促进乡村建设行动、提升农村公共基础设施及公共服务均等与均衡的实现路径和政策设计。

第一节　共同富裕目标下乡村建设与公共服务的理论基础

一、乡村建设、公共服务与共同富裕的理论联系

（一）以人民为中心的发展理念

党的十八大以来，以习近平同志为核心的党中央坚持以人民为中心的发展思想，坚持把解决好"三农"问题作为全党工作的重中之重，把脱贫攻坚作为全面建成小康社会的标志性工程，并启动实施乡村振兴战略，推动农业农村取得历史性成就、发生历史性变革。党的二十大召开以来，党中央指出必须坚持不懈地把解决好"三农"问题作为全党工作的重中之重，举全党全社会之力全面推进乡村振兴，加快农业农村现代化。关于如何坚持以人民为中心，解决好"三农"问题，是以人民为中心的发展思想的充分体现，是实现共同富裕的重要内容。坚持以人民为中心实施乡村振兴战略，对于解决当前我国社会主要矛盾和全体人民共同富裕具有重要意义。针对新阶段实施乡村建设行动与改善公共服务的重要性及必要性，习近平总书记于2020年在中央农村工作会议中便指出，"要实施乡村建设行动，继续把公共基础设施建设的重点放在农村，在推进城乡基本公共服务均等化上持续发力，注重加强普惠性、兜底性、基础性民生建设"[①]。

---

① 《习近平出席中央农村工作会议并发表重要讲话》，https://www.gov.cn/xinwen/2020-12/29/content_5574955.htm?eqid=eecd429d000338f7000000066497edbf，2020年12月29日。

（二）以实现共同富裕为目标导向

党的十八大以来，党中央把握发展阶段新变化，把逐步实现全体人民共同富裕摆在更加重要的位置上。党的十九届五中全会强调"扎实推动共同富裕"，在描绘2035年基本实现社会主义现代化远景目标时明确提出"全体人民共同富裕取得更为明显的实质性进展"[①]。关于如何推进乡村建设以实现共同富裕，从精准扶贫到乡村振兴战略，党中央始终把乡村建设摆在突出位置。在乡村建设中，加强基础设施建设和促进基本公共服务均等化会对农业生产、农民生活和农村发展产生显著效果（李燕凌，2014），有助于为实现共同富裕贡献力量。扎实推进乡村发展、乡村建设、乡村治理等重点工作，加快建设农业强国，建设宜居宜业和美乡村，对全面建设社会主义现代化国家开好局、起好步具有重要意义。

二、共同富裕目标下乡村建设的行动方向

乡村建设是全面建成小康社会进程中的短板，虽然经过脱贫攻坚战后取得了实质性进展，但依然是实现共同富裕目标的弱项。实施乡村建设行动是党的十九届五中全会做出的重要决定，是《中华人民共和国国民经济和社会发展第十四个五年规划和2035年远景目标纲要》的重要内容。当前世界正经历百年未有之大变局，逆全球化和地区物理封锁导致粮食安全问题变得日益严峻。而且，新一轮的技术进步与碳减排行动带动全球进入数字化与绿色化时代。实现农业发展的数字化与绿色化转型是中国经济高质量发展的必然选择，也是国际话语权竞争的关键核心。为应对复杂多变的国际局势与中国经济高质量发展的要求，党的二十大的召开为中国"三农"工作指明了新的方向。

第一，坚持以人为本、公平与普惠共享原则。继续坚持以人民为中心的发展思想，维护人民根本利益，增进民生福祉，拓宽农民增收致富渠道；人民生活更加幸福美好，让现代化建设成果更多公平惠及全体人民；基本公共服务实现均等化，农村基本具备现代生活条件，社会保持长期稳定，人的全面发展、全体人民共同富裕取得更为明显的实质性进展。

第二，坚持连续性原则。巩固拓展脱贫攻坚成果，接续全面推进乡村振兴战略，充分体现了中国乡村建设的连续性原则。党中央指出，全面建设社会主义现代化国家，最艰巨最繁重的任务仍然在农村。保障粮食安全、拓宽农民增收致富渠道、统筹乡村基础设施、建设宜居宜业和美乡村布局仍然是未来乡村建设的重点工作。

---

① 《中国共产党第十九届中央委员会第五次全体会议公报》，https://www.gov.cn/xinwen/2020-10/29/content_5555877.htm，2020年10月29日。

第三，坚持兜底性原则。健全分层分类的社会救助体系。扩大社会保险覆盖面，推动基本医疗保险、失业保险、工伤保险省级统筹，促进多层次医疗保障有序衔接；加快完善全国统一的社会保险公共服务平台；健全社保基金保值增值和安全监管体系。同时，引导、支持有意愿有能力的企业、社会组织和个人等市场力量积极参与乡村建设行动。坚决守牢确保粮食安全、防止规模性返贫等底线。

第四，坚持绿水青山就是金山银山的乡村发展理念。扎实推动乡村产业、人才、文化、生态、组织振兴；全方位、全地域、全过程加强生态环境保护；探索生态环境导向型开发（eco-environment-oriented development，EOD）模式、碳汇交易、利贫性生态补偿机制等将生态环境建设和生态价值实现转换的绿色发展机制，并全面推进农村人居环境整治。

第五，实施数字治理战略。着力发挥信息技术创新的扩散效应、信息和知识的溢出效应、数字技术释放的普惠效应，加快推进农业农村现代化。党中央指出，中国式农业现代化是工业化、信息化、城镇化、农业现代化"四化"同步的现代化。充分利用数字要素、数字平台、数字技术，实施数字中国战略，统筹城乡，全面推进数字乡村治理。

三、共同富裕目标下农村公共服务的新要求

农村公共服务是指在农村地区为满足农村、农业与农民的需要，由政府及其他社会治理主体协同提供具有一定的非竞争性和非排他性的产品与服务。长期以来，城市偏向型的政府发展战略，造成了中国城乡发展之间的巨大差距（蔡昉和杨涛，2000），城乡间公共服务存在极不平等的现象。随着乡村振兴战略的实施，乡村建设的发展内容达到了新的高度，公共基础设施、人居环境有所改善，农村公共服务体系进一步完善，但距离共同富裕目标的实现还有很长的路要走。站在新的起点，党的二十大对农村公共服务的发展方向提出了新的要求。

第一，坚持以人为中心的指导思想。推动基本公共服务普惠化，从解决人人享有的可及性问题开始，逐步过渡到均等化解决人人平等享有的公平性问题，并最终走向优质化解决人人满意享有的高质量问题。

第二，坚持共同富裕目标。在推进基本公共服务供给补短板、强弱项的基础上，以基本公共服务的标准化、数字化推动精细化、优质化的服务供给，在更高水平上确保民生改善的质量，以民生富裕带动共同富裕。

第三，加大财政政策支持力度。完善纵向和横向相结合的财政转移支付及财政补偿机制、东西部协作和对口支援机制、市场竞争机制、使用和付费机制、需求表达机制、新技术驱动机制等。

第四，动员市场力量广泛参与。农村基础设施和公共服务的供给应充分撬动市场活力，以弥补政府和市场的供给不足。促进企业、社会团体、非营利组织、

金融机构等市场力量参与到农村公共服务体系建设中。

第五，持续推动公共服务数字化。通过数字技术的渗透与普及推动公共服务均等化、普惠化、高效化、便捷化。

第六，推动生态环保公共服务。加强土地保护与流域环境污染治理，加强畜禽养殖污染防治，加快农村厕所革命、生活垃圾处理、生活污水处理以及村容村貌等农村人居环境整治等，促进实现农民生活习惯更加整洁卫生，生活方式更加绿色环保。

第二节　提升农村基础设施和公共服务的总体框架和实践思路

总体来看，中国的乡村建设大致可以划分为三个阶段：起源于1904年河北定州翟城村良绅的地方自治与乡村自救为第一阶段，其特点是具有"自下而上"性质的社会改良，通过社会力量的参与以弥补自治缺失；第二阶段是在中国共产党的领导下，以土地革命为基础的组织化改造行动，通过发展社队企业、农业技术推广、水利基础设施建设、全民扫盲、鼓励支持赤脚医生提供医疗服务等经济社会措施的实施以促进乡村建设，并对强调农民主体地位、推动妇女解放等发挥了积极作用。其时间跨度始于1949年，止于20世纪90年代末期的中国宏观经济环境变化与东南亚金融危机；第三阶段则从2000年开始持续至今，伴随着"三农"问题进入中央决策以及城乡"二元"结构下城乡各项经济社会差距的逐步扩大，乡村建设逐渐迈入新阶段。

落实乡村建设行动，逐步使农村基本具备现代生产生活条件，是全面推进乡村振兴、实现农村现代化的重要基础与主要载体。但是，中国的乡村并不具备同等水平的发展条件，区域差距与群体差距非常明显。沿海城市经济带地区农村繁荣的二、三产业发展，与大量中西部一般农业型地区的发展具有非常明显的差距；具备一定资源禀赋、可以选择文旅融合发展或产业融合发展的农村地区，与大量只能依托传统农业的农村地区之间存在着明显的客观差距；拥有一定劳动技能的年轻农村劳动力，与劳动素质相对较低的老龄化农村劳动力在家庭收入上也存在很大差距。因而，乡村建设必须坚持因地制宜、因人施策，根据地区的具体发展条件，助力乡村寻找合适的发展方向。在难以投入巨大资源的客观约束下，农村公共基础设施建设与公共服务均等化必然转变为有效路径，通过以点带线、以线带面的建设方式，推动乡村的全面振兴。在乡村建设中加强基础设施建设和促进公共服务均等化，以此作为着力点对农业生产、农民生活和农村发展发挥积极作用，有助于巩固脱贫攻坚成果，进而为乡村振兴、逐步实现共同富裕贡献力量。

一、提升农村基础设施和公共服务的总体框架

本小节从农村基础设施与公共服务的供需双侧出发，围绕乡村"三生"（生产、生活、生态）空间优化，构建数字技术赋能下提升农村公共基础设施和公共服务的总体框架。需要强调的是，在乡村建设与县域经济高质量发展、新型城镇化协同推进的进程中，提升农村基础设施与公共服务应聚焦于"城乡一体"，打造普惠共享的基础设施服务网络。

生产性农村基础设施和公共服务主要助力于促进农业发展。基础设施方面，在加强农村道路、乡村物流等传统基础设施建设的同时，聚焦新型智能网络基础设施、清洁能源等公共基础设施的完善。在农村三产融合发展方面，围绕企业需求、农户就业需求等优化配套的基础设施与公共服务，如完善村级就业和社会保险服务体系。在农业科技服务方面，推动优势资源下沉到村，提高农业保险服务质量。

生活性农村基础设施和公共服务主要表现为卫生健康、老幼养育以及文化服务等，应结合农村实际提供相应的基础设施建设与公共服务供给。在卫生健康方面，应逐渐提高村卫生室与乡镇卫生院的卫生健康服务水平，在继续提高居民基本医疗保险参保率的基础上适度促进大病保险的参与意愿提升。在老幼养育方面，结合留守儿童的实际情况适度探索托育体系，针对老龄化现象较为严重的农村加强养老服务机构与养老设施建设力度，健全困难残疾人和重度残疾人的生活补助和保障体系，完善低收入人口动态监测机制。在文化服务方面，注重历史建筑与传统特色村落保护，进一步加强文化活动和科学健身的相关指导。

生态性农村基础设施和公共服务的重点为乡村人居环境整治，推动乡村发展绿色转型。因而，应加强公共照明、垃圾回收站、公共垃圾箱、公共厕所、污水净化处理设施等环境卫生设施建设，加快推进入户道路修建。

二、提升农村基础设施和公共服务的实践思路

补齐农村基础设施与公共服务短板应坚持以县域为基本单元，以县城为重要载体的发展思路为缓解县域内城乡差距指明了方向。2021年中央一号文件提出，加快县域内城乡融合发展，把县域作为城乡融合发展的重要切入点。未来时期，缩小区域发展差距、促进区域协同协调发展的进程，将在较大程度上与缩小城乡差距、高质量推进新型城镇化同步进行。因而，县域既是补齐农村基础设施与公共服务短板、促进城乡公共服务均等化的基本单元，也是统筹推进城乡融合发展与乡村建设的重要区域。

对农村而言，完善覆盖农村的公共财政体系将对缓解城乡差距、促进城乡统筹发展提供重要的财力支持；提高县级财政的自主能力，优化专项转移支付与一

般性转移支付的财政支出结构可以有效解决农村基础设施与公共服务供求结构性失衡的问题。创新优化农村基础设施和公共服务的多元供给机制，整体上为提升农业农村现代化水平奠定基础。财政方面，省级政府应平衡本省内市际间的基础设施与公共服务供给差距，市级政府则需平衡本市内县域间的各项差距，而县级政府应统筹协调县域内基础设施与公共服务的城乡差距。在优先序的问题上，以补齐基础设施与公共服务短板为导向，明确补齐短板的责任主体与筹资来源，尽力避免财权上移而事权下移的情况发生。

第三节　县域视角下基础设施与公共服务短板测度

中国在基础设施建设与公共服务均等化方面取得了显著成就，特别是脱贫攻坚期间针对贫困地区的帮扶与发展政策，极大弥补了农村贫困地区的基础设施与公共服务短板，在一定程度上缩小了整体差距。但是，囿于地区经济发展水平、财政收入、政府治理能力等多重影响因素，区域间基础设施与公共服务水平依然参差不齐（董艳玲和李华，2022），县域间基础设施与公共服务质量也存在一定差距（吕光明和陈欣悦，2022）。另外，城乡分治的二元格局与县级政府的财政压力和支出缺口，导致农村基础设施与公共服务短板问题长期难以解决；"以县为主"的财政体制，以及区域间的经济发展差距是使得县域间基础设施与公共服务形成差距的重要原因之一（王小林，2008）。此外，结构转型进程中，农业相对工业和服务业发展滞后，农村相对城市发展滞后，收入分配不公问题加剧，进而形成村与县、县与城之间基础设施与公共服务差距巨大的格局，这也是实现共同富裕的"瓶颈"。

准确定位基础设施与公共服务薄弱县、明晰基础设施与公共服务薄弱县的短板弱项，是促进乡村建设的重要基础与前提。因此，本章节拟采用 Alkire-Foster 双临界值测量方法（简称 A-F 方法）对全国范围内的基础设施与公共服务薄弱县及其短板弱项进行精准识别，并聚焦基础设施与公共服务薄弱县进行分级指标的细致分析。

一、基础设施与公共服务短板测度的数据说明与研究方法

（一）数据说明

本节使用《中国县域统计年鉴》和《中国县城建设统计年鉴》中 2020 年的县级横截面数据，以及北京大学新农村发展研究院等编制的《县域数字乡村指数（2020）》。其中，《中国县域统计年鉴》的数据覆盖了全国 2000 多个县级区域，《中国县城建设统计年鉴》的数据包括全国 1479 个县和 16 个特殊区域。县域数字乡

村指数从乡村数字基础设施、乡村经济数字化、乡村治理数字化、乡村生活数字化四个方面具体界定数字乡村的内涵和外延，反映了县域乡村数字化发展的综合状况，覆盖1805个县级行政单位。本章主要关注基础设施与公共服务薄弱县的识别，以及县域基础设施与公共服务短板测量，因此选择以县作为测量单位，通过数据处理和检查，共形成1268个有效样本。

（二）研究方法介绍

本章节采用 A-F 方法（王小林和 Alkire，2009；Alkire and Foster，2011），对基础设施与公共服务薄弱县域进行短板测度。A-F 方法最早关注对多维贫困问题的分析，其具有良好的计数指数性质。首先，A-F 方法将不同量纲的多维度指标合成可比较大小的指数，同时具有指标和组成部分的加总分解能力。这样的指数具有良好的解释性，并可以反映基础设施与公共服务这样的复合型概念与现实中各个具体项目的联系。其次，A-F 方法关注薄弱群体及其短板指标，换句话说，薄弱县域的基础设施与公共服务水平提升将会降低短板指数，而非薄弱县域的水平提升不会影响短板指数。加权平均指数方法（方方和李裕瑞，2022；尹向飞，2021）测算的基础设施与公共服务指数并不直接识别和区分薄弱县域与非薄弱县域的差异。引入 A-F 方法计算基础设施与公共服务短板指数更加聚焦于薄弱县域的短板问题，使得指数变化与薄弱县的基础设施与公共服务发展水平联系更为紧密，政策指向更具有针对性。

（1）多维县域基础设施与公共服务水平的矩阵表示。设定县域基础设施与公共服务水平矩阵 $Y=[y_{ij}]$ 是 $n \times m$ 维矩阵，y_{ij} 表示县域 i 在基础设施与公共服务指标 j 上的取值。其中，行 i 的向量 y_i 为 m 维向量，表示县域 i 在 m 个基础设施与公共服务指标水平上的取值。

（2）基础设施与公共服务短板的识别。定义 m 维短板阈值（cut-off）向量 z，其中 z_j 表示指标 j 上的基础设施与公共服务指标短板的识别阈值。定义 $n \times m$ 维短板矩阵 $G^0 = \left[g_{ij}^0 \right]$，$g_{ij}^0$ 表示县域 i 在指标 j 上的短缺情况。当 $y_{ij} < z_j$ 时，$g_{ij}^0 = 1$，表示县域 i 在指标 j 上存在短板；否则 $g_{ij}^0 = 0$，则不存在基础设施与公共服务指标短板。给定短板阈值向量 z，任意县域基础设施与公共服务水平矩阵 Y 总是可以得到唯一对应的短板矩阵 G^0。其中，行 i 的 m 维向量 g_i^0 表示县域 i 的基础设施与公共服务指标短板情况。

（3）基础设施与公共服务薄弱县的识别。标识函数 $\rho(y_i;z,k): \mathbb{R}^m \to \{0,1\}$，当 $g_i^0 \omega \geq k$ 时（给定指标短板阈值 z，每一个县域的基础设施与公共服务水平 y_i 可以转化为对应的短板矩阵 g_i^0），$\rho(y_i;z,k)=1$，表示县域 i 存在基础设施与公共服务薄弱问题，记为基础设施与公共服务薄弱县；否则，$\rho(y_i;z,k)=0$，记为非基础设施与公共服务薄弱县。设定 m 维向量 ω 表示县域基础设施与公共服务短板测量权重，其中 ω_j 表示指标 j 对于总体县域基础设施与公共服务薄弱问题的计算权重。标识函数 $\rho(y_i;z,k)$ 既受各个指标短缺情况的影响，又与多维度短板状况相关，因而称之为双重临界值（dual cut-off）方法。现在已经可以识别出基础设施与公共服务薄弱县的情况，在计算县域基础设施与公共服务短板指数前，给出关于短板计数和修正短板计数的概念，这是计数方法实现多维度指标加总的重要环节。首先，定义 n 维向量 $c_i=g_i^0\omega$ 表示短板得分，表示县域 i 存在短板的维度数量的加权汇总情况。然后，定义 $n\times m$ 维矩阵 $\widehat{G}^0=[\widehat{g}_{ij}^0]$，如果 $\rho(y_i;z,k)=0$，则用 m 维零向量代替县域 i 在矩阵 G^0 中所在的行；定义 n 维向量 $\widehat{c}$ 表示修正的短板计数，其中 $\widehat{c}^0=\widehat{g}_i^0\omega$，表示基础设施与公共服务薄弱县域 i 存在短板的维度数量的加权汇总情况。

（4）多维基础设施与公共服务短板指数计算。定义 n 维向量 h 表示多维基础设施与公共服务短板排斥情况，其中 $h_i=\rho(y_i;z,k)$。定义多维基础设施与公共服务短板发生率为 $H=\dfrac{\sum_{i=1}^{n}h_i}{n}$。定义多维基础设施与公共服务短板的短缺程度为

$$A=\dfrac{\sum_{i=1}^{n}\widehat{G}^0\omega}{\sum_{i=1}^{n}h_i}。$$

定义多维基础设施与公共服务短板指数（在下文中，又简称短板指数）：

$$M_0=H\times A \tag{4.1}$$

（5）短板指数的分解。多维基础设施与公共服务短板指数 M_0 具有良好的性质，可以根据指标和群体（区域）分组进行分解，反映出各个维度指标以及分组特征条件下，基础设施与公共服务的短板情况和各个指标及分组群体对于短板指数的贡献情况。

第一，短板指数的指标分解。

$$M_0=\dfrac{1}{n}\sum_{i=1}^{n}\sum_{j=1}^{d}w_j\widehat{g}_{ij}^0=\sum_{j=1}^{d}w_j\left[\dfrac{1}{n}\sum_{i=1}^{n}\widehat{g}_{ij}^0\right]\dfrac{-b\pm\sqrt{b^2-4ac}}{2a} \tag{4.2}$$

可知，短板指数等于各个指标的短板状况的加权平均。进一步地，可以计算每个指标对于短板指数的贡献率：

$$\phi_j^0 = \frac{w_j \left[\frac{1}{n}\sum_{i=1}^{n}\hat{g}_{ij}^0\right]}{M_0} \quad (4.3)$$

由式（4.2）和式（4.3）可知，$\sum_j \phi_j^0 = 1$，所有指标的贡献率的和为 1。

第二，短板指数的分组分解。

$$M_0 = \sum_l I_l^g \left[\hat{G}^0 \omega\right] \quad (4.4)$$

其中，I^g 被定义为组别 g 的 n 维标识向量，当县域 i 为组别 l 时，$I_l^g = 1$；否则 $I_l^g = 0$。从分组的角度来看，总体样本的基础设施与公共服务短板由各个（区域）分组的县域短板指数加总得到，这种可分解的性质使得多维的指数具有准确的群体含义，可以分析各个组成部分与总体间的关系。

（三）指标体系与短板阈值

本章参考《国家基本公共服务标准（2021 年版）》《"十四五"公共服务规划》等公共政策文件，以及相关文献（吕光明和陈欣悦，2022），结合实际可得县级单位的数据，制定了基础设施与公共服务短板测量方案（表 4.1）。方案中包括经济设施、社会事务和人居环境 3 个维度 10 个指标的基础设施与公共服务水平测量。参考世界银行提出的促进共享繁荣、消除不平等目标中给予发展中国家最贫困的 40%群体的关注和帮扶（World Bank，2020），本章选取各个指标 40%分位数作为短板阈值。关于 2020 年县域基础设施与公共服务各指标的描述性统计见表 4.2。

表 4.1 基础设施与公共服务分项指标的短板阈值

维度	指标	指标说明	阈值
经济设施	燃气供给	县城燃气普及率（单位：%）	91.52
	用水供给	县城公共供水普及率（单位：%）	96.01
	交通路网	县城路网密度（单位：千米/千米^2）	6.37
	数字乡村	县域数字乡村指数	50.33
社会事务	医疗服务	县域每千人医疗卫生机构床位（单位：张）	4.23
	社工服务	县域每千人提供住宿的社会工作机构床位（单位：张）	2.37
人居环境	绿化水平	县城绿化覆盖率（单位：%）	38.30
	垃圾处理	县城生活垃圾处理率（单位：%）	100.00
	污水处理	县城污水处理率（单位：%）	92.03
	排水管网	县城排水管道密度（单位：千米/千米^2）	8.45

表 4.2 2020 年县域基础设施与公共服务分项指标的描述性统计

指标	均值	标准差	中位数	最小值	最大值
燃气供给	85.70	21.02	95.18	1.37	100.00
用水供给	94.73	8.41	97.71	16.67	100.00
交通路网	7.29	2.92	7.26	0.52	34.23
数字乡村	54.16	13.22	53.20	20.00	122.08
绿化水平	36.87	8.90	39.20	2.02	58.31
垃圾处理	99.14	3.62	100.00	20.60	100.00
污水处理	93.79	8.96	95.75	5.26	100.00
排水管网	10.56	5.40	9.66	0.26	38.70
医疗服务	4.65	1.29	4.53	1.00	12.93
社工服务	3.46	2.59	2.85	0.04	25.80

二、现状刻画与问题诊断

根据多维测量方法在贫困劳动力就业（陈爱丽和王小林，2021）以及普惠金融短板（张秀梅等，2022）等领域的应用经验，结合中国县域基础设施与公共服务的发展情况，本章选择 $k = 0.4$ 作为基础设施与公共服务薄弱县识别标准，即县域在总指标数的任意 40%及以上的指标存在短板，则被视为基础设施与公共服务薄弱县（表 4.3）。识别出存在基础设施与公共服务薄弱问题的县域共 650 个，平均每个基础设施与公共服务薄弱县存在 5.5 个指标的短板问题，即一半以上的基础设施与公共服务指标未能达到全国县域水平的 40%分位数。计算得到 2020 年中国县域多维基础设施与公共服务短板指数为 0.283，发生基础设施与公共服务薄弱问题的县域占全国区县级行政单位的比例为 51.3%。

表 4.3 2020 年基础设施与公共服务薄弱县识别阈值分析

短板阈值	短板发生率（H）	基础设施与公共服务薄弱县数量/个	短缺程度（A）	短板指数（M_0）
0.1	0.953	1208	0.396	0.378
0.2	0.844	1070	0.434	0.367
0.3	0.685	869	0.489	0.335
0.4	0.513	650	0.552	0.283
0.5	0.367	465	0.613	0.225
0.6	0.222	281	0.687	0.152
0.7	0.126	160	0.753	0.095
0.8	0.052	66	0.827	0.043
0.9	0.014	18	0.900	0.013
1.0	0.000	0	0.000	0.000

注：本节相关表中的短板发生率、短缺程度与短板指数均为 Stata 软件直接测算的结果，因而存在 M_0 不完全等于 H 与 A 的乘积的情况

（一）区域间的基础设施与公共服务短板分析

区域间基础设施与公共服务发展水平极不平衡。中部、西部以及东北地区的基础设施与公共服务水平与东部地区存在明显差距，尤其是东北地区的基础设施与公共服务短板及薄弱问题突出（表 4.4）。东部地区薄弱县比例仅为 18.9%，短板指数为 0.096，两者明显低于全国平均水平，说明东部地区基础设施与公共服务水平趋于全国领先；中部地区薄弱县比例为 40.2%，短板指数为 0.199，两者略低于全国平均水平；西部地区短板发生率为 67.8%，短板指数为 0.393，两者均高于全国平均水平；而东北地区的短板问题最为突出，薄弱县比例高达 94.0%，短板指数为 0.524，接近全国平均水平的两倍。因此，对于中部、西部以及东北地区的基础设施与公共服务短板问题仍需保持高度关注，并进一步了解上述区域省份的基础设施与公共服务短板问题，分解剖析其所面临的结构性基础设施与公共服务短板问题。

表 4.4 分区域基础设施与公共服务短板指数分析

变量	全国	东部	中部	西部	东北
短板发生率（H）	0.513	0.189	0.402	0.678	0.940
短缺程度（A）	0.552	0.508	0.495	0.580	0.557
短板指数（M_0）	0.283	0.096	0.199	0.393	0.524
指标贡献状况					
燃气供给	0.115	0.023	0.121	0.119	0.139
用水供给	0.108	0.104	0.156	0.095	0.095
交通路网	0.104	0.104	0.140	0.090	0.111
数字乡村	0.110	0.042	0.046	0.130	0.155
绿化水平	0.120	0.100	0.110	0.122	0.143
垃圾处理	0.055	0.019	0.042	0.070	0.023
污水处理	0.100	0.116	0.079	0.111	0.068
排水管网	0.104	0.158	0.106	0.093	0.125
医疗服务	0.090	0.174	0.103	0.073	0.107
社工服务	0.094	0.158	0.099	0.098	0.034

中部、西部以及东北的区域基础设施与公共服务短板问题相对突出，且面临不同的结构性基础设施与公共服务短板问题（图 4.1）。在中部地区，县城用水供给是主要短板问题，短板贡献率达到 15.6%。中部地区县城供水普及率亟待提升；其次，需要解决好中部地区县城的交通路网建设，在"核心-边缘"路网格局的基础上，重点改善欠发达地区交通基础设施建设（田野等，2018）。在西部地区，主要短板问题为数字乡村，短板贡献率为 13%。对于东北地区来说，主要短板问题是数字乡村、绿化水平以及燃气供给。

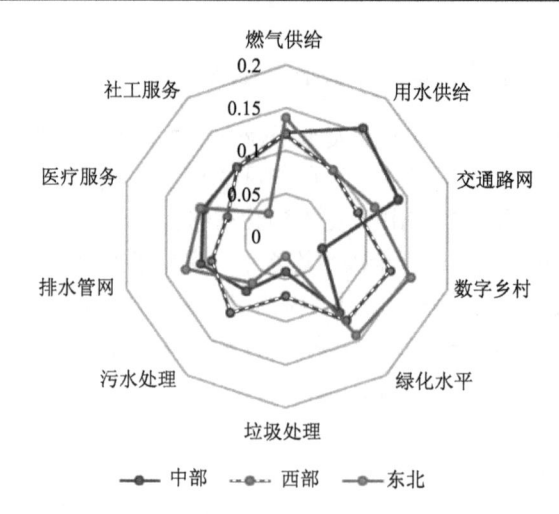

图 4.1 中部、西部以及东北地区基础设施与公共服务短板分析

全国和省级（县域）基础设施与公共服务短板指数测量结果如图 4.2 所示，28 个省区市的基础设施与公共服务短板指数分布在 0.010~0.715。其中，短板指数最高的为西藏（0.715），最低的省份为福建（0.010），28 个省区市的县域基础

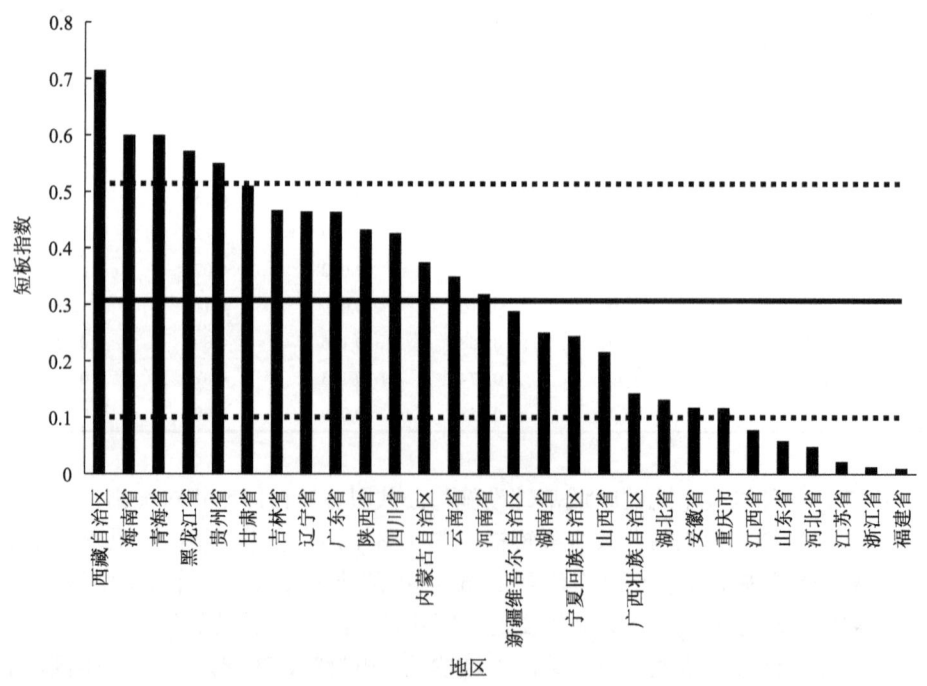

图 4.2 全国和省级（县域）基础设施与公共服务短板指数

设施与公共服务短板指数均值（$\overline{M_0}$）为 0.307，标准差（SD）为 0.207。结果表明，不同省区市之间的基础设施与公共服务短板指数存在明显差异。依据短板指数均值（$\overline{M_0}$）与标准差（SD）的关系（魏敏和李书昊，2018），可将 28 个省区市划分为高度短板（得分高于 $\overline{M_0}+\text{SD}$）、中度短板（得分介于 $\overline{M_0}-\text{SD}$ 至 $\overline{M_0}+\text{SD}$ 之间）和低度短板（得分低于 $\overline{M_0}-\text{SD}$）三种类型。

进一步分析发现，中国县域短板问题主要集中于中部、西部和东北地区。东部地区除海南省存在高度短板外，其余 1 省存在中度短板、5 省存在低度短板；中部地区省级县域除江西省（低度短板）外全部存在中度短板；西部地区有 9 个省区市存在中度短板，3 个省区存在高度短板问题；东北地区中，有 2 个省份存在中度短板问题，黑龙江省存在高度短板（表 4.5）。

表 4.5 省级（县域）基础设施与公共服务短板情况分类

短板情况	东部	中部	西部	东北
低度短板	山东、河北、江苏、浙江、福建	江西		
中度短板	广东	河南、湖南、山西、湖北、安徽	甘肃、陕西、四川、内蒙古、云南、新疆、宁夏、广西、重庆	吉林、辽宁
高度短板	海南		贵州、青海、西藏	黑龙江

（二）县域间的基础设施与公共服务短板分析

2022 年，中共中央办公厅、国务院办公厅印发的《关于推进以县城为重要载体的城镇化建设的意见》中指出，要科学把握功能定位，分类引导县城发展方向，并且强调更好发挥政府作用，发挥县城连接城市、服务乡村作用，促进县城基础设施和公共服务向乡村延伸覆盖。因此，本章进一步分类分析县域基础设施与公共服务短板问题，强化对不同类型县域基础设施与公共服务短板问题的认识。

（1）部分政策重点聚焦县域。部分政策重点聚焦县域分类包括脱贫县（全国共 832 个原国家级贫困县）、乡村振兴重点帮扶县、民族县、一类革命老区县与生态县等五组类型，县域基础设施与公共服务短板指数分析见表 4.6。

表 4.6 政策关注区域的基础设施与公共服务短板指数分析

变量	脱贫县	乡村振兴重点帮扶县	民族县	一类革命老区县	生态县
短板发生率（H）	0.676	0.842	0.693	0.365	0.603
短缺程度（A）	0.580	0.615	0.587	0.537	0.567
短板指数（M_0）	0.392	0.518	0.407	0.196	0.342

续表

变量	脱贫县	乡村振兴重点帮扶县	民族县	一类革命老区县	生态县
指标贡献状况					
燃气供给	0.128	0.134	0.127	0.108	0.119
用水供给	0.102	0.077	0.092	0.121	0.107
交通路网	0.095	0.079	0.086	0.107	0.092
数字乡村	0.119	0.143	0.140	0.087	0.135
绿化水平	0.122	0.130	0.131	0.128	0.125
垃圾处理	0.063	0.055	0.060	0.053	0.054
污水处理	0.101	0.103	0.107	0.097	0.108
排水管网	0.096	0.076	0.084	0.111	0.090
医疗服务	0.080	0.101	0.081	0.096	0.078
社工服务	0.094	0.101	0.091	0.093	0.091
县域数量/个	583	120	293	254	443

消除绝对贫困后，中国进入乡村振兴和实现共同富裕的新阶段。为了实现巩固拓展脱贫攻坚成果同乡村振兴有效衔接，中央和地方政府根据县域发展情况，针对欠发达县域实施帮扶计划。本章重点分析了脱贫县（原国家级贫困县）以及中央政府确定的乡村振兴重点帮扶县的基础设施与公共服务短板问题，结果表明脱贫县和乡村振兴重点帮扶县的短板问题比较严重，短板发生率和短板指数高于全国平均水平。尤其是乡村振兴重点帮扶县，基础设施与公共服务薄弱县比例高达84.2%，短板指数为0.518。对于脱贫县而言，所面临的主要的基础设施与公共服务短板指标是燃气供给、绿化水平和数字乡村。对于乡村振兴重点帮扶县，主要短板为数字乡村、燃气供给和绿化水平。

民族县的基础设施与公共服务薄弱县比例为69.3%，短板指数为0.407；生态县的薄弱县比例为60.3%，短板指数为0.342，二者同样高于全国平均水平。短板指标结果表明，民族县和生态县的基础设施与公共服务短板集中于数字乡村、绿化水平和燃气供给；而革命老区县（一类革命老区县）的短板问题相对缓和，薄弱县比例为36.5%，短板指数为0.196（低于全国平均水平），其主要短板为绿化水平、用水供给以及排水管网。

（2）特殊地域地貌的县域。特殊地域地貌分类包括陆地边境县、山区县与丘陵县等三组类型，县域基础设施与公共服务短板指数分析见表4.7。

表 4.7　特殊地域地貌的县域基础设施与公共服务短板指数分析

变量	陆地边境县	山区县	丘陵县
短板发生率（H）	0.807	0.424	0.500
短缺程度（A）	0.527	0.559	0.526
短板指数（M_0）	0.425	0.237	0.263
指标贡献状况			
燃气供给	0.145	0.109	0.092
用水供给	0.103	0.123	0.107
交通路网	0.095	0.108	0.123
数字乡村	0.169	0.113	0.123
绿化水平	0.116	0.115	0.130
垃圾处理	0.041	0.041	0.037
污水处理	0.083	0.119	0.097
排水管网	0.095	0.101	0.116
医疗服务	0.050	0.084	0.092
社工服务	0.103	0.086	0.083
县域数量/个	57	363	266

陆地边境县存在明显短板，短板发生率为80.7%，短板指数为0.425，明显高于全国平均水平，主要短板为数字乡村、燃气供给与绿化水平；山区县短板指数低于全国县域短板指数，薄弱县比例为42.4%，短板指数为0.237，主要短板为用水供给、污水处理和绿化水平；丘陵县的薄弱县比例为50.0%，短板指数为0.263，均低于全国县域平均水平，主要短板为绿化水平、数字乡村和交通路网。

（3）农产品主产区的县域。农产品主产区分类包括粮食生产大县、棉花生产大县与牧区县等三组类型，县域基础设施与公共服务短板指数分析见表4.8。

表 4.8　农产品主产区县域基础设施与公共服务短板指数分析

变量	粮食生产大县	棉花生产大县	牧区县
短板发生率（H）	0.441	0.429	0.848
短缺程度（A）	0.560	0.492	0.606
短板指数（M_0）	0.247	0.211	0.514
指标贡献状况			
燃气供给	0.109	0.068	0.138
用水供给	0.119	0.098	0.096
交通路网	0.140	0.143	0.099
数字乡村	0.081	0.053	0.153
绿化水平	0.131	0.128	0.129

续表

变量	粮食生产大县	棉花生产大县	牧区县
垃圾处理	0.025	0.060	0.058
污水处理	0.083	0.098	0.096
排水管网	0.123	0.143	0.088
医疗服务	0.125	0.113	0.075
社工服务	0.065	0.098	0.068
县域数量/个	211	63	165

中国农产品主产区的县域基础设施与公共服务水平差异较大，牧区县存在明显短板，粮食生产大县及棉花生产大县的基础设施与公共服务水平相对较高。牧区县的薄弱县发生率为84.8%，短板指数为0.514，均明显高于全国平均水平，主要短板为数字乡村、燃气供给以及绿化水平；粮食生产大县和棉花生产大县基础设施与公共服务水平情况相对良好。

（4）不同城镇化水平与建设规模的县域。以县域城镇化率、县域人口总数和县城建成区面积的中位数水平为界，将样本县域根据分类标准分为高水平组和低水平组。不同城镇化水平与建设规模的县域分类包括城镇化率分组高低、人口规模分组高低与建成区面积分组高低等六组类型，县域基础设施与公共服务短板指数分析见表4.9。

表4.9 不同城镇化水平与建设规模的县域基础设施与公共服务短板指数分析

变量	城镇化率分组 低	城镇化率分组 高	人口规模分组 低	人口规模分组 高	建成区面积分组 低	建成区面积分组 高
短板发生率（H）	0.557	0.500	0.583	0.442	0.568	0.451
短缺程度（A）	0.566	0.542	0.571	0.529	0.576	0.528
短板指数（M_0）	0.315	0.271	0.333	0.234	0.327	0.238
指标贡献状况						
燃气供给	0.109	0.126	0.125	0.103	0.129	0.095
用水供给	0.105	0.112	0.100	0.121	0.104	0.114
交通路网	0.105	0.099	0.086	0.128	0.081	0.134
数字乡村	0.098	0.122	0.136	0.069	0.134	0.072
绿化水平	0.123	0.117	0.122	0.119	0.122	0.119
垃圾处理	0.045	0.067	0.059	0.048	0.059	0.048
污水处理	0.100	0.105	0.107	0.093	0.109	0.091
排水管网	0.101	0.105	0.090	0.124	0.085	0.131
医疗服务	0.103	0.074	0.086	0.097	0.084	0.099
社工服务	0.110	0.074	0.090	0.098	0.092	0.096

县域发展规模对于县域基础设施与公共服务水平具有重要影响。无论是按照人口规模还是建成区面积分组，规模较大的县域基础设施与公共服务短板指数（分别为 0.234 和 0.238）明显低于全国平均短板指数（0.283），规模较小县域的主要短板为数字乡村、燃气供给和绿化水平；规模较大县域的主要短板为交通路网、排水管网、用水供给以及绿化水平。对于城镇化发展水平较低的县域来说，主要短板问题是绿化水平、社工服务和燃气供给；而对于城镇化发展水平较高的县域来说，医疗服务和社工服务等公共服务水平明显改善，短板贡献率明显下降，其主要短板问题为燃气供给、数字乡村以及绿化水平。

（5）不同经济结构和财政能力的县域。将第一产业比重的中位数、县域规模以上工业企业数量的中位数，以及县级财政收入与财政支出比例（熊小林和李拓，2018）的中位数作为划分标准，将全样本分为高水平组和低水平组。不同经济结构和财政能力的县域分类包括农业产值比例高低、规模以上工业企业数量高低与财政能力高低等六组类型，县域基础设施与公共服务短板指数分析见表4.10。

表 4.10 不同经济结构和财政能力的县域基础设施与公共服务短板指数分析

变量	农业产值比例 低	农业产值比例 高	规模以上工业企业数量 低	规模以上工业企业数量 高	财政能力 低	财政能力 高
短板发生率（H）	0.371	0.655	0.668	0.338	0.702	0.324
短缺程度（A）	0.526	0.566	0.567	0.515	0.574	0.503
短板指数（M_0）	0.195	0.371	0.379	0.174	0.403	0.163
指标贡献状况						
燃气供给	0.112	0.116	0.122	0.097	0.121	0.101
用水供给	0.124	0.099	0.096	0.134	0.102	0.123
交通路网	0.116	0.097	0.091	0.136	0.094	0.128
数字乡村	0.090	0.120	0.137	0.046	0.121	0.082
绿化水平	0.116	0.122	0.119	0.118	0.124	0.112
垃圾处理	0.059	0.052	0.055	0.047	0.059	0.044
污水处理	0.098	0.101	0.099	0.096	0.101	0.096
排水管网	0.106	0.103	0.096	0.128	0.099	0.117
医疗服务	0.091	0.090	0.084	0.107	0.087	0.098
社工服务	0.088	0.098	0.100	0.091	0.092	0.101

县域经济结构和财政能力显著影响基础设施与公共服务水平。对农业产值占地区生产总值比重较高的县域而言，薄弱县比例为 65.5%，短板指数为 0.371，明显高于农业产值占地区生产总值比重较低的县域以及全国平均水平，说明第一产业比重较高的县域基础设施与公共服务能力相对薄弱，其主要短板为绿化水平、

数字乡村以及燃气供给。县域工业企业的发展与县域基础设施和公共服务短板存在负向联系，规模以上工业企业较少的县域的薄弱县比例为 66.8%，短板指数为 0.379，主要短板集中于数字乡村、燃气供给以及绿化水平。财政能力水平较低县域的薄弱县比例为 70.2%，短板指数为 0.403，主要短板集中于绿化水平、数字乡村以及燃气供给。

三、研究结论

本章基于 2020 年县域数据，采用 A-F 方法对县域基础设施与公共服务薄弱县及其短板弱项进行了识别，并讨论了区域间与不同类型县域间的差异情况。主要研究结论如下。

首先，区域间基础设施与公共服务差距依然较大，西部及东北地区的县域短板问题亟待改善。从省际视角对县域短板的分析来看，西部与东北地区县域基础设施与公共服务短板问题普遍存在，15 个省区市中 11 个省区市表现为中度短板，4 个省区为高度短板。对东北地区而言，在经济增长乏力与人口净流出等综合背景下，基础设施与公共服务短板问题相对西部地区而言更为严重。

其次，基础设施与公共服务薄弱县问题较为突出，不同类型县域存在显著差异。从实证结果来看，全国 650 个县为基本基础设施与公共服务薄弱县，这表明从县域视角对短板问题予以分析具有较强的现实意义。在不同类型县域分类的讨论中，牧区县基础设施与公共服务薄弱发生率为 84.8%，是所有类型县域中问题最为突出的分类；乡村振兴重点帮扶县域的薄弱县发生率为 84.2%；陆地边境县囿于特殊地理位置的客观限制，薄弱县发生率为 80.7%。此外，不同类型县域的主要短板问题存在较大差异，这表明应尽快针对不同类型县域的经济社会发展需求补齐基础设施与公共服务短板。

第四节 以县域为基本单元推进城乡融合发展和基本公共服务均等化的政策优化

县域作为连接乡村与大中城市的纽带，兼具城市性与农村性，具有治理靶向鲜明、均等条件成熟、政策操作便利等优点。在新形势下，立足于县域支点，推动城乡融合发展迈上新台阶，加快基础设施建设与促进基本公共服务均等化，能够为全面推进乡村振兴、建设社会主义现代化强国打下坚实基础。为此，应重点围绕城乡产业发展、基础设施互联互通、公共服务均等化、生态环境改善以及数字技术驱动等方面优化政策设计，从而为更富成效地推动县域内城乡融合发展和基本公共服务均等化提供强有力支撑。

一、推进城乡融合发展的产业政策优化

产业是发展的基础,是推动城乡融合发展的重要组成部分。结合县域资源优势和发展基础,面向市场需求,聚焦产业促进县域经济发展,推动城乡间人才、资本、技术等要素自由流动,大力发展县域富民产业。

第一,完善县域城乡产业协同发展政策。加强产业规划引领,明确城乡产业功能定位,因地制宜地培育特色主导产业,提升县域产业综合竞争优势;推动县域产业链式发展,找准建链、补链、强链的突破口,加强产业链上下游衔接;统筹城乡产业协调发展,推进产业配套链、要素供应链、产品价值链、技术创新链"四链"融合,促进城乡产业一体化发展;建立城乡产业协同发展的有效平台,通过创建示范基地和先行区,推动城乡要素跨界配置,构建以工促农、以城带乡的产业有机融合发展机制。

第二,优化县域产业创新支持政策。坚持创新驱动,营造产业创新环境,建设创新型产业集群;培育创新创业载体,引导中小企业高质量发展,推动中小企业成为创新发源地;广泛激发社会创新活力,鼓励高新技术企业、龙头企业、产业联盟、科技特派员发挥作用,提升科技成果转化能力,增强县域产业竞争力;加大创新人才培引,深化人才发展体制改革,切实做好引进人才、留住人才、培养人才、用好人才工作,夯实县域产业转型升级的人才基础。

第三,创新产业发展金融支持政策。强化政府性融资担保机构增信服务功能,积极协助担保公司与各银行开展业务合作,充分发挥政策性融资担保功能及作用;搭建融资平台,加强对县域产业市场主体的中长期资金支持,增强运营资金稳定性,有效防范资金链断裂风险;发展多元化特色金融产品,推动金融助力产业发展,引导各类金融机构因地制宜地创新金融服务,促进县域特色产业品牌建设。

第四,建立健全产业园区发展政策。强化产业园区资源要素配置保障,通过优先保障园区用地、完善配套基础设施建设、加大财税扶持力度等方式,推动产业园区建设;完善产业园区管理与运行体制,优化管理机构职能,建立园区年度评估机制,实行优进、劣出动态调整;坚持园区带动产业集聚,并鼓励具备条件的中心镇、中心村建设特色产业园区;创新产业园区建设模式,探索发展"园区飞地",通过县级统筹、跨镇经营、多村联合推动资源再配置,促进不同地区抱团发展。

第五,深化乡村产业支持政策。充分挖掘农业多维功能,大力发展文旅融合、生态农业和智慧农业等新业态,促进农村一二三产业深度融合;加快发展现代乡村服务业,增强农超对接、农社对接,完善农产品冷链物流体系,推动农业产业链条纵横向融合和一体化;强化要素支撑,在土地、人才、资金等方面给予相应政策优惠,培育龙头企业,带动乡村特色产业发展;深化联农带农利益联结机制,

加快形成企业和农户在产业链上优势互补、分工合作，促进农民分享产业增值收益。

二、县域内基础设施与公共服务均等化政策优化

作为经济社会发展的重要支撑，加强基础设施建设和公共服务均等化既能为提升县域经济发展水平营造良好条件，同时也能为缩小区域发展差距、构建城乡融合发展新格局发挥重要作用。

第一，持续推进城乡基础设施和公共服务一体化政策。健全县域财政投入保障机制。完善公共财政预算，优化财政支出结构，拓宽资金来源，提高县域财政保障基本公共服务能力；建立健全城乡基础设施一体化发展机制，以城乡基础设施领域为切入点，实行城乡一体化建设与运营管理；建立健全城乡公共服务资源一体化，推进城乡基本公共服务标准统一、制度并轨，积极探索城乡共同体建设，打造城乡公共服务均等化的县域样本。

第二，完善农村基础设施和公共服务发展政策。加大对农村基础设施和公共服务建设的倾斜力度，有效提升农村基础设施和公共服务发展水平；建立组团式帮扶，推动城市基础设施向农村延伸、公共服务向农村覆盖，推动城市优质资源向县域下沉；围绕基本民生需求，着力加强基础设施和公共服务供给的薄弱环节建设；坚持突出群众主体地位，构建"自下而上"的基本公共服务需求反馈体系，提升农村基础设施和公共服务建设质量。

第三，健全流动人口公共服务政策。完善基本公共服务体系，提高就业、教育、医疗、住房保障等资源的可及性，确保新落户人员及农民工等非户籍常住人口享有基本公共服务；推动流动人口参保扩面提质，以新生代农民工、灵活就业人员、新业态从业人员为重点，促进应参、尽参，全面落实企业为职工缴纳养老、医疗、工伤、生育等社会保险费的责任；健全流动人口信息共享机制，依托公共服务综合平台，动态跟踪流动人口的公共服务需求信息，及时提供优质服务，扎实推进流动人口公共服务均等化。

三、完善城乡人居环境与发展环境的生态政策优化

在推进县域经济发展过程中，应始终坚持绿水青山就是金山银山的发展理念，全面加大生态环境治理力度，深入打好蓝天、碧水、净土保卫战，提高县域可持续发展能力，推动实现高质量跨越式发展。

第一，完善城乡一体化生态环境保护政策。统一规划布局，强化协同治理、系统保护，统筹推进城乡环境建设，形成城市、乡村相互协调、互为补充的运行体系；建立互联互通的城乡人居环境支撑体系，以县域为载体委托第三方公司提供治理服务，实施一体化的管理模式；健全城乡生态环境保护奖惩机制，分别建

立符合城乡自身特色的生态环境评价标准；统筹城乡环境监测预警体系和环境执法监督体系，对县域突出的环境问题开展实时监测，并精准传达预警信息，及时采取环保督察整改等处理行为。

第二，优化县城生态环境保护政策。高质量开展生态修复工作，重点保护县城江河、湖泊、湿地、山林等自然风貌，保障生态系统内在循环功能；推动生态建设产业化、产业发展生态化，优化调整县城产业结构，扶持发展环保产业，加大环保新技术的研发与使用，倒逼发展水平低、能耗大的企业退出；优化能源结构，有序推进燃料用气与燃煤改气，倡导使用低碳节能环保产品，优化建筑用能结构；强化项目引领，开展绿色县城、森林县城、"无废县城"等多样化工程项目，推进以县城为载体的生态保护工作提质增效。

第三，持续深化农村污染防治政策。深入实施乡村绿化行动，因地制宜开展水土流失治理，以及荒山、荒地、荒滩绿化建设。推行庭院绿化、小微公园、公共绿地建设，持续扩大乡村绿量；围绕农村人居环境整治要求，强化农村厕所、生活垃圾、污水等三大治理内容，鼓励采用联户、联村、村镇一体化处理模式，改善农村生活污染治理总体成效；继续加大农业污染防治力度，鼓励发展专业化污染防治服务组织，提高生产污染治理水平。稳步推进农村种植养殖结构的绿色转型，建设农业绿色生产示范基地，推广无害化、绿色有机的生产管理措施；立足于县域农业发展特色，开展农业面源污染治理与监督指导，以县域农村环境敏感区为重点，提升面源污染治理体系和治理能力建设。

第四，健全城乡生态保护补偿政策。建立财政转移支付的补偿体系，面向生态脆弱区、生态公益林区等重点生态功能区，逐步增加转移支付规模，引导地方政府加强生态保护；完善生态补偿区域联动机制，围绕县域重点河流开展跨区域生态补偿机制，强化城市、下游生态受益方与乡村、上游生态保护者的联系，推动上下游之间生态保护联防联控；完善生态产品价值实现机制，创新推广生态产品交易平台，在农业、林业、渔业等领域探索推进碳汇交易，运用市场机制进行生态补偿修复。

四、数字驱动城乡融合发展与基本公共服务均等化政策优化

数字经济背景下，"数字赋能"是经济发展的新引擎。在推进县域城乡建设过程中，应充分运用数据技术，发挥其在破解产业空间束缚、优化要素布局、均衡基本公共服务等方面的优势，有效推进城乡融合发展和公共服务均等化。

第一，完善数字基础设施供给政策。加大县城新型基础设施建设，统筹城乡数字新基建布局，协调推进以5G、卫星互联网等为代表的网络基础设施，以云计算中心、物联网服务平台等为代表的信息服务基础设施，以及以超级计算中心为代表的创新支撑类基础设施等的建设；加大对乡村数字基础设施的支持力度，采取分层推进方式，补齐县域内乡村建设短板；推动城乡传统基础设施的数字化改造，针对交通、水利、公路、电力等重要基础设施，加强数字终端、系统改造升级，提高数字化、智能化水平。

第二，加大鼓励数字经济发展政策。提升县域数字经济发展水平。加强数字技术与县域主导产业的深度融合，建立资源共享、业务协同、互利共赢的新型产业链体系；充分发挥数字技术在识别需求、创新供给、连接供求中的积极作用，引导激发城乡新型消费需求；以数字技术赋能县域农业、制造业、服务业等行业企业的转型升级，深化县域重点产业园区和产业集群的数字化建设；利用数字技术打破城乡要素壁垒，推动城市消费需求、工业生产需求向农业领域的延伸；加大县域数字产业化建设，充分发挥数字技术创新能力，做大做强信息通信产业，推动智能终端产业发展。

第三，优化基本公共服务数字化建设政策。建立健全城乡基本公共服务监测平台，全方位、多领域监督城乡公共服务供给状况，不断增强公共服务管理能力；依托现代数字技术手段，推动实现城乡居民基本公共服务提档升级全覆盖，有效提升公共服务供给品质；利用大数据技术，促进县域公共服务资源向农村地区、偏远山区、革命老区流动，弥补县域内城乡间公共服务发展差距。

第四，持续健全数字治理体系。加快数字政府建设，推进体制机制改革与数字技术应用深度融合，推动政府职能转变，建立高效有为政府；加快一体化政务服务平台建设，统筹政务内网建设，整合各类信息系统，打通"数据孤岛"，推进政务数据跨区域、跨部门、跨层级的交换共享；充分发挥数字技术、数字平台作用，畅通社会群体参政、议政的数字化渠道，构建基于多元主体参与的数字化治理体系，构建数字治理新格局。

第五节　共同富裕目标下乡村建设行动与基本公共服务均等化的政策设计

按照共同富裕的基本内涵，乡村建设行动要在乡村振兴中、在城乡融合发展中实现跨区域的农村基本公共服务均等化。本节按照"两步走"思路，首先从优化中央及地方财政转移支付政策入手，加大探索省内县县山海协作，优化土地政策与人才政策等，为在区域内实现县域间农村基本公共服务均等化提出政策建议。其次，提出发挥东西部协作和对口支援的制度力量，通过东部发达省份对西部欠发达地区的协作和支持，为欠发达地区基本公共服务水平的整体提升贡献力量，实现跨区域的农村基本公共服务基本均衡。此外，还要强化数字技术赋能，促进企业等多元主体参与，形成优质均衡的公共服务供给格局。

一、区域内县域间乡村建设行动与基本公共服务均等化的政策设计

不同经济结构和财政能力的县域基础设施与公共服务水平差距较大。在一些经济欠发达县，基础设施与公共服务建设欠账严重。单独依靠县级财政投入不仅会加大县级债务风险，还会造成由供给能力不足导致的区域间基础设施与公共服务的马太效应。因此，完善中央地方财政转移支付政策，促进形成公共服务优质均衡的财政政策体系对促进县域间公共服务均等化具有重要意义。

（一）调整优化中央地方财政支出体系，实施公共服务薄弱县提升工程

从全国范围来看，应优化调整现有的中央财政支出体系，发挥财力均衡性转移支付的作用，将更多财政资金向基本公共服务薄弱县倾斜，尤其要缩小牧区县、乡村振兴重点帮扶县、陆地边境县、民族县等基本公共服务薄弱县与全国县域基本公共服务的差距，切实保障全体公民享受各项基本公共服务的权利。从地方来看，进一步加强省级财政的统筹协调能力，持续发挥财政体制对推动基本公共服务均等化的引导与促进作用，加强省内基本公共服务薄弱县财力，提升薄弱县基本公共服务水平。

（二）探索县县山海协作，缩小区域内县域间基础设施与公共服务差距

各省份可在总结借鉴福建山海协作经验的基础上，探索县县协作的协同发展机制，鼓励有余力的经济较发达县（市、区）与经济欠发达县协作；或探索建设区域协同发展片区，鼓励片区内各县（市、区）结成网络状的协同关系。在建立完善协作发展机制的基础上，设置协作专项资金，鼓励协作专项资金按比例投入基础设施与公共服务领域，加大经济欠发达地区基础设施与公共服务建设的财政资金支持力度。

（三）建立完善基本公共服务绩效考核与质量评价机制，提高财政资金投入公共服务均等化的成效

在县域基本公共服务项目的执行与实施中，进一步明确各级政府的责任主体与工作范围，并以县域基本公共服务均等化作为目标导向，合理匹配财权与事权，通过建立健全民生政策备案和支出清单管理制度等形式，加强项目执行管理，提高财政转移资金的投入效率。此外，可适度在政府政绩考核体系中引入基本公共服务相关考核指标，优化地方政府财政支出偏好。

此外，注重提升土地要素活力、加强乡村建设人才培育。土地是乡村建设的核心要素，通过合理配置利用土地要素，能够带动如资金、人才等其他的发展要素。在以县域为基本单元统筹县域城乡规划建设的基础上，完善县域间土地增减

挂钩政策。可进一步拓展增减挂钩政策的适用范围，做好巩固脱贫攻坚和乡村振兴阶段的政策衔接工作，适当拓展调出地区，从贫困地区为主逐步放开到欠发达地区。可考虑部分省内的山海协作制度与全国范围内东西部协作和对口支援制度的结合，探索在中央统筹下的节余指标二次调剂机制，进一步放大土地增减挂钩政策在乡村振兴阶段下的效应。完善对土地调剂收益的使用监督机制。另外，可充分发挥数字技术的作用，利用数字技术积极开展跨区域人才联合培养，线上与线下培养相结合。推动公共服务数字化、智能化，通过培训、人才引进、人才共享等方式，培育数字技术人才。

二、区域间乡村建设行动与基本公共服务均衡化的政策设计

（一）东西部协作和对口支援政策设计

区域间的差距在很大程度上是由改革开放以来不平衡发展战略下乡村建设制度性供给不足造成的。共同富裕背景下，要以东西部协作为抓手，充分发挥制度优势，实现对之前不平衡发展战略带来的区域间差距的补偿。

（1）探索多方成本分担和跨区域利益补偿机制。鼓励东部地区与西部地区探索共同提供基本公共服务供给的机制，创新基本公共服务供给形式；建立基本公共服务领域横向财政转移支付制度，推动东西部协作和对口支援横向财政转移制度与中央对地方纵向财政转移支付制度有机结合。此外，还要引入乡村建设和促进基本公共服务均等化的市场机制，形成西部地区提出乡村建设和基本公共服务需求，东部地区搭建信息平台，对接东部地区成熟的专业企业，两地共同出台稳定协调的各项优惠政策，吸引第三方专业企业为欠发达地区乡村建设和提高基本公共服务水平提供专业人才。

（2）加大协作中对乡村建设和基本公共服务内容的考核力度。在指标体系中加大对口地区和协作地区的乡村建设、基本公共服务供给相关的内容。鼓励东西部地方政府在实践工作中制定针对性目标指标，鼓励协作资金、协作政策向协作地区具体的乡村建设需求及基本公共服务薄弱项倾斜。加强对村级基本公共服务均等化的考核权重，引导相关乡村建设政策、项目、资金向提升基本公共服务均等化倾斜。

（3）授人以渔，多渠道提升协作地区人才队伍软实力。加大东西部协作人员交流互动中医生、教师管理人员的比例，在管理、制度等多方面进行支援，在专业能力打造方面持续发力。探索"数字化"的学习培训新路径，携手协作地区联合开展适宜本地需求的教学资料，将基层人员的手机、电脑接入东部地区课堂。此外还可充分利用数字技术，促使优质公共资源惠及两地，如利用"云诊断""互联网医院""云课堂"等远程手段。

（二）特殊类型地区革命老区振兴发展政策设计

特殊类型地区是解决中国不平衡不充分发展问题的重要区域，也是逐步实现共同富裕的主要短板。特殊类型地区的革命老区多位于基础设施建设较为薄弱、生产生活环境比较恶劣的欠发达地区，经济社会发展水平相对较低。因此，应进一步发挥中国特色制度优势，通过革命老区与发达地区的对口合作促进革命老区的乡村建设与基本公共服务均等化。

（1）把基本公共服务均等化作为推动革命老区振兴发展的优先领域。将基本公共服务均等化作为主要抓手，以补短板、强弱项的系统思维，统筹协同推进革命老区乡村建设、以县域为重要载体的新型城镇化和城乡融合发展等多重进程。推动红色文化传承与完善配套基本公共服务相结合，以优化具备老区特色的基本公共服务为抓手持续推动产业结构的优化与升级。

（2）将"数字城乡大脑"作为主要抓手，提升县域数字治理能力。进一步根据地区发展需求完善数字基础设施和公共服务建设，适时推进"数字城乡大脑"系统共建，提升革命老区县域数字治理能力。

（3）完善纵向财政转移支付与东西部对口合作机制。进一步完善中央对地方财政转移支付制度，针对部分区域革命老区县基本公共服务短板较为严峻的问题，可在财政转移支付政策中予以专项支持；充分发挥东西部对口合作的制度力量，建立和完善革命老区对口合作联席会议机制，鼓励引导东部地区企业与社会组织的广泛参与。

（三）企业参与乡村振兴的政策设计

企业作为我国经济社会建设和发展中的重要市场力量，与政府和市场共同构成协同治理的主体，是实施乡村振兴的重要支撑。鼓励社会各界投身乡村建设，鼓励引导工商资本参与乡村振兴，既可为乡村振兴注入资本、技术、人才等关键要素，也可为企业履行环境、社会和治理（environmental, social and governance, ESG）责任提供创新空间和广阔舞台。因此，应大力倡导企业参与乡村建设。

（1）完善企业参与乡村建设的信贷政策。拓宽参与乡村建设的企业融资渠道，加大脱贫地区企业上市辅导培育和孵化力度，鼓励和支持脱贫地区符合条件的企业发行企业债券、公司债券、短期融资券、中期票据等债务融资工具。明确企业参与乡村振兴的利率优惠、财政贴息、风险补偿资金、奖补激励、税收递减等一系列刺激政策。

（2）完善企业参与乡村建设的声誉激励政策。政府部门应加大力度，总结企业参与乡村建设与乡村振兴的典型经验，宣传优秀案例，并授予相应的荣誉和表彰，同时完善现场会、推介会等声誉激励机制。鼓励学术期刊发表企业参与乡村建设的典型案例研究类论文，推动优秀案例进入各大学 MBA 案例库。加强主流媒体、自媒体对企业参与乡村建设的典型经验宣传，强化社会各方（包括企业利益相关者和市场投资者）对企业的信任，提高企业声誉。

（3）倡导企业共同富裕价值投资。充分利用东西部协作和对口支援制度优势，鼓励东部地区企业优先在西部地区开展企业共同富裕价值投资，参与乡村建设行动，重塑企业价值理念与投资模式，为实现共同富裕目标做出贡献。

本章参考文献

蔡昉, 杨涛. 2000. 城乡收入差距的政治经济学. 中国社会科学, (4): 11-22, 204.

陈爱丽, 王小林. 2021. 中国城乡居民多维就业脆弱性测度与分析. 劳动经济研究, (6): 19-39.

董艳玲, 李华. 2022. 中国基本公共服务的均等化测度、来源分解与形成机理. 数量经济技术经济研究, (3): 24-43.

方方, 李裕瑞. 2022. 西部地区乡村振兴难度评价及重点帮扶县识别. 经济地理, (4): 8-18.

李燕凌. 2014. 县乡政府农村公共产品供给政策演变及其效果：基于中央"一号文件"的政策回顾. 农业经济问题, (11): 43-50, 110-111.

吕光明, 陈欣悦. 2022. 县域基本公共服务均等化的测度与结构解析. 财政研究, (4): 52-68.

田野, 罗静, 孙建伟, 等. 2018. 区域可达性改善与交通联系网络结构演化：以湖北省为例. 经济地理, (3): 72-81.

王小林. 2008. 结构转型中的农村公共服务与公共财政政策. 北京：中国发展出版社.

王小林, Alkire S. 2009. 中国多维贫困测量：估计和政策含义. 中国农村经济, (12): 4-10, 23.

魏敏, 李书昊. 2018. 新时代中国经济高质量发展水平的测度研究. 数量经济技术经济研究, (11): 3-20.

熊小林, 李拓. 2018. 基本公共服务、财政分权与县域经济发展. 统计研究, (2): 66-74.

尹向飞. 2021. 中国基本公共服务不均等测算与分解. 数量经济技术经济研究, (1): 3-22.

张秀梅, 奚哲伟, 王小林. 2022. 基于 CHFS 数据的中国城乡家庭普惠金融短板分析. 上海金融, (4): 30-40.

Alkire S, Foster J. 2011. Counting and multidimensional poverty measurement. Journal of Public Economics, 95(7/8): 476-487.

World Bank. 2020. Poverty and Shared Prosperity 2020: Reversals of Fortune. Washington DC: The World Bank.

本章执笔人：王小林、史婵、奚哲伟

第五章　金融支持乡村振兴的政策创新

第一节　研究背景及问题的提出

乡村振兴战略的实施，意味着中国乡村发展形态、乡村产业发展载体、乡村运行机制、乡村治理和服务形态、乡村社会和发展组织、城乡关系等的转型和创新，也是促进城乡资源共享和生产要素优化配置的过程。2021年10月16日出版的《求是》杂志第20期发表习近平总书记重要文章《扎实推动共同富裕》中指出："在高质量发展中促进共同富裕""促进共同富裕，最艰巨最繁重的任务仍然在农村""到本世纪中叶，全体人民共同富裕基本实现，居民收入和实际消费水平差距缩小到合理区间"。共同富裕是我国新时代和新征程的发展主题和奋斗目标。在中共中央政治局第八次集体学习时，习近平总书记就指出，"农业农村现代化是实施乡村振兴战略的总目标，坚持农业农村优先发展是总方针，产业兴旺、生态宜居、乡风文明、治理有效、生活富裕是总要求，建立健全城乡融合发展体制机制和政策体系是制度保障"[①]。农业农村部还在2020年7月印发了《全国乡村产业发展规划（2020—2025年）》，2021年中央一号文件也强调要"重点支持乡村产业发展"，以巩固拓展脱贫攻坚成果。推进乡村振兴战略，需要以产业发展为支撑，形成一二三产业相互促进、协调发展的产业体系；促进城乡基础设施、公共服务均等化等，无疑将带来巨大的投资需求。为此，乡村振兴需要插上金融的翅膀。2018年中央一号文件提出，要"健全适合农业农村特点的农村金融体系，推动农村金融机构回归本源，把更多金融资源配置到农村经济社会发展的重点领域和薄弱环节，更好满足乡村振兴多样化金融需求"。《乡村振兴战略规划（2018—2022年）》进一步强调，要"加大金融支农力度""健全金融支农组织体系""创新金融支农产品和服务""完善金融支农激励政策"。

那么，在推进乡村振兴的过程中，立足于共同富裕目标的实现，乡村振兴的金融需求及其满足绩效如何？金融支持乡村振兴的机制如何构建？金融怎么基于共同富裕而支持乡村各类组织和社会创新？金融怎么在高质量发展中促进乡村振兴和共同富裕？在共同富裕的目标下，金融支持乡村振兴的路径和政策创新需求

---

① 《习近平主持中共中央政治局第八次集体学习并讲话》，https://www.gov.cn/xinwen/2018-09/22/content_5324654.htm?eqid=ccc3709c00006b1e00000005645b644f，2018年9月22日。

以及怎么创新？等等，是脱贫攻坚与乡村振兴有效衔接、推动共同富裕时期理论和实践面临的重大课题，研究意义显著。

乡村振兴战略的全面实施催生巨大的资金投入和金融服务需求，同时也对农村金融服务乡村振兴赋予了新使命、提出了新要求、明确了新方向。已有文献围绕金融支持乡村组织创新与社会创新、金融支持乡村振兴的绩效研究，金融支持乡村振兴的制度环境约束研究，以及金融支持乡村振兴的国内外经验等的相关研究已经不少。

一是对金融支持乡村组织创新与社会创新的作用进行了相关研究（周昌发和飞传鹤，2020；朱泓宇等，2018）。

二是就金融支持乡村振兴的绩效进行了研究。认为金融能够推动产业及产业融合发展（余春苗和任常青，2021；刘建民等，2020；王兴国等，2021；何宏庆，2020），数字普惠金融发展能够显著促进乡村产业振兴（谢地和苏博，2021；鄢宇昊等，2023），并且，数字普惠金融对高数字技术水平和低城镇化率地区乡村产业振兴的促进作用更为显著，提升农村创业活力是数字普惠金融促进乡村产业振兴的重要路径（徐伟祁等，2023），并能促进农民增收、降低收入差距、缓解贫困（Banerjee and Newman，1993；Allen et al.，2016；申云等，2019；Burgess and Pande，2005；Schmied and Marr，2016；Huang and Zhang，2020；贝多广，2015）、提升农户创业的绩效（何广文和刘甜，2019）。

三是研究了金融支持乡村振兴的制度环境约束。需要厘清政府、资本以及农民的关系，避免产生公平和效率的损失（温锐和陈胜祥，2007），需要社会政策创新，同时，乡村振兴社会政策创新的绩效需要强化，政策贡献和绩效可能有偏差（周飞舟和王绍琛，2015；杜园园，2015；赵祥云和赵晓峰，2016）。

并且，金融服务脱贫攻坚与乡村振兴有效衔接存在积极的促进作用和显著的空间溢出效应（熊晓炼等，2024），同时，金融服务是促进中国农业农村发展的基础性要素，也是农村金融精准扶贫的关键所在，建成一个市场化、多元化、多层次、广覆盖、可持续的农村金融体系具有必要性（韩国强，2018；陆岷峰，2019），因为需求表现出多层次性，同时金融体系尚不健全（张海军和周胜男，2021），金融发展对乡村振兴的影响也随之表现出时变性（陈银娥等，2020），农村金融发展对消费的影响表现出显著差异（齐红倩和李志创，2018），实施乡村振兴发展战略要从乡村金融供给侧结构性改革入手（陆岷峰，2019），也要发挥中小银行在乡村振兴中的作用（秦宇，2020）。

已有的研究，虽然阐释了金融支持对产业发展、乡村振兴、乡村组织和社会创新的作用及其相互关系，分析了金融支持乡村振兴的制度环境约束，剖析了金融支持乡村组织和社会创新、产业发展和乡村振兴的制度框架、影响机理，但是，对于中国金融供给充分和乡村振兴金融服务需求缺口较大的矛盾的理论解析不足，因而，提出的金融服务乡村振兴的政策建议的可行性不足，特别是对基于共同富裕、绿色发展、高质量发展背景下的乡村振兴的金融支持政策创新的研究缺乏。

本章的目的就在于从识别乡村振兴进程中的组织创新与社会创新的金融需求特征出发，揭示金融支持乡村组织创新与社会创新的作用机制和作用绩效，并探索政策对金融支持乡村振兴的作用和机理，主要明晰基于共同富裕、绿色发展、高质量发展背景下的乡村振兴的金融支持政策创新路径。

第二节 乡村振兴金融供求特征

一、乡村振兴金融需求的多样性和复杂性

根据中共中央、国务院2018年1月2日发布的《关于实施乡村振兴战略的意见》（2018年中央一号文件）和2018年5月31日中共中央政治局审议的《乡村振兴战略规划（2018—2022年）》，乡村振兴战略的总要求是产业兴旺、生态宜居、乡风文明、治理有效、生活富裕。但是，乡村振兴是一项巨大而复杂的系统工程，并必将由此带来农村新业态、新型经营主体的不断产生，其具体内容具有多样性和复杂性（表5.1）。

表5.1 乡村振兴的内容体系构成

乡村振兴的构成	具体内容
构建乡村振兴新格局	统筹城乡发展空间 优化乡村发展布局 分类推进乡村发展 坚决打好精准脱贫攻坚战
加快农业现代化步伐	夯实农业生产能力基础 加快农业转型升级 建立现代农业经营体系 强化农业科技支撑 完善农业支持保护制度
发展壮大乡村产业	推动农村产业深度融合 完善紧密型利益联结机制 激发农村创新创业活力
建设生态宜居的美丽乡村	推进农业绿色发展 持续改善农村人居环境 加强乡村生态保护与修复

续表

乡村振兴的构成	具体内容
繁荣发展乡村文化	加强农村思想道德建设 弘扬中华优秀传统文化 丰富乡村文化生活
健全现代乡村治理体系	加强农村基层党组织对乡村振兴的全面领导 促进自治、法治、德治有机结合 夯实基层政权
保障和改善农村民生	加强农村基础设施建设 提升农村劳动力就业质量 增加农村公共服务供给
完善城乡融合发展政策体系	加快农业转移人口市民化 强化乡村振兴人才支撑 加强乡村振兴用地保障

（一）乡村振兴金融需求具有多样性

乡村振兴的五大方面，每一个方面均存在金融服务需求，因而表现出一定的多样性（表5.2）。

表 5.2　乡村振兴的金融需求具有多样性

五大方面	金融需求表现	案例
产业兴旺	创业和产业发展的信贷需求	创业信贷、经营主体培育、产业链金融
生态宜居	绿色金融服务需求	绿色信贷、保险
乡风文明	信用文化建设需求	构建新型社会诚信体系、夯实信任基础
治理有效	金融环境治理是推动乡村治理能力提升的重要因素，产生金融教育需求	提升居民金融素养、金融健康
生活富裕	普惠金融服务需求	基于增收的发展型小额信贷服务需求、民生金融

（二）新型乡村经营主体成为农村金融需求主体，同时，其金融需求具有复杂性

随着乡村振兴战略的推进，特别是随着城市化的推进和农村人口的迁移、农村产业结构的调整，传统农村发展模式下独立、分散存在的部分小农，将抛弃黄宗智提出的家庭非农收入"拐杖"（何广文等，2018），其金融需求出现转型；也

有部分小农将逐渐融入适度规模化、专业化、产业化、合作化、农民职业化发展的大潮。根据《乡村振兴战略规划（2018—2022年）》，伴随着农村产业结构调整，农村基建、农业园区、农业公园、一村（乡）一品、一县一业、美丽乡村、特色小镇等建设的金融需求将不断增加，以大农户、家庭农场、合作社、农家乐及乡村旅游业主、创意农业主体、农村电商户、农业社会化服务组织、现代农业庄园主、农家乐业主、"双创"主体、一二三产业融合发展主体、田园综合体建设主体等形式存在的新型乡村经营主体不断产生，作为新农人的新型职业农民的数量将会不断增加。乡村振兴时代的金融需求，主要来自规模拓展主导的发展型产业产生的金融需求、生存质量改善型消费金融需求，金融需求出现规模化、长期化的趋势。

同时，要助推乡村振兴，新型乡村经营主体是产业主体，而产业振兴是基础、是枢纽，这样首先就需要研究乡村产业振兴金融需求特别是信贷需求的来源。

乡村产业振兴有多种模式，常见的模式包括一二三产业融合发展模式、"互联网+农业"模式、田园综合体模式、延伸产业链模式、"农业+特色小镇"模式、工商资本推动型模式等，不同模式下，金融需求不同，归纳而言，乡村产业振兴的金融需求来源主要表现在以下六个方面。

（1）传统产业的规模化、专业化基础上的创业需求，传统产业技术升级。

（2）延伸产业链出现的新主体投资需求。

（3）特色产业的规模化和技术升级。

（4）新型农业经营主体和产业集群培育、产业化联合体的发展。

（5）一二三产业融合发展主体培育，农业和旅游业结合主体的培育和发展，特色小镇建设，等等。

（6）产业绿色发展的金融需求。

（三）乡村振兴金融服务需求出现综合化、集团化趋势

随着乡村振兴战略的推进，特别是随着小农户和现代农业发展有机衔接的进一步深化，农民和农业生产组织化程度提高，农村产业发展的推进模式更多的是以"公司+农户""公司+合作社+农户""合作社+农户""社会化服务组织+合作社+农户"等各种模式的产业化联合体方式推进，2018年《农业农村部 中国邮政储蓄银行关于加强农业产业化领域金融合作，助推实施乡村振兴战略的意见》中，中国邮政储蓄银行与农业农村部联合提出，重点支持农业产业化龙头企业做强，支持农业产业化联合体培育，支持龙头企业牵头发展农业产业化联合体，支持农业产业化示范基地建设，支持一村一品专业村镇发展；坚持以龙头企业及其上下游的农民合作社、家庭农场、农户等为重点服务对象，提供全产业链综合金融服务（何广文和刘甜，2018）。在这种模式下，农户成为农村产业链发展、农业产业

化联合体发展的参与者，农户具有规模化经营的外部环境和条件，金融需求特别是信贷需求额度无疑将提升，并使得乡村振兴金融服务需求出现综合化、集团化趋势。

（四）乡村振兴的金融需求行为，较多方面具有低回报、长期性

从《关于实施乡村振兴战略的意见》和《乡村振兴战略规划（2018—2022年）》出发，推进和实施乡村振兴，就其具体内容（表5.1）而言，不论是构建乡村振兴新格局、加快农业现代化步伐、发展壮大乡村产业、建设生态宜居的美丽乡村和繁荣发展的乡村文化，还是健全现代乡村治理体系、保障和改善农村民生及完善城乡融合发展政策体系，无疑都将增加金融需求，并不断创造出新的金融需求。但是，乡村振兴的较多具体领域，是难以以市场化的机制、通过商业可持续的方式来推进的。

例如，在分类推进乡村发展时，为强化农业科技支撑而需要提升农业科技创新水平、打造农业科技创新平台基地、推进农业科技成果转化应用；为推进农业绿色发展资源保护与节约利用、推进农业清洁生产、治理农业环境等；提升农村劳动力就业质量、农村基础设施建设、推进乡村振兴人才支撑工程、推进农业转移人口市民化等，从经济效益角度而言，为此而推动的较多项目在短期内低利、微利甚至无利，有些项目可能长期低效甚至无效，而从宏观上、整体上而言，对社会是有利的，具有公共和准公共物品属性，外溢效应明显。

（五）金融机构乡村振兴金融服务面临"三大障碍"和"三元冲突"

商业金融机构服务"三农"时，普遍面临信息障碍、成本障碍、抵押担保障碍。虽然随着乡村信息化的推进、金融科技化程度的提升、农村互联网金融的发展、农村金融互联网化程度的提升，金融服务乡村振兴所依赖的信息不对称性程度在逐步减弱，服务成本有降低的可能性和基础，但是，在一个较长时期内，乡村生产经营者的碎片化、信息积累不足、利用金融科技服务的有效性不足等问题仍将存在，交易成本、规模（覆盖广度和覆盖深度）、风险三者之间的冲突（"三元冲突"）仍然是金融服务供给面临的主要冲突（图5.1）。

"三元冲突"的含义表现为：商业银行在以传统的信贷模式对乡村产业主体提供信贷服务时，如果能够较好地控制风险和操作成本，那么，很难实现同类客户的规模性增长（包括覆盖广度的扩大和覆盖深度的增加）；如果能够控制风险，并实现同类客户的规模性增长，那么，成本会失控；如果能够在有效控制成本的基础上实现同类客户的规模性扩张，那么，则风险会失控。所以，缓解传统服务模式下农户、小微企业信贷服务的"三元冲突"，就是要实现在信息不对称条件下

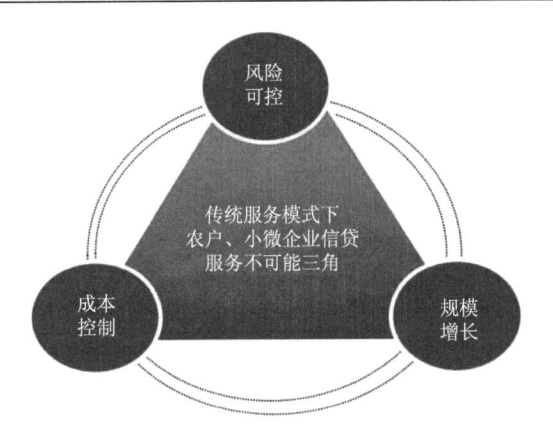

图 5.1 传统服务模式下，农户、小微企业信贷服务的"三元冲突"

的风险控制、降低成本、拓展服务广度和增加深度三者的协调。围绕现有的金融体系在支持新型乡村经营主体的过程中能否缓解"三元冲突"这一关键问题，课题组结合功能金融理论，从资本集聚与配置机制、风险管理与分担机制、要素资产资本化机制进行了剖析。

同时，在乡村振兴过程中出现的新业态、新型经营主体，其仍然具有农业、农户所具有的金融需求特征，缺乏商业银行放贷时要求的法律意义上规范的抵押品，金融机构参与乡村振兴金融供给，仍然面临抵押担保障碍。

为此，乡村振兴发展过程中面临较严重的金融约束，金融服务排斥和信贷配给现象突出，较多农村经营主体信贷可获得性较差。

（六）乡村振兴的金融服务需求，难以通过资本市场实现满足

乡村振兴过程中的各类业态和各类新型经营主体，仍然具有投资大、周期长、风险高和回报低但稳定的特点。因此，在乡村振兴战略实施过程中，特别需要稳定、持久的大额资金投入，以促进乡村产业向高科技化、互联网化、现代化迈进。在这些发展过程中，期限较长的投入需求较大。而银行业已有的产品多是 1~3 年以内的中短期贷款，资金供给额度一般也较小，无法充分满足乡村振兴的投入需求。

资本市场是长期投资资金来源的重要渠道，主要的融资方式是股权融资和债权融资。采用这两种投资方式的投资者所追求的一般是本金的安全和持续、稳定的投资回报。这与乡村振兴的经济绩效有一定背离。因而，利用资本市场，虽然可以优化乡村振兴经营主体的股权结构，实现投资主体多元化、更加有效地控制和分散风险，但是，乡村振兴的金融服务需求仍然难以通过资本市场实现满足。所以，尽管国务院于 2012 年 3 月 6 日就印发了《关于支持农业产业化龙头企业发展的意见》（国发〔2012〕10 号）文件，"支持龙头企业通过兼并、重组、收购、

控股等方式,组建大型企业集团。支持符合条件的国家重点龙头企业上市融资、发行债券、在境外发行股票并上市,增强企业发展实力",实际上,真正通过资本市场实现融资的农业龙头企业占比是非常低的。

(七)乡村振兴过程中,新业态、新型经营主体不断涌现,但金融赋能新型乡村经营主体时面临困局

在经历了1978年以来的四十余年的改革开放之后,我国城乡关系和乡村发展发生了深刻的变化,特别是随着工业化和城镇化的推进,出现了那些成功实现现代化的国家共同面临的乡村人口结构失衡、产业发展滞后、传统文化衰落、社会治理存在隐患、生态环境堪忧等问题,我国乡村发展模式必须重构。在乡村振兴战略实施的"三步走"战略规划安排下,中国乡村发展形态、乡村产业发展载体、乡村治理和服务形态、乡村运行机制等出现战略性转型之需,也是一个进一步深化城乡统筹、城乡一体化发展的过程,需要统筹规划生产力和人口空间布局,推动产业向园区集中、人口有序向城镇集中、农村劳动力向二三产业转移,促进城乡资源共享和生产要素的优化配置,加快城乡融合;以产业发展为支撑,形成一二三产业相互促进、协调发展的产业体系;促进城乡基础设施、公共服务均等化;等等。

在"互联网+"基础上,随着适度规模化产业经营方式的逐步深入,乡村将逐渐产生和涌现越来越多的新兴产业业态和新型经营主体,特别是随着乡村基建、农业园区、农业主题公园、农业科技园区、一村(乡)一品、一县一业、美丽(花园)乡村、特色小镇、田园综合体建设等的推进,将培育和产生越来越多的大农户、家庭农场、合作社、农家乐及乡村旅游业主、民宿业主、创意农业主体、农村电商户、农业社会化服务组织、现代农业庄园业主、"双创"(创新、创业)主体、一二三产业融合发展主体、产业化联合体、高新技术企业等,这些新业态和新型经营主体是金融服务助推乡村振兴应该关注的焦点群体。

然而新型乡村经营主体较多的信贷需求是在农业、乡村多功能性的发挥基础上产生的。不过,金融在服务新型乡村经营主体时,面临诸多困境,甚至可能陷入"三元冲突"困境。

一是新型乡村经营主体一般是传统商业金融的低端客户群体;商业银行在服务实体经济主体时,一般根据其借款时提供风险的物资保障能力,将实体经济主体分为高端市场主体(大型企业)、中端市场主体(中型企业和部分优质小型企业)、低端市场主体(部分小型企业、微型企业、小农、新型乡村经营主体、城乡中低收入群体、农业失业群体和创业群体等)。包括大户、家庭农场、合作社、农业产业化龙头企业等在内的新型乡村经营主体,其提供信贷风险物资保障的能力较弱,因而,在商业信贷市场上,一般都会受到信贷排斥。

二是风险认识上的先入为主，容易受到商业银行特别是大中型商业银行的战略性忽视。农村居民和新型乡村经营主体一般收入较低、收入的稳定性较差、收入（现金流）实现的季节性较强、缺乏现代商业银行要求的法律意义上规范的抵押担保品，因而，通常都被认为是高风险群体。

三是金融机构满足新型乡村经营主体信贷服务需求时，"三大障碍""三元冲突"问题同时存在，难以实现风险可控、成本可控、规模增长三个要素的协调和统一。

二、乡村金融供求呈现"二律背反"困局

经过改革开放以来四十余年的金融发展与深化，我国乡村金融业总体上已经基本呈现一种机构多元、商业性、竞争性的局面，金融业资金较为充裕，但是，我国金融支持乡村振兴的总体格局仍然陷入了一种政策支持充分、机构供给竞争激烈和创新实践丰富、金融供给总量巨大而需求缺口依旧显著的"供求悖论"，也称为"二律背反"。

第一，金融支持乡村振兴的政策体系完善。特别是党的十八大以来，党中央、国务院高度重视乡村金融服务体系和机制的完善，每年中央一号文件都会对乡村金融发展和深化提出指导意见，中国人民银行和原中国银行保险监督管理委员会[①]还多角度推进金融服务乡村振兴，2019年中国人民银行等国家五部委还联合印发了《关于金融服务乡村振兴的指导意见》，2021年中央一号文件明确提出"发展农村数字普惠金融"，2023年中央一号文件还提出"健全政府投资与金融、社会投入联动机制"。

第二，金融业服务能力增长较快，围绕乡村振兴的金融服务创新突出。2022年底，金融机构人民币各项贷款余额为213.99万亿元，其中本外币涉农贷款余额49.25万亿元，占各项贷款余额的比重为23%。另外，数字金融的运用也大大丰富了县域金融的供给，大型商业银行、蚂蚁集团等金融科技公司利用数字技术和信息技术主动下沉到乡村市场。数字金融服务触达了难以被物理网点所覆盖的分散的乡村居民，信息技术和数字技术的运用，降低了乡村振兴金融服务中的信息不对称，借助数字场景和生态，金融机构提升了产品和服务的创新能力。

第三，乡村金融需求缺口仍然显著。中国人民银行发布的《中国农村金融服务报告（2020）》指出，"贷款难、难贷款"的问题仍未得到解决。有研究表明，农户的信贷配给率仍高达31.21%（何广文等，2018），新型农业经营主体中约有

---

① 2023年3月，中共中央、国务院印发的《党和国家机构改革方案》，决定在中国银行保险监督管理委员会基础上组建国家金融监督管理总局，不再保留中国银行保险监督管理委员会。2023年5月18日，国家金融监督管理总局揭牌。

59.03%经营主体融资需求并未得到充分满足（农业农村部对外经济合作中心，2021）。2022年2月28日中共中央全面深化改革委员会在审议通过《推进普惠金融高质量发展的实施意见》时强调：县域、新型农业经营主体仍然是金融服务短板。

第三节　金融服务乡村产业振兴需要从供给和需求两端发力

"五大振兴"[①]，特别是产业振兴和生态振兴，将产生巨大的投资需求。金融是投资的重要来源，因而，值得思考的是怎么优化金融资源配置以拓展乡村振兴特别是"三农"金融服务的广度和深度。中国人民银行2022年3月30日发布了《关于做好2022年金融支持全面推进乡村振兴重点工作的意见》（银发〔2022〕74号），是落实2022年中央一号文件部署的重要体现，对于指导金融系统深化金融在全面推进乡村振兴中的支撑作用，优化金融资源配置，精准发力乡村振兴，加大"三农"领域金融支持，推动共同富裕，意义重大。2023年6月，中国人民银行、国家金融监督管理总局、中国证券监督管理委员会、财政部、农业农村部联合发布了《关于金融支持全面推进乡村振兴 加快建设农业强国的指导意见》（以下简称《意见》），旨在进一步引导更多金融资源配置到乡村振兴重点领域和薄弱环节，为全面推进乡村振兴、加快建设农业强国提供更强有力的金融支撑。

一、支持乡村产业振兴是强化乡村振兴金融服务的关键

优化金融资源配置，首先需要思考资源配置的方向何在？怎么配置资源、配置机制与手段是什么？等等。《意见》从推进乡村产业振兴出发，倡导金融部门全力做好粮食和重要农产品稳产保供金融服务，加大乡村产业高质量发展金融资源投入，优化和美乡村建设与城乡融合发展金融服务，加强乡村基础设施建设支持，强化巩固拓展脱贫攻坚成果金融支持，加强农业强国金融供给，同时，金融机构需要不断提升金融机构服务乡村振兴能力、持续改善农村基础金融服务。这无疑为在乡村优化金融资源配置找到了努力的方向。

全面推进乡村振兴，任务艰巨且复杂，其中产业振兴是基础，2021年8月24日，习近平同志在河北承德考察时指出，"产业振兴是乡村振兴的重中之重"[②]。为此，我们认为，金融支持乡村产业振兴是强化乡村振兴金融服务的关键，也是金融资源优化配置的着力点，同时，是促进乡村居民增收、实现共同富裕的必经

---

① "五大振兴"包括：产业振兴、人才振兴、文化振兴、生态振兴、组织振兴。
② 《习近平在河北承德考察时强调：贯彻新发展理念弘扬塞罕坝精神 努力完成全年经济社会发展主要目标任务》，https://www.gov.cn/xinwen/2021-08/25/content_5633322.htm，2021年8月25日。

之路。乡村产业振兴的过程，是一个培育产业主体、完善产业链、提升产业发展技术构成的过程，金融部门在配置资源的过程中，需要具有社会责任意识和绿色发展理念，不断完善服务机制，提升服务能力。

中国农业大学普惠金融研究团队的调研发现，乡村产业振兴金融供给面临诸多困境和挑战，面对乡村产业发展的信贷需求时，金融机构往往服务能力不足，难以建立起一种可持续服务的自组织机制，常常被金融机构战略性忽视。为此，我们认为，服务乡村产业振兴，需要从金融供给和金融需求两个角度发力。

二、金融支持乡村产业发展的需求端五大着力点

乡村产业发展质量不高，较多乡村产业没有形成产业链，产业体系不健全，产业发展粗放，产业融合层次低，乡村价值功能开发不充分，产业聚集效应不够，等等，是我国大部分地区特别是中西部地区乡村产业发展的现实，因此，金融需要多角度助推乡村产业发展。

（一）新型乡村经营主体是金融支持的主要对象

随着经济社会的发展、乡村居民收入水平的提升，特别是随着市场和分工的发展，正如亚当·斯密的分析，乡村社会的传统小农的经济理性将日益强化，将转向社会化大生产，运用自我资本，争取最大的利润。在城乡收入差距面前，乡村居民的分化加剧。加之传统小规模基础上的生存型小农难以融入现代农业，难以承担进入大市场的成本，市场谈判地位低下，因而，生存型小农必将转型成为在一定经营管理能力、资本等资源约束下的适度规模化经营性的新型农业经营者，即大户、家庭农场、合作社、农业企业。根据农业农村部的信息，到2023年6月底，全国家庭农场达到400万家，全国依法登记的农民合作社223万个，带动全国近一半农户。各类农业社会化服务组织超过104万个，服务面积近18.7亿亩次，服务带动小农户8900多万户。全国县级以上龙头企业9万家、联合体7000多个，辐射带动农户1700万户。但是，总体而言，我国小农户基数较大，占农业经营户总数的比重超过98%，耕地面积小于10亩的农户近2.1亿人，土地细碎化问题突出。为强化粮食安全，金融支持粮食、大豆、油料生产和加工领域新型经营主体的发展，尤其必要。

（二）提升组织化程度、完善产业链，是金融支持乡村产业振兴的中心议题

乡村产业振兴，培育适度规模经营的新型产业主体，需要在促进土地流转的基础上，促进乡村产业经营规模化发展，进而推进专业化、产业化、合作化，需要通过"龙头企业+农户（家庭农场）""龙头企业+合作社+农户（家庭农场）""合作社+农户（家庭农场）""批发市场+农户（家庭农场）"等模式构造产业链、打

造产业生态圈。2015 年中央一号文件在强调加快农业现代化建设时就提出,"推进农村一二三产业融合发展。增加农民收入,必须延长农业产业链、提高农业附加值"。

同时,做大做强农业产业化龙头企业,培育产业化联合体,打造现代农业产业园、培育优势特色产业集群,可以带动更多的小农共同发展和增收致富。

(三)强化社会化服务的金融支持,培育乡村产业振兴的助推器

社会化服务是小农与现代农业实现有机衔接的基本路径。根据农业农村部的信息,2021 年底,全国农业专业服务公司等各类农业社会化服务组织已超过 95 万个,服务小农户 7800 万户。但是,较多农业社会化服务组织联结带动小农的能力和服务能力较弱,同时,农业社会化服务体系不健全、不完善,可以通过鼓励支持农业产前、产后涉农企业构建"科技+服务""农资+服务""加工+服务""贸易+服务""互联网电商+服务"等方式,逐渐培育现代乡村产业链,引导小农户融入现代农业产业链。

(四)支持农业农村多功能性的发挥

乡村产业特别是农业产业,不仅仅能够向社会提供优质、安全的农副产品,还能吸纳劳动力就业,促进社会稳定,因而,乡村产业发展,不仅是一个社会问题,也是一个重大的政治问题;同时,农耕过程本身就是经过几千年的历史积淀而形成的一种文化,具有传承历史文化、保持文化多样性的功能,因而极具旅游、教育价值,并且,各种农用自然资源本身就是构成生态环境的主体,具有生态功能。这就是早在 1992 年联合国环境与发展大会通过的《21 世纪议程》中提出的"农业多功能性"问题。金融支持乡村产业多功能性,发挥乡村产业具有的经济、生态、社会和文化等多方面的功能,对于人类自身的可持续发展的意义非同一般。

(五)促进乡村企业数字化和产业数字化,是金融支持乡村产业振兴的必经之路

在日益推进的数字经济面前,金融机构信贷决策越来越依赖于信息资本,但是,乡村产业发展的数字化严重滞后于金融决策数字化的需要。基于信息技术、数字技术,打造智能化和智慧化产业组织,以智能化、智慧化、物联网、区块链等技术调控乡村产业的全过程,全面推进乡村产业数字化,是乡村产业振兴和深化发展无法回避的征程。因此,构建"数字化+新型乡村经营主体""数字化+乡村产业振兴"机制,不仅可以大大提升乡村产业效率,而且也是获得金融支持的有效机制。不过,乡村产业数字化、智能化的实现路径和设计理念至关重要,需要注意构建一个包括激励、约束与风险共担在内的乡村产业智能化长效机制体系、

"信息资本"共享标准体系。

三、通过组织机制和业务机制创新，优化金融资源配置，支持乡村产业振兴

为了深化金融服务，就需要金融创新，而金融创新的路径是多样化的，但是，针对乡村产业振兴的金融创新，主要包括金融组织机制创新和业务机制创新。金融组织机制创新，涉及现存机构改革中怎么强化乡村产业振兴金融服务导向和增加新型金融服务组织机制的问题，通常也被称为存量改革和增量改革。

（一）促进正规金融组织存量的调整和优化

20世纪70年代末期以来的我国金融改革是成功的，不但实现了乡村金融产品与服务的多样化，也实现了乡村金融服务深度和广度的较好拓展，同时在乡村金融机构体系建设上成绩突出，就金融机构业务网点在县域乡村的布局而言，不论是东部发达地区，还是中西部地区，总体上都是比较充分的。据中国银行保险监督管理委员会的信息，2021年底县域平均有银行8.8家，服务网点平均有55家，以前在县域的金融机构主要是农村信用社和中国农业银行，现在大型银行、部分股份制银行和城市商业银行已经出现在较多县域；保险机构有11.9个，保险网点多达26个。2021年9月末，全国小微企业贷款余额达50万亿元，有贷款余额户数3358.1万户。截至2023年4月末，涉农贷款余额53.16万亿元，同比增长16.4%。金融机构网点布局，实际上进入了一个结构调整和优化的时期。据中国银行保险监督管理委员会金融许可证信息的统计数据，2020~2021年，连续2年，银行业网点退出数量均达2000个以上，2021年有2809个银行网点退出。2021年中国工商银行、中国农业银行、中国银行、中国建设银行四大行合计减少了538个业务网点。

对于服务县域的金融机构，特别是随着银行服务电子替代率的提升，网点存量结构的调整优化是必要的，但是，在"数字鸿沟"还有待消除的情况下，线上线下结合推进县域乡村金融服务，对于深化县域普惠金融服务，仍然是有效的模式。

（二）发展合作社内部信用合作，深化产业振兴金融服务

对于增量创新，较多研究都认为应该构建基于产业发展的合作社内部的自我金融服务机制，强化合作社内部信用合作，进而深化普惠金融服务，实际上就是依靠熟人社会发展合作金融，促进农民组织化，内部化处理信息不对称和缺乏抵押品导致的负外部性，东亚综合农协金融服务（日韩模式）就是合作金融的成功典型。

但是在我国，合作社内部信用合作业务，实际上是在没有政府金融业务许可的情况下，合作社开展的存贷款业务。没有法律保护，就没有稳定的发展预期，其健康发展受到诸多约束。同时，随着数字技术和信息技术在金融领域应用的不

断深化，加之乡村居民经济活动和消费支出行为的数字化、产业数字化、数字乡村建设的不断推进，数字金融服务越来越成为无时不在、无处不有和如影随形的一种机制，乡村信贷的可及性大大提高。这时，需要研究以成员为基础、以小微金融服务需求的自我满足为出发点的传统模式下的合作社信用互助还有多大的可持续发展生存空间，以及面对日益深化发展的数字经济和数字普惠金融，合作社信用合作存在模式是否需要转型和怎样转型。

同时，需要研究乡村产业振兴金融服务政策绩效的提升问题。在我国，基于乡村产业振兴导向的金融服务创新的一个显著特征是政府推动，中央政府和政府各部委、地方政府制定了各类政策措施以保证服务导向的实现。我们认为，我国推动乡村产业振兴金融服务的政策体系是比较完善的，政策措施也是多样的，需要研究怎么进一步提升政策绩效，特别是要研究怎么提升乡村产业振兴绿色金融服务绩效。

四、基于共同富裕的乡村产业振兴金融服务路径是多样化的

共同富裕是我国新时代和新征程的发展主题与奋斗目标。为此，值得关注的是，城乡居民收入和实际消费水平差距到底有多大，在乡村振兴过程中怎么缩小城乡居民收入和实际消费水平差距以实现共同富裕，怎么构建高质量服务乡村振兴的金融服务机制，等等。

（一）城乡居民收入和实际消费水平差距特征

改革开放以来，中国经济保持了高速增长，城乡居民收入实现快速增长，特别是随着农村经济结构的调整，农村居民收入较快增长，城乡居民收入差距和消费差距都在缩小，进入 21 世纪以后，特别是党的十八大以后脱贫攻坚战略的实施，使得这种差距缩小的速度提升。根据国家统计局城乡一体化住户收支与生活状况的调查资料的分析，可以看到中国城乡居民收入和实际消费水平差距特征。

1. 城乡居民收入差距缩小，但是差距仍然明显

一是收入不平等状况得到持续改善，但收入绝对差距仍然比较显著。2013 年，中国城镇居民人均可支配收入（26 467 元）是农村居民人均可支配收入（9430 元）的 2.81 倍，到脱贫攻坚任务完成、实现全面建成小康社会的 2020 年，城镇居民人均可支配收入比 2013 年提高了 65.6%，增加到 43 834 元，农村居民人均可支配收入比 2013 年提高了 81.7%，增加到 17 131 元，城乡居民人均可支配收入比是 2.56∶1，收入差距缩小，收入不平等的状况得到较大改善，但是城乡居民收入的绝对差距仍然比较显著（图 5.2）。2022 年，城镇居民人均可支配收入为 49 283 元，农村居民为 20 133 元，绝对差距达 29 150 元。

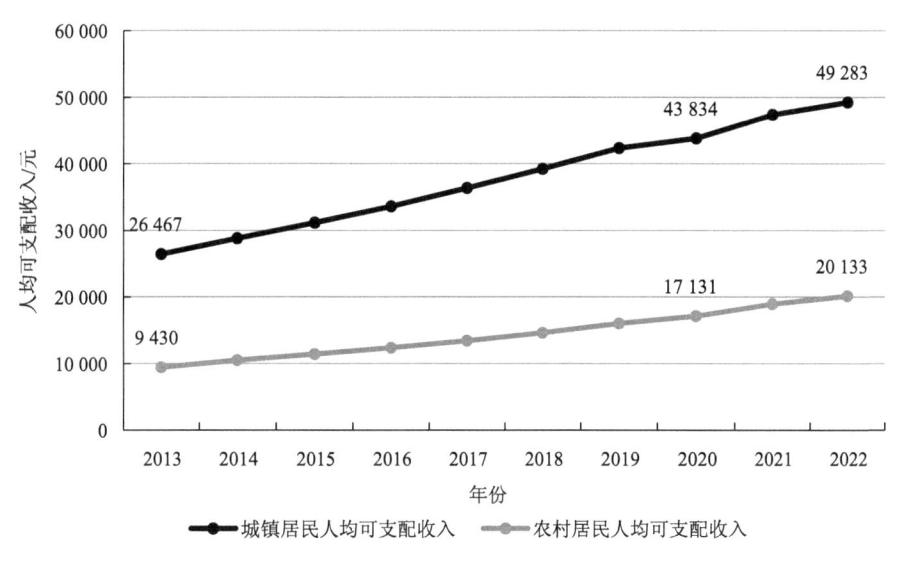

第五章　金融支持乡村振兴的政策创新

图 5.2　2013～2022 年中国城乡居民人均可支配收入比较图

二是收入结构差异较大，农村居民财产性收入占比较低，工资性收入还需要大力提高。从收入来源角度观察，收入可以分为工资性收入、经营性收入、财产性收入和转移性收入，其中工资性收入和财产性收入一般较为稳定且具有较好的可持续性，特别是财产性收入，是收入来源的基础性保障。如果工资性收入和财产性收入能够保持较好的增长态势，而且在收入构成中占比较高，对于实现共同富裕是有利的。对于农村居民可支配收入而言，与 2013 年比较（表 5.3），2022 年虽然有较大幅度的增长，增幅达 113.5%，高于城镇居民可支配收入的增长幅度（86.2%），农村居民的工资性收入已经成为收入的主要来源，但是在可支配收入中的占比较低，财产性收入在可支配收入中的占比尤其较低。

表 5.3　2013～2022 年城乡居民可支配收入来源结构及增长状况分析表

收入来源	城镇居民可支配收入 占可支配收入的百分比 2013 年	城镇居民可支配收入 占可支配收入的百分比 2022 年	城镇居民可支配收入 2022 年比 2013 年增长的百分比	农村居民可支配收入 占可支配收入的百分比 2013 年	农村居民可支配收入 占可支配收入的百分比 2022 年	农村居民可支配收入 2022 年比 2013 年增长的百分比	2022 年城乡居民可支配收入倍差（农村=1）
工资性收入	62.8%	60.0%	78.0%	38.7%	42.0%	131.3%	3.50
经营性收入	11.2%	11.3%	87.7%	41.7%	34.6%	77.2%	0.80

续表

收入来源	城镇居民可支配收入			农村居民可支配收入			2022年城乡居民可支配收入倍差（农村=1）
	占可支配收入的百分比		2022年比2013年增长的百分比	占可支配收入的百分比		2022年比2013年增长的百分比	
	2013年	2022年		2013年	2022年		
财产性收入	9.6%	10.6%	105.3%	2.1%	2.5%	161.0%	10.29
转移性收入	16.3%	18.0%	105.5%	17.5%	20.9%	155.0%	2.11
合计	100.0%	100.0%	86.2%	100.0%	100.0%	113.5%	2.45

资料来源：根据国家统计局资料整理

注：本表的数据未经修约，可能存在比例合计不等于100%的情况

2. 城乡居民实际消费支出水平差距在缩小，但是差距仍然显著

2013～2022年，城乡居民人均消费支出水平差距（=城镇居民人均消费支出÷农村居民人均消费支出）在缩小（表5.4），但是，其人均消费支出水平的绝对差异仍然较大，2022年，城镇居民人均消费支出高于农村居民人均可支配收入50.95%。同时，在此期间，农村居民人均消费支出占其人均可支配收入的比例还在80%以上，大大高于城镇居民人均消费支出占其人均可支配收入的比例，乡村居民收入的绝大部分都消费了，说明储蓄能力有限，不利于财产性收入的实现和增长。

表5.4 2013～2022年中国城乡居民人均消费支出水平比较

消费支出		2013年	2014年	2015年	2016年	2017年	2018年	2019年	2020年	2021年	2022年
城镇居民人均消费支出	总额/元	18 488	19 968	21 392	23 079	24 445	26 112	28 063	27 007	30 307	30 391
	占其人均可支配收入	69.9%	69.2%	68.6%	68.7%	67.2%	66.5%	66.3%	61.6%	63.9%	61.7%
农村居民人均消费支出	总额/元	7 485	8 383	9 223	10 130	10 955	12 124	13 328	13 713	15 916	16 632
	占其人均可支配收入	79.4%	79.9%	80.7%	81.9%	81.6%	82.9%	83.2%	80.0%	84.1%	82.6%
城乡消费支出比（农村=1）		2.47	2.38	2.32	2.28	2.23	2.15	2.11	1.97	1.90	1.83

资料来源：根据国家统计局资料整理

由此也可以认为，乡村居民是未来中等收入群体扩大的重点关注群体。

（二）缩小城乡居民收入和实际消费水平差距的四大路径

实现共同富裕，需要在发展的基础上消除收入差距、地区差距、城乡差距，消除城乡居民收入差距是关键。但是，消除和缩小城乡居民收入和实际消费水平差距，不是劫富济贫，不是拉低高收入群体的收入水平，而是让低收入群体有增加收入的机会，提升收入水平。因此，需要从增加乡村居民的工资性收入、经营性收入、财产性收入和转移性收入方面入手。工资性收入主要是外出务工的劳务收入；经营性收入主要包括产业发展收入，如从事种植业、养殖业、休闲农业等的收入，有些农户除家庭农业经营之外，可能还存在如工业、商业等第二、第三产业收入；财产性收入包括农村居民私有资金以储蓄、信贷、入股和对外投资、财产租赁、土地经营权流转等方式取得的利息、股金、红利、租金等的收入，还包括从集体得到的集体公共财产的财产性收入和土地征用补偿等；转移性收入是参与二次分配的收入，包括在外人口寄回和带回、农村以外亲友赠送的收入、调查补贴、保险赔款、救济金、救灾款、退休金、抚恤金、五保户的供给、奖励收入和其他转移性收入，部分与国家的支农政策等有关，如农村支持保护补贴（包括种粮补贴、农资综合补贴和农作物良种补贴）、养猪补贴（母猪饲养补贴、生猪保险补贴和标准化养殖场建设补贴）、农村危房改造补贴、农村宅基地拆迁补贴、农村购房补贴、农机购置补贴、医疗补贴、教育补贴等。

为此，增加乡村居民收入的主要路径有四个：增加就业创业、促进产业振兴、完善乡村产权制度、完善乡村支持政策。

（1）强化乡村居民职业教育和劳动技能培训，提升乡村居民人力资本，扩大乡村居民本地和外地就业途径，增加就业机会。同时，也可以通过促进创业带动就业。

根据国家统计局的资料，2022年参与务工的乡村居民达到2.96亿人，稳定乡村居民就业对于实现共同富裕至关重要。

同时，2022年城乡居民可支配收入中的工资性收入倍差达3.5（=城镇居民工资性收入÷农村居民可支配收入，乡村=1），差异较大，增加就业机会、提升致富的能力，是缩小收入差距的必然选择。

除了增加乡村居民进城务工的机会，最关键的还应该降低进城就业居民在城市定居的门槛、赋予其在城市平等生存的权利，特别是平等的子女入学权，降低乡村居民城市迁徙、居住及生活的成本。

（2）促进乡村产业振兴，提高乡村居民经营性收入在其可支配收入中的比重。

可持续发展的产业是农村居民收入增长和稳定的基础与保障。农业农村部还在2020年7月印发了《全国乡村产业发展规划（2020—2025年）》，2021年中央一号文件也强调要"重点支持乡村产业发展"，以巩固拓展脱贫攻坚成果。

根据农业农村部的信息，2022年全国规模以上农产品加工企业营业收入超过19万亿元，农产品加工业产值与农业总产值比达到2.52∶1。休闲农业营业收入超过7000亿元，农产品网络零售额超过5300亿元，给乡村居民收入的稳定和增长提供了重要保障[①]。但是，2022年，乡村居民的经营性收入占其可支配收入的比例仅仅只有34.6%（表5.3），比2013年还下降了7.1个百分点，经营性收入占比较低。

（3）促进乡村要素市场改革，完善乡村产权制度。

鉴于中国城乡经济增长模式的差异，城镇居民比乡村居民人均拥有更多的资产，是一个不争的事实。城乡居民收入来源结构差异较大，财产性收入差异尤其显著。2013~2022年，城乡居民的财产性收入倍差（=城镇居民财产性收入÷乡村居民财产性收入，乡村=1）虽然由13.09下降到10.29，但是，差距仍然较大。要实现《中华人民共和国国民经济和社会发展第十四个五年规划和2035年远景目标纲要》提出的2035年远景目标，"城乡区域发展差距和居民生活水平差距显著缩小"，不断增加乡村居民的财产性收入，刻不容缓。

要增加乡村居民的财产性收入，主要路径在于唤醒乡村大量"沉睡"的资源，这是增加财产性收入的潜力所在，就要通过改革来激活。一是增加乡村居民房屋的可抵押价值；二是完善城乡土地增值收益分享机制；三是在提升乡村居民金融素养的基础上，培育金融资产投资意识，增加金融投资收益；四是进一步加快完善以乡村宅基地、承包地、山地、林地等为重点的乡村各项土地产权制度、土地使用权流转制度，特别是健全城乡统一的建设用地市场流转制度。

农业部在《关于开展农村土地承包经营权登记试点工作的意见》（农经发〔2011〕2号）中阐明，开展这项工作的重要意义在于"承包地是农民最基本的生产资料和最可靠的生活保障，土地承包经营权是农民最重要的财产权利和物质利益"，实际上就是增加农民财产性收入。但常识告诉我们，土地使用权证既不可能直接增加农民生产性经营收入，也不可能直接增加农民转包土地（租金）收入。

（4）完善收入再分配调节机制，增加农民转移性收入。

对于农户，政府转移性收入在其转移性收入中占有重要地位，因而，一是要注意完善农业支持保护制度，强化种植业支持保护补贴、养殖补贴，对于粮食主产区农户，尤其如此；二是对于乡村低收入群体，特别是因病、残障而失去劳动能力的群体，要注意建立可持续的帮扶机制，防止发生规模性返贫现象；三是加强农村居民退休保障，特别是七十岁以上农村居民的社会保障性收入。

---

① 《农业农村部：2022年全国规模以上农产品加工企业营业收入超过19万亿元》，https://baijiahao.baidu.com/s?id=1780514151486847616&wfr=spider&for=pc，2023年10月23日。

（三）共同富裕视角下的金融服务乡村产业振兴有六大选择

在农民的四种收入来源中，农民经营性收入和工资性收入的增长是农民自主发展能力增强的结果，是推动农民收入稳定和收入可持续实现的关键，也是巩固拓展脱贫攻坚成果、全面推进乡村振兴的必然要求。而农民经营性收入和工资性收入的增长，都有赖于乡村产业振兴。产业振兴需要插上金融的翅膀，因此，需要基于共同富裕的目标，围绕产业振兴构建和完善金融服务机制。

根据中国农业大学经济管理学院课题组的调研，乡村产业振兴的路径和模式是多样的，其金融服务需求特别是信贷服务需求比较复杂，各类企业、产业和行业发展特征不同，其承贷能力差异较大，根据乡村产业振兴的信贷需求的六大方面，我们提出基于共同富裕目标的金融支持乡村产业振兴有六大着力点。

（1）支持特色产业规模化和产业链的完善。产业兴旺是乡村振兴的物质基础。培育和支持乡村特色产业，可以拓展产业增值、增效空间，创造更多就业增收机会，促进乡村的内生可持续发展能力，为巩固拓展脱贫攻坚成果同乡村振兴有效衔接提供支撑。在培育新型农业经营主体的基础上，支持"一村一品""一乡一品""一县一业"，促进特色产业的适度规模化发展，同时，推动产业园区化发展，促使主导产业要素积聚和企业集中，建设农产品加工园区和农业产业园区，促进特色产业全产业链发展，进而形成产业化联合体。

（2）运用绿色生产技术模式建设标准化生产基地。2017年9月，中共中央办公厅、国务院办公厅印发了《关于创新体制机制推进农业绿色发展的意见》，农业农村部在2018年7月初也印发了《农业绿色发展技术导则（2018—2030年）》（农科教发〔2018〕3号），农业农村部等六部委在2021年8月联合印发了《"十四五"全国农业绿色发展规划》（农规发〔2021〕8号），推动农业绿色发展技术体系的构建，促进农业资源环境管控制度的完善、农业绿色循环低碳生产制度的建立、农业绿色开发机制的构建、产地环境保护与治理的加强，实现农业资源的保护与节约利用，打造绿色低碳农业产业链，是实现生产发展、生活富裕、生态宜居的"三生"协调发展和提高农业质量效益的必经之路。

（3）推动农产品精深加工和综合利用加工，提升农产品加工业水平，把更多的增值收益留在农村。国务院办公厅在2016年12月就印发了《关于进一步促进农产品加工业发展的意见》（国办发〔2016〕93号），旨在推动农产品加工转化率的提升，提高农产品加工业与农业总产值的比值。支持合作社发展加工流通，改善和优化工商资本投资"三农"的环境，鼓励企业打造全产业链、推动加工园区建设，特别是要围绕农产品加工重点领域开展共性关键技术研发，加快产业转型升级。

（4）加强特色产业农产品流通设施建设、农产品流通骨干网络建设，加快"数字乡村"进程，消除乡村"数字鸿沟"，拓展乡村振兴的数字产业链，提升特色产业电商支撑力度，完善市场体系。

（5）支持打造特色农产品品牌。首先是支持特色农产品绿色、有机、地理标志认证，其次是推动区域公用品牌建设，最后是打造企业品牌和产品品牌。

（6）支持农业多功能性的拓展和乡村多元价值的发挥。农业不仅仅具有食品保障功能，还具有生态涵养、休闲体验、文化传承等多种功能，同时，乡村不仅能发挥经济价值，还具有生态、文化和社会等多元价值。拓展农业的功能和发挥乡村的多元价值，也可以提升城市居民乡村消费水平。为此，2021年11月17日，农业农村部还印发了《关于拓展农业多种功能 促进乡村产业高质量发展的指导意见》（农产发〔2021〕7号）。金融支持农业多种功能的发掘和乡村多元价值的彰显，特别是支持农产品加工业以实现产加销贯通、支持乡村休闲旅游业以推动农文旅融合、支持新农村电商以促进科工贸对接，进而构建现代乡村产业体系的发展需要进一步深化。

第四节 深化绿色金融服务、赋能乡村振兴高质量推进

实现碳达峰与碳中和目标，是中国经济转型发展、高质量推进乡村振兴的需要。为此，深化绿色金融，促进乡村振兴绿色低碳发展，已经成为理论与实践关注的焦点，那么，怎么理解低碳发展？"碳"从何处来？金融服务怎样推进乡村振兴绿色低碳发展？很值得探讨。

一、低碳发展是经济高质量发展的需要，也是对世界的贡献

工业革命以来，世界平均气温正在逐步上升，全球变暖已成了气候变化的共识。Climate Central气候研究组织的资料显示，全球变暖，导致海平面上升，那么位于沿海，乃至河流中下游的城市首当其冲。如果气候情况未有所改善，2030年前，全球将有6个大城市可能会被淹没。科学报道预测分析，被淹的城市中，荷兰的阿姆斯特丹市排第一，第二到第六分别为伊拉克的巴士拉市、美国的新奥尔良市、意大利的威尼斯市、越南的胡志明市和印度的加尔各答市。全球温度升高1.5℃时，热浪将增加，暖季将延长，而冷季将缩短；全球温度升高2℃时，极端高温将更频繁地达到农业生产和人体健康的临界耐受阈值。例如，印度热浪2010年共发生21次，2018年增加至484次，在这8年内全印度共有5500多人因热浪而丧命。

盘点2021年中国极端灾害天气及其影响，我们发现，其影响和带来的损失也是巨大的（表5.5）。

表 5.5　2021 年中国极端灾害天气及其影响

时间	受灾区域范围	天气种类	受灾情况	直接损失/亿元
4月30日	江苏8市36个县（市、区）	大风、冰雹等强对流天气	2.7万人受灾，倒塌房屋397间，农作物受灾面积11千公顷	1.6
7月10~23日	山西10市47个县（市、区）	先后出现两轮强降雨天气过程	61.2万人受灾，倒塌房屋2.1万间，农作物受灾面积51千公顷	82.8
7月17~23日	河南16市150个县（市、区）	遭遇历史罕见特大暴雨	1478.6万人受灾，倒塌房屋3.9万间，农作物受灾面积873.5千公顷	1200.6
7月25日	浙江、上海、江苏等8省（区、市）40市230个县（市、区、旗）	2021第6号台风"烟花"	482万人受灾，倒塌房屋500余间，农作物受灾面积358.2千公顷	132
8月8~15日	湖北11市（州）58个县（市、区）和神农架林区	强降雨，局地特大暴雨	158万人受灾，倒塌房屋1100余间，农作物受灾面积126.5千公顷	31.2
8月19~25日	陕西9市49个县（市、区）	强降雨过程，引发严重洪涝灾害	107.2万人受灾，倒塌房屋2700余间，农作物受灾面积26.6千公顷	91.8
11月4~9日	内蒙古、辽宁、吉林、黑龙江等9省区市	出现寒潮天气过程，低温冷冻和雪灾	35.1万人受灾，农作物受灾面积19.3千公顷	69.4

资料来源：《应急管理部发布 2021 年全国十大自然灾害》，https://www.mem.gov.cn/xw/yjglbgzdt/202201/t20220123_407199.shtml，2022 年 1 月 23 日

气候变暖的主要原因是温室气体排放。联合国政府间气候变化专门委员会（Intergovernmental Panel on Climate Change，IPCC）第四次评估报告指出，全球气候变暖，90%~95%的可能性是人类向大气中排放大量温室气体，如大规模使用化石燃料和毁林等，其中，温室气体的主要含量是二氧化碳（CO_2）。

为了降低碳排放，1992 年，中国成为最早签署《联合国气候变化框架公约》的缔约方之一，2002 年中国政府核准了《京都议定书》，2007 年 6 月中国政府制定了《中国应对气候变化国家方案》，同时，14 个部门共同制定和发布了《中国应对气候变化科技专项行动》，提出到 2020 年应对气候变化领域科技发展和自主创新能力提升的目标、重点任务和保障措施。早在 2013 年 11 月，中国发布第一部专门针对适应气候变化的战略规划《国家适应气候变化战略》，着力解决资源环境约束突出问题，是实现中华民族永续发展的必然选择。

二、碳源的多样性及乡村碳源分析

要为实现"双碳"目标而努力,首先需要搞清楚碳从哪里来(碳源、碳排放)?

碳源(carbon source)是向大气中释放 CO_2 的过程、活动或机制,实际上具有多样性。首先是自然界中的碳源,主要包括海洋、土壤、岩石与生物体等,另外工业生产、生活等都会产生 CO_2 等温室气体,也是主要的碳排放源。这些碳中的一部分累积在大气圈中,引起温室气体浓度升高,打破了大气圈原有的热平衡,影响了全球气候变化。联合国政府间气候变化专门委员会将碳源分为七类,包括能源及转换工业、工业过程、农业、土地使用的变化和林业、废弃物、溶剂使用及其他。

如果按照产业进行分类,碳源可以分成六大类,见表 5.6。

表 5.6 按照产业对碳源可以分成六大类

类别	具体内容
能源(电力)碳排放	是利用能源进行发电时产生的碳排放,这是我国碳排放比重最高的领域,约占碳排放总额的 38%到 40%
工业碳排放	是企业在进行工业生产以及开采加工的过程当中产生的碳排放。在我国,工业碳排放约占碳排放总额的 28%到 32%
交通运输碳排放	主要来自航空、船舶运输以及非电力驱动铁路及汽车。由于对石油的高度依赖以及交通运输总体体量的不断攀升,交通运输碳排放总额也较高,约占碳排放总额的 10%到 13%
建筑碳排放	是在建材生产和运输、建筑施工、建筑运行、建筑拆除和废料回收处理五个阶段中产生的温室气体的总和
私有部门(居民)碳排放	是居民在日常生活,即衣、食、住、行的过程中产生的温室气体的总和
其他碳排放	除以上五大领域之外产生的温室气体的总和

乡村领域的碳排放主要有三大来源,即农业活动,乡村生产、生活用能,制造和服务企业(图 5.3)。

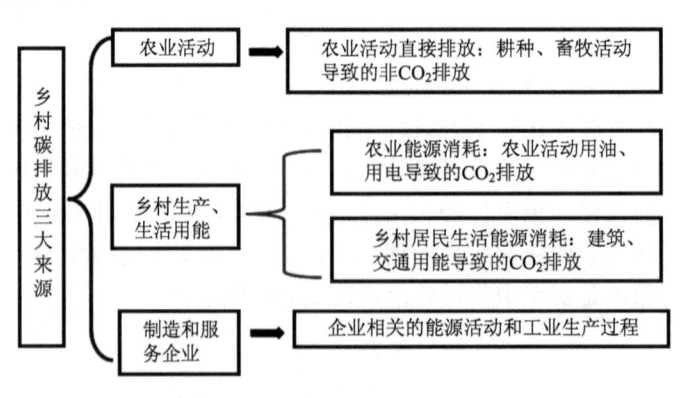

图 5.3 乡村领域碳排放的三大来源

农业活动碳排放占我国碳排放总量的10%~20%,根据2018年《中华人民共和国气候变化第三次国家信息通报》,我国农业活动碳排放的主要来源构成见表5.7。

表5.7 农业活动碳排放的主要来源构成

农业碳排放来源	占比
农用地排放(包括间接性排放,如化肥、农机、农药、农膜等)	34%
反刍动物肠道发酵过程产生甲烷	26%
水稻种植过程的甲烷排放	22%
动物粪便管理过程的甲烷和氧化亚氮排放	17%
农业废弃物田间燃烧的CO_2、CO排放	1%

根据研究,我国农业碳排放总体呈上升趋势,1961年农业碳排放总量为2.49亿吨,到2016年达到8.85亿吨后略有下降,2018年为8.7亿吨。并且,机械化带来的能源消耗成为农业碳达峰的最大不确定性因素,自1979年有统计以来,能源消耗的碳排放一直呈上升趋势,能源消耗碳排放量从1979年的3002.32万吨持续上升至2018年的2.37亿吨,增长了近7倍。2018年,能源消耗带来的碳排放占比已达到农业碳排放的27.18%,超过化肥成为第一大排放源。

三、低碳农业发展的碳汇贡献较大

2017年9月,中共中央办公厅、国务院办公厅印发《关于创新体制机制推进农业绿色发展的意见》提出"推进农业绿色发展",把绿色发展导向贯穿农业发展全过程,构建绿色发展产业链价值链,提升质量效益和竞争力,是贯彻新发展理念、推进农业供给侧结构性改革的必然要求,是加快农业现代化、促进农业可持续发展的重大举措,是守住绿水青山、建设美丽中国的时代担当,对保障国家食物安全、资源安全和生态安全,维系当代人福祉和保障子孙后代永续发展具有重大意义。

该意见提出"建立农业绿色循环低碳生产制度",目标在于把农业绿色发展摆在生态文明建设全局的突出位置,全面构建以绿色生态为导向的制度体系,基本形成与资源环境承载力相匹配,与生产、生活、生态相协调的农业发展格局,努力实现耕地数量不减少、耕地质量不降低、地下水不超采,化肥、农药使用量零增长,秸秆、畜禽粪污、农膜全利用,以及农业可持续发展、农民生活更加富裕、乡村更加美丽宜居。

要实现农业绿色循环低碳生产,就需要讨论"碳汇"概念。碳汇(carbon sink),即碳的吸收与储存,是从大气中清除碳的过程、活动或机制。碳源与碳汇是碳循环中两个重要的概念,如果碳源和碳汇能够在碳循环中获得平衡,则温室气体在大气中的浓度就会稳定,温室效应便停止强化。

根据吸收 CO_2 的载体不同,推进低碳农业发展的农业碳汇主要分为五个方面(表 5.8)。

表 5.8 推进低碳农业发展的农业碳汇五大路径

碳汇	内容
森林碳汇	森林碳汇是森林植物通过光合作用吸收大气中的 CO_2 并固定在植被与土壤当中,从而减少大气中 CO_2 浓度的过程 与森林碳汇既相互联系又有区别的一个概念是林业碳汇,林业碳汇是指通过实施造林、再造林和森林管理、减少毁林等活动,吸收大气中的 CO_2 并与碳汇交易结合的过程、活动或机制
草地碳汇	关于草地碳汇还没有一个明确的定义,但随着我国退耕还林、还草工程的深入实施,草地数量在不断增加,草地的固碳作用也在持续提升
土壤和耕地碳汇	土壤和耕地碳汇是将农作物秸秆还田固碳的机制。据酶锁理论,土壤微生物可作碳"捕集器",以减少大气中的温室气体
海洋碳汇	海洋碳汇是将海洋作为一个特定载体吸收大气中的 CO_2,并将其固化的过程和机制
人工碳汇	人工碳汇是通过捕获化石燃料和生物质能燃烧释放的 CO_2 并将其利于或存储在地下的负碳技术[CCS(carbon capture and storage,二氧化碳捕集与封存)或 CCUS(carbon capture, utilization and storage,二氧化碳捕集、利用与封存技术)]

四、我国促进绿色金融服务的政策充分

绿色发展是新发展理念的重要组成部分,绿色金融是推动经济绿色低碳高质量发展的有效手段。绿色金融是指利用多样化的金融工具保护生态环境、促进生态多样性的金融,是将环境风险作为决策评价因素并且运用多样化金融工具来促进环境保护的金融系统。其主要表现就是绿色信贷,银行在贷款的过程中将项目及其运作公司与环境相关的信息作为考察标准纳入审核机制中,并通过该机制做出最终的贷款决定。

绿色金融和普惠金融成为金融系统履行社会责任的着力点。立足"碳达峰、碳中和"目标下的新发展格局,需在推动普惠金融服务过程中坚持绿色低碳发展方向,引领绿色金融资源精准滴灌普惠对象,发挥两者相互支撑、相辅相成的协同效应,形成高质量发展新的突破口和增长点。

绿色金融和普惠金融在理念和政策逻辑上是一致的。两者都需要运用公共政策手段加以引导规范市场行为。绿色金融是将环境、气候友好的正外部性内部化的重要工具,普惠金融则是将服务弱势群体的正外部性内部化的重要工具。两者都关注公平,其中绿色金融强调可持续发展,更强调代际间的纵向公平,普惠金

融强调金融服务的可得性，是群体间的横向公平。两者都长期面临服务成本高、风险高的问题，都可能面临商业可持续与防范道德风险的难题，需要进行体制机制的创新，加强产业、激励、监管等多元政策支持。

为了促进绿色低碳发展，在2007年5月，国务院就印发了《节能减排综合性工作方案的通知》，鼓励和引导金融机构加大对循环经济、环境保护及节能减排技术改造项目的信贷支持，优先为符合条件的节能减排项目、循环经济项目提供直接融资服务。2015年4月中共中央、国务院发布了《中共中央 国务院关于加快推进生态文明建设的意见》，推广绿色信贷，支持符合条件的项目通过资本市场融资，并探索排污权抵押等融资模式。2015年9月中共中央、国务院印发的《生态文明体制改革总体方案》中明确提出"建立绿色金融体系"，并在2015年10月通过的《中共中央关于制定国民经济和社会发展第十三个五年规划的建议》中也提出"发展绿色金融，设立绿色发展基金"。

同时，中国银行业监督管理委员会、国家发展和改革委员会在2015年印发《能效信贷指引》，2016年8月中国人民银行、财政部等七部委发布《关于构建绿色金融体系的指导意见》（银发〔2016〕228号），并且2017年6月国务院决定在新疆、贵州、江西、浙江、广东等五省区建立首批绿色金融改革创新试验区，相关省区出台了绿色金融发展实施意见。2018年开始，中国人民银行等出台多个绿色融资指引文件，涉绿色信贷统计、信贷业绩评价、绿色银行评价、绿色信息披露、绿色债务融资工具等，推进绿色金融发展。

2017~2020年，中国绿色信贷规模持续扩大，以中国工商银行为代表的72家银行机构，2017年累计绿色信贷余额达到54 112.78亿元，2020年达90 451.97亿元，年均增速18.68%，其中2020年累计绿色信贷余额增速高达23.73%。据中国人民银行的统计，2022年末，全国金融机构本外币绿色贷款余额达到22.03万亿元，同比增长38.5%，比2021年末高5.5个百分点，高于各项贷款增速28.1个百分点。其中，投向具有直接和间接碳减排效益项目的贷款分别为8.62万亿元和6.08万亿元，合计占绿色贷款的66.7%。从用途看，基础设施绿色升级产业、清洁能源产业和节能环保产业贷款余额分别为9.82万亿元、5.68万亿元和3.08万亿元，同比分别增长32.8%、34.9%和59.1%。

五、金融创新支持乡村振兴绿色发展的路径

减少CO_2等温室气体浓度的措施无外乎两种路径：一是减少排放源（减排），即通过减少耗能、提高能效、能源替代等实现；二是增加碳汇（增汇），通过植树造林、植被保护与恢复、森林经营和林地管理等途径实现。

首先，要推动乡村振兴绿色发展，首要的是明确绿色信贷服务需求的多样性。乡村振兴绿色推进的信贷需求主要产生于与农业即环境有关的全过程：①农业生

产环境治理问题；②农业生态保护、修复与建设，提升生态功能；③推进生态循环农业发展；④促进耕地资源保护和农田的永续利用；⑤采取植树造林、森林抚育经营和保护、推进生态农牧渔业、强化基础设施建设等措施来适应气候变化的影响；⑥推进农牧渔良种育繁推一体化、农牧渔业有机产品生产及设施建设运营等。

在农业发展过程中，要充分利用农业低碳技术。农业低碳技术，一是减少单位产品的含碳生产要素投入，如利用生产要素互补性的技术（如滴灌），利用生产要素替代性的技术（如沼气发酵），消除冗余的精准性技术（如测土配方施肥）；二是减少单位产品的非合意产出，主要是通过过程控制和改善的技术，如沼气发酵。

其次，要明确农业绿色发展、推进绿色金融参与主体的多样性。政府和监管部门、金融机构与绿色企业、行业协会、机构投资者、个人投资者，以及与绿色金融相关的评级、认证、担保、知识产权代理等第三方机构等，都是参与主体。

最后，要从培育绿色金融消费主体、培育绿色金融供给主体、发挥政府的作用三个角度，构建绿色信贷服务体系。

培育绿色金融消费主体，主要是推动绿色金融教育，培育绿色金融消费意识和意愿；打造农村新型经营主体绿色生产体系，培育绿色农产品生产基地，打造绿色农业产业链；构建绿色农产品认证机制、定价机制、市场流通体系、绿色农产品检测和消费识别机制。

培育绿色金融供给主体时，首要的是树立资源环境、生态保护和社会责任意识，构建绿色金融发展的激励约束机制和监督机制，特别是要提高金融从业者环保绿色意识，开绿色金融业务之门，制定绿色金融的战略目标和发展规划，完善统计监测评价机制和体系、信息公开机制。

要有效发挥政府的作用，首要的是健全农村绿色金融法律法规，强化农村绿色金融政策指引，明确政策金融在绿色金融发展中的作用，银行支持环保部门认证的绿色项目，构建绿色金融发展的风险分担和风险转移机制，以及风险补偿机制；完善农村绿色信贷融资体系，特别是要建立和完善环保机构环保信息披露机制。

第五节　金融服务乡村振兴三个维度的政策创新

正如乡村振兴是一个巨大而复杂的系统过程，乡村振兴的金融服务，也需要一个系统性的设计和安排。其实，政府促进乡村金融服务特别是促进乡村信贷的政策是较为充分的，这些政策可以分为针对信贷需求端的政策和针对信贷供给端的政策。针对信贷需求端的政策，主要包括政府对满足条件的借款方给予利息补贴和信贷担保；信贷供给端的政策主要包括政府对发放乡村信贷的机构给予费用补贴、降低法定准备金率、给予优惠利率的再贷款、税收减免等（表5.9）。

第五章　金融支持乡村振兴的政策创新

在政府乡村信贷政策激励下，金融部门乡村信贷服务不断深化，涉农贷款余额由2011年的14.6万亿元增长到2022年的49.3万亿元，增长较快（图5.4）。

表5.9　政府乡村信贷政策构成

政策	案例	政策手段类型
促进信贷需求的政策	利息补贴、政策性信贷担保	财政政策
促进信贷供给的政策	对金融机构费用补贴、税收减免	财政政策
	对金融机构降低法定准备金率、给予优惠利率的再贷款	金融政策

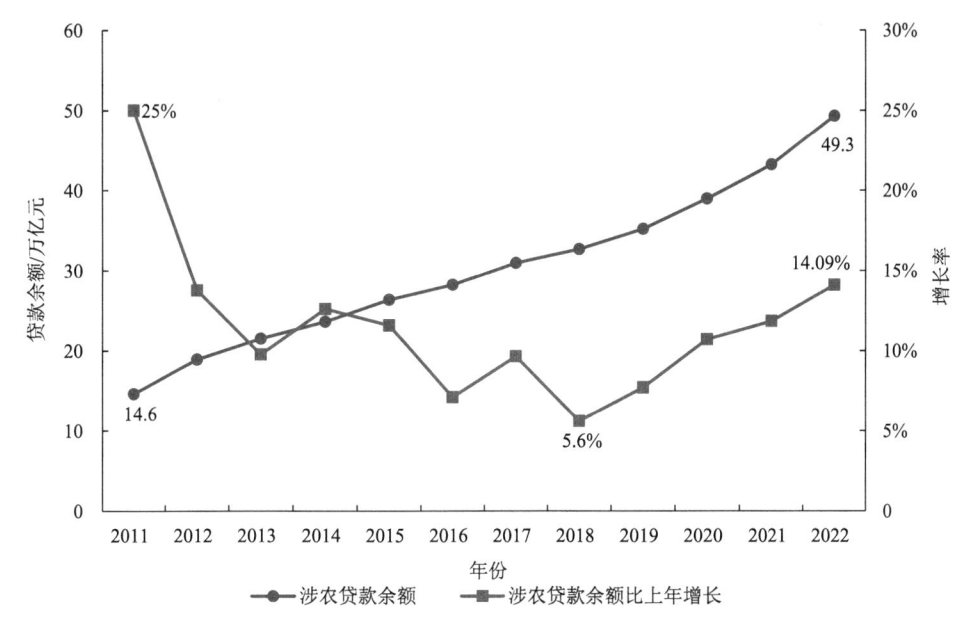

图5.4　2011~2022年金融机构涉农贷款余额增长趋势图
资料来源：根据中国人民银行历年《中国货币政策执行报告》整理

但是，就中国人民银行界定的统计范围而言，该指标既不能反映金融机构对纯农业领域的信贷状况，也不能表明对乡村振兴领域的信贷支持，因而，建议在明确乡村振兴经济发展领域的经济主体、经济活动范围的基础上，设计"乡村振兴贷款"统计指标，全面反映金融部门乡村振兴信贷深化格局。

同时，作者认为，基于乡村振兴的金融需求特征，需要从金融供给、金融需求侧及金融服务的辅助机制构建三个角度强化政策创新。

一、需要多角度地促进乡村振兴金融供给政策创新

（1）乡村振兴时代，中国小农的数量仍然占有较高比重，因而，以促进金融机构多元化、多样化为中心，实现金融组织机构体系的进一步创新，深化普惠金融服务，仍然是不可回避的选择。当然，也可以以新型的移动互联手段接近普惠金融需求，即深化数字普惠金融服务。

（2）金融机构本身需要提升普惠金融理念，树立社会责任意识。

（3）满足乡村振兴时代的普惠金融服务，需要本地化的农村商业银行、村镇银行等地方性银行金融机构发挥作用，也要注意发挥大型商业银行的作用，大型商业银行更有资金和技术实力，业务创新能力也较强，特别是拥有强大的业务网络和互联网金融平台，这有利于深化乡村振兴的金融普惠。同时，在成员和社区基础上发展起来的合作金融组织与大型商业银行相比较，在向普惠金融需求群体提供信贷服务时，信息更对称，具有更好的制度优势和更高的业务绩效，因而，有必要进一步放宽金融市场准入，培育本地化、本土化、特色化的草根金融体系。

（4）日益成熟的数字变革，带来了越来越多的银行核心业务流程的数字化推进，更经济、精准，客户与实体网点互动减少，商业银行通过创新，将金融变成伴随交易的一种机制。例如，中国农业银行甘肃省分行为"三农"发展专门设计研发的"金穗e融"系统，集融通、融资、融智、融商"四融"功能于一体，通过终端版、PC版、手机版三种载体，打通农村金融服务"最后一公里"实现融通，破解农业现代化发展的资金难题实现融资，突破农业现代化发展中的技术瓶颈实现融智，为新型乡村经营主体搭建对接市场的通道实现融商，提供覆盖产前、产中、产后的全过程、全方位、全领域的普惠金融服务，在创新金融服务中一揽子解决农民缺资金、短技能、找市场的难题，在资金、科技、互联网融合中实现普惠金融服务。

（5）推动农村金融业务创新，突破乡村新型经营主体抵押担保困境。在此，可以利用嵌入农村社区的一些非正式制度性因素，如来自"圈子"内的信誉约束机制等，也可以利用农村产业发展成果，在"龙头企业+农户""合作社+农户"等产业链运行机制下，开展供应链金融，将乡村振兴经营主体的个体信用转化为团体信用，通过构建信用共同体，以实现金融机构与乡村振兴经营主体的顺利衔接。

二、强化乡村振兴的金融需求侧的创新

在乡村振兴过程中产生的新业态、新型经营主体，较多还属于非成熟的市场主体，因而，难以得到商业银行的信贷支持，因此，还需要利用一些非市场化的

手段和引入一些非市场化的要素加以辅佐，特别是需要发挥政府的作用。

（1）完善城市化发展战略。有研究发现，政府旨在鼓励资本密集型部门优先发展的战略，造成城市部门就业需求的相对下降，进而延缓城市化进程，农村居民不能有效地向城市转移，城乡收入差距扩大，这是中国城市化滞后、城乡收入差距持续扩大的原因（陈斌开和林毅夫，2013）。因而，为有效推动城市化，降低城乡收入差距，需要大力发展符合比较优势的劳动密集型企业，提供更多的就业岗位。

（2）以互联网思维再造传统农业企业。人类社会已经进入（移动）互联网时代，（移动）互联网不仅实现了交易场所的改变和交易时间的拓展，而且带来交易品类的多样化、交易速度的提升、交易中间环节的减少，给包括金融企业在内的各类企业和事业单位、机关团体均带来深刻的影响。传统农业企业，也必须本着开放、平等、协作、共享的"互联网思维"进行再造，其方向是打造智慧型组织，实现网络化生态、全球化整合、平台化运作、员工化用户、无边界发展、自组织管理（李海舰等，2014），以跟上时代步伐，求得继续生存的基础。

（3）在小农基础上转型而产生的乡村新型经营主体，也需要接受普惠金融教育，需要提升金融意识、信用意识和金融素养，特别是需要培育负债经营意识，并需要建立金融消费者自我保护意识，防止过度负债，促进金融健康。

（4）对乡村新型经营主体进行现代农业生产经营技术培训、创业培训、财务管理培训、互联网和互联网金融培训、电子商务培训，提高创业和经营成功率。

（5）一家一户小规模经营难以承担进入市场的成本，市场谈判能力低下，因而，推进经营适度规模化、专业化、产业化、合作化、组织化，应该是乡村振兴时代中国农业、农民发展的趋势性选择，这样，在推进土地流转、实现适度规模化经营的基础上，在"一村（乡、镇）一品""一县一业"概念下推进产业聚集，通过合作社、龙头企业带动，逐渐提高新型乡村经营主体的组织化程度，提升进入市场的能力，降低进入市场的成本，增强积累能力，提升承贷能力，新型乡村经营主体成为农村商业信贷市场有效的承贷主体。

（6）从资金和技术角度促进乡村振兴与现代信息技术的有效融合。互联网时代，乡村振兴战略的推进，不可避免地也必须借助互联网，促进乡村振兴与现代信息技术有效融合，构建"互联网+乡村振兴""互联网+乡村新型经营主体"等机制，提升生产效率和提高销售效率，这也是乡村振兴时代"新农人"的必然选择。其实，早在国务院印发《关于大力发展电子商务加快培育经济新动力的意见》（国发〔2015〕24号），国务院办公厅印发《关于促进农村电子商务加快发展的指导意见》（国办发〔2015〕78号），农业部、国家发展和改革委员会、商务部印发《推进农业电子商务发展行动计划》（农市发〔2015〕3号）之后，农业部办公厅于 2016 年 1 月印发了《农业电子商务试点方案》（农办市〔2016〕1 号），农业部门就开展了农业电子商务试点，探索农业电子商务新模式，但是推进力度还需要提升。

同时，乡村新型经营主体需要不断增强互联网意识，培育电商人才；农村数字化基础设施建设和推广需要强化，并培育建设智慧农业示范园。

（7）基于农业经营规模化配套推进农业的品牌建设。在设施农业、休闲观光农业已初具规模的基础上，逐渐形成具有地方特色的、带有产地特征的农产品品牌体系，如新疆红枣、新疆哈密瓜、广西百色杧果、贵州都匀毛尖、河南信阳毛尖等。"绿色""有机""无公害""国家地理标志"等代表农产品特色的标识认证，也是农产品品牌建设的重要内容，取得这些认证的过程，需要政府给予支持和扶持。具有集体性标志的"国家地理标志"的认证和管理，应该是政府直接参与和投入的结果。

三、金融服务辅助机制和配套措施的政策创新

（1）构建差异化的农村金融监管体系和机制。改革开放以来，尽管农村金融体系和机制的构建逐渐完善，但是，由于长期存在的城乡二元结构，农村社会的产权制度和经营制度发展滞后，产生金融需求的各种组织资源及其所具备的金融需求要素不适应现代商业金融市场发展的要求，因而，现行的刚性监管制约了金融资源在农村领域内的有效配置，也不利于城乡金融资源互动，特别是不利于城市金融资源反哺农村，同时，农村金融监管方式与手段单一、农村基层金融监管力量薄弱、适应农村特点的金融监管体系尚未形成，实施差异化监管有利于促进农村金融组织发展、农村金融脱虚向实、促进资本要素回流农村、维护农村金融市场稳定，是金融支持乡村振兴战略实施的重要方案（范方志，2018）。为了将中共中央、国务院《关于实施乡村振兴战略的意见》中提出的"改进农村金融差异化监管体系"落到实处，需要从监管目标和监管主体及对象、监管依据和规则等角度构建农村金融差异化监管体系。

（2）乡村振兴不仅仅需要银行等正规金融机构的服务，还需要从多角度、多方面构建乡村振兴金融体系，创建良好的金融生态环境，促进乡村振兴的推进。例如，可以进一步深化农村产权制度改革，推进"农民住房财产权、农村承包土地的经营权"两权抵押贷款试点，创新"绿色金融、扶贫金融、互联网金融"，深化"农村信用、农村融资担保、农村基础金融服务、农村保险"四个体系建设。

（3）构建保障乡村振兴金融服务持续健康良性运转的制度基础。为服务乡村振兴战略的实施，金融机构也需要进入国内外资本市场融资，例如需要通过发行债券融资、资产证券化融资、销售基金股份等，或者是需要享受来自中央银行、

财政和监管部门的有差别的政策，就要针对这些机构开展乡村振兴服务的风险评级服务、绩效评价服务，同时，金融机构需要接受审计监督，并需要支付体系、流动性保障机制、信息披露机制等的保障。

（4）建立政策性乡村振兴产业发展基金体系，培育现代农业产业和农业企业，推进现代农业发展。2009年中央一号文件就提出"有条件的地方可成立政策性农业投资公司和农业产业发展基金"。乡村振兴基础上实现的现代农业，属于高科技农业、生态农业、循环农业，并在农产品精深加工、食品饮料、食品安全相关业务链以及农产品新商业模式方面有较多探索，不但从传统商业银行取得融资的难度较大，而且难以获得商业性产业投资基金的青睐，通过政府政策性乡村振兴产业基金的股权投资及提供资本运作增值与产业运营增值服务，可以推动被投资的现代农业企业在发展壮大的同时顺利走向资本市场。

（5）加快农产品期货市场发展。一是支持现有期货公司提升资本实力，拓展场外衍生交易产品，参与农产品期货交易。二是支持大农户、家庭农场、合作社、农业产业化龙头企业和农村经济组织进行风险管理，推广"银行+涉农企业+期货+农户"产业链经营模式、"期货+土地（林地）流转权"流转模式，扩大农产品期货品种和区域覆盖范围。

（6）运用风险补偿、贷款贴息、保费补贴、税收优惠、奖励补助等多种手段，引导金融机构强化乡村振兴的信贷投入。

本章参考文献

贝多广. 2015. 好金融与好社会：问题的提出和答案. 金融研究, (7): 24-36.
钞小静, 沈坤荣. 2014. 城乡收入差距、劳动力质量与中国经济增长. 经济研究, (6): 30-43.
陈斌开, 林毅夫. 2013. 发展战略、城市化与中国城乡收入差距. 中国社会科学, (4): 81-102, 206.
陈锡文. 2018. 实施乡村振兴战略，推进农业农村现代化. 中国农业大学学报(社会科学版), (1): 5-12.
陈银娥, 尹湘, 金润楚. 2020. 中国农村普惠金融发展的影响因素及其时空异质性. 数量经济技术经济研究, (5): 44-59.
陈宗胜, 沈扬扬, 周云波. 2013. 中国农村贫困状况的绝对与相对变动：兼论相对贫困线的设定. 管理世界, (1): 67-75, 77, 76, 187-188.
崔丽丽, 王骊静, 王井泉. 2014. 社会创新因素促进"淘宝村"电子商务发展的实证分析：以浙江丽水为例. 中国农村经济, (12): 50-60.
丁志国, 张洋, 高启然. 2014. 基于区域经济差异的影响农村经济发展的农村金融因素识别. 中国农村经济, (3): 4-13, 26.
丁志国, 张洋, 覃朝晖. 2016. 中国农村金融发展的路径选择与政策效果. 农业经济问题, (1): 68-75, 111.
杜园园. 2015. 资本下乡与新中农争地的社会后果研究. 西北农林科技大学学报(社会科学版), (4): 118-121.

范方志. 2018. 乡村振兴战略背景下农村金融差异化监管体系构建研究. 中央财经大学学报, (11): 50-57.

高帆. 2007. 新型农民：新农村建设的真正主体. 调研世界, (4): 3-5.

高晓燕, 任坤. 2020. 工商资本下乡对农民收入的影响. 江汉论坛, (7): 31-38.

高晓燕, 赵宏倩. 2021. 工商资本下乡"非粮化"现象的诱因及长效对策. 经济问题, (3): 92-99.

高一铭, 徐映梅, 季传凤, 等. 2020. 我国金融业高质量发展水平测度及时空分布特征研究. 数量经济技术经济研究, (10): 63-82.

郭俊华, 卢京宇. 2020. 乡村振兴：一个文献述评. 西北大学学报(哲学社会科学版), (2): 130-138.

郭庆海. 2018. 小农户：属性、类型、经营状态及其与现代农业衔接. 农业经济问题, (6): 25-37.

韩国强. 2018. 金融服务乡村振兴战略的思考. 当代金融研究, (2): 96-104.

何广文, 何婧. 2019. 乡村产业振兴中的金融需求. 中国金融, (10): 33-34.

何广文, 何婧, 郭沛. 2018. 再议农户信贷需求及其信贷可得性. 农业经济问题, (2): 38-49.

何广文, 刘甜. 2018. 基于乡村振兴视角的农村金融困境与创新选择. 学术界, (10): 46-55.

何广文, 刘甜. 2019. 乡村振兴背景下农户创业的金融支持研究. 改革, (9): 73-82.

何宏庆. 2020. 数字金融助推乡村产业融合发展：优势、困境与进路. 西北农林科技大学学报(社会科学版), (3): 118-125.

贺雪峰. 2017. 谁的乡村建设：乡村振兴战略的实施前提. 探索与争鸣, (12): 71-76.

江光辉, 胡浩. 2021. 工商资本下乡会导致农户农地利用"非粮化"吗？——来自CLDS的经验证据. 财贸研究, (3): 41-51.

焦瑾璞, 黄亭亭, 汪天都, 等. 2015. 中国普惠金融发展进程及实证研究. 上海金融, (4): 12-22.

孔祥智, 郭艳芹. 2006. 现阶段农民合作经济组织的基本状况、组织管理及政府作用：23省农民合作经济组织调查报告. 农业经济问题, (1): 54-59.

孔祥智, 魏广成. 2021. 组织重构：乡村振兴的行动保障. 华南师范大学学报(社会科学版), (5): 108-122, 207.

李海舰, 田跃新, 李文杰. 2014. 互联网思维与传统企业再造. 中国工业经济, (10): 135-146.

李建军, 彭俞超, 马思超. 2020. 普惠金融与中国经济发展：多维度内涵与实证分析. 经济研究, (4): 37-52.

李玉恒, 阎佳玉, 武文豪, 等. 2018. 世界乡村转型历程与可持续发展展望. 地理科学进展, (5): 627-635.

刘建民, 刘晓函, 周思瑶, 等. 2020. 湖南省支持乡村产业振兴的财税政策研究. 湖南大学学报(社会科学版), (6): 66-72.

刘培林, 钱滔, 黄先海, 等. 2021. 共同富裕的内涵、实现路径与测度方法. 管理世界, (8): 117-129.

刘魏, 张应良, 李国珍, 等. 2018. 工商资本下乡、要素配置与农业生产效率. 农业技术经济, (9): 4-19.

刘彦随. 2018. 中国新时代城乡融合与乡村振兴. 地理学报, (4): 637-650.

陆岷峰. 2019. 关于乡村金融供给侧结构性改革支持乡村振兴战略研究. 当代经济管理, (10):

84-90.

孟守卫. 2019. 农村金融市场结构、技术创新与农业增长关系的实证分析. 统计与决策, (8): 168-172.

农业农村部对外经济合作中心. 2021. 金融支持新型农业经营主体模式研究. 北京: 中国财政经济出版社: 9.

齐红倩, 李志创. 2018. 我国农村金融发展对农村消费影响的时变特征研究. 农业技术经济, (3): 110-121.

秦宇. 2020. 中小银行在乡村振兴中的作用. 中国金融, (10): 68-69.

邵晓翀, 杜尔玏. 2021. 金融助力乡村振兴的现实基础、理论逻辑与实践路径: 基于新发展格局视角. 技术经济与管理研究, (10): 76-80.

申云, 李京蓉, 杨晶. 2019. 乡村振兴背景下农业供应链金融信贷减贫机制研究: 基于社员农户脱贫能力的视角. 西南大学学报(社会科学版), (2): 50-60, 196.

孙启贵, 徐飞. 2008. 社会创新的内涵、意义与过程. 国外社会科学, (3): 90-97.

孙玉奎, 周诺亚, 李丕东. 2014. 农村金融发展对农村居民收入的影响研究. 统计研究, (11): 90-95.

仝志辉, 温铁军. 2009. 资本和部门下乡与小农户经济的组织化道路: 兼对专业合作社道路提出质疑. 开放时代, (4): 5-26.

王四春, 许雪芳. 2020. 推进绿色金融助力乡村振兴. 人民论坛, (8): 106-107.

王兴国, 吴梵, 刘韬. 2021. 农村金融发展影响农业高质量发展的空间计量研究. 山东社会科学, (10): 84-91.

温锐, 陈胜祥. 2007. 政府主导与农民主体的互动: 以江西新农村建设调查分析为例. 中国农村经济, (1): 4-11.

吴春来. 2021. 责任网格的精细化治理逻辑及其效能: 乡镇党委统合的一种组织创新路径. 西北农林科技大学学报(社会科学版), (6): 33-41.

吴海江, 何凌霄, 张忠根. 2014. 中国人口年龄结构对城乡居民消费差距的影响. 数量经济技术经济研究, (2): 3-19, 35.

谢地, 苏博. 2021. 数字普惠金融助力乡村振兴发展: 理论分析与实证检验. 山东社会科学, (4): 121-127.

熊晓炼, 杨成羽, 杜代地. 2024. 巩固拓展脱贫攻坚成果与乡村振兴有效衔接的金融服务机制研究. 海南大学学报(人文社会科学版), 42(4): 77-88.

徐伟祁, 李大胜, 魏滨辉. 2023. 数字普惠金融对乡村产业振兴的影响效应与机制检验. 统计与决策, (16): 126-131.

徐盈之, 孙剑. 2009. 信息产业与制造业的融合: 基于绩效分析的研究. 中国工业经济, (7): 56-66.

徐章星, 王善高, 金宇. 2021. 工商资本下乡: 问题缘起、基本逻辑与治理机制. 农业经济, (1): 103-105.

鄢宇昊, 李巍, 胡锡琴, 等. 2023. 数字普惠金融对乡村振兴的影响效应与经验证据. 统计与决策, (15): 131-135.

杨世伟. 2019. 绿色金融支持乡村振兴: 内在逻辑、现实境遇与实践理路. 农业经济与管理, (5): 16-24.

尹西明, 陈劲, 张月遥. 2020. 乡村创新系统推进乡村振兴的路径与机制研究. 天津社会科学, (3): 103-109.

余春苗, 任常青. 2021. 农村金融支持产业发展: 脱贫攻坚经验和乡村振兴启示. 经济学家, (2): 112-119.

张海军, 周胜男. 2021. 金融支持乡村振兴的国际经验与完善路径研究. 领导科学, (18): 79-82.

赵洪丹, 朱显平. 2015. 农村金融、财政支农与农村经济发展. 当代经济科学, (5): 96-108, 127-128.

赵祥云, 赵晓峰. 2016. 资本下乡真的能促进"三农"发展吗?. 西北农林科技大学学报(社会科学版), (4): 17-22.

周昌发, 飞传鹤. 2020. 乡村振兴战略下农村集体经济组织融资职能的路径重构. 经济体制改革, (6): 86-93.

周飞舟, 王绍琛. 2015. 农民上楼与资本下乡: 城镇化的社会学研究. 中国社会科学, (1): 66-83, 203.

周小川. 2013. 践行党的群众路线推进包容性金融发展. 求是, (18): 11-14.

周应恒, 胡凌啸. 2016. 中国农民专业合作社还能否实现"弱者的联合"?: 基于中日实践的对比分析. 中国农村经济, (6): 30-38.

朱泓宇, 李扬, 蒋远胜. 2018. 发展村社型合作金融组织推动乡村振兴. 农村经济, (1): 21-27.

左停, 苏青松. 2020. 农村组织创新: 脱贫攻坚的经验与对乡村振兴的启示. 求索, (4): 99-105.

Allen F, Demirguc-Kunt A, Klapper L, et al. 2016. The foundations of financial inclusion: understanding ownership and use of formal accounts. Journal of Financial Intermediation, 27: 1-30.

Banerjee A V, Newman A F. 1993. Occupational choice and the process of development. Journal of Political Economy, 101(2): 274-298.

Burgess R, Pande R. 2005. Do rural banks matter? Evidence from the Indian social banking experiment. American Economic Review, 95(3): 780-795.

Dupas P, Robinson J. 2013. Savings constraints and microenterprise development: evidence from a field experiment in Kenya. American Economic Journal: Applied Economics, 5(1): 163-192.

Gladwin C H, Long B F, Babb E M, et al. 1989. Rural entrepreneurship: one key to rural revitalization. American Journal of Agricultural Economics, 71(5): 1305-1314.

Greene M J. 1988. Agriculture diversification initiatives: state government roles in rural revitalization. Council of State Governments: Center for Agriculture and Rural Development.

Hämäläinen T J, Heiskala R. 2007. Social Innovations, Institutional Change and Economic Performance. Cheltenham: Edward Elgar.

Huang Y X, Zhang Y. 2020. Financial inclusion and urban-rural income inequality: long-run and short-run relationships. Emerging Markets Finance and Trade, 56(2): 457-471.

Johnson T G. 1989. Entrepreneurship and development finance: keys to rural revitalization:

discussion. American Journal of Agricultural Economics, 71(5): 1324-1326.

Kawate T. 2005. Rural revitalization and reform of rural organizations in contemporary rural Japan. Journal of Rural Problems, 40(4): 393-402.

Korsching P F, Borich T O, Stewart J. 1992. Multicommunity collaboration: an evolving rural revitalization strategy: conference proceedings. North Central Regional Center for Rural Development.

Liu Y S, Li Y H. 2017. Revitalize the world's countryside. Nature, 548: 275-277.

Nonaka A, Ono H. 2015. Revitalization of rural economies though the restructuring the self-sufficient realm. Japan Agricultural Research Quarterly, 49(4): 383-390.

Schmied J, Marr A. 2016. Financial inclusion and poverty: the case of Peru. Regional and Sectoral Economic Studies, 16: 29-43.

本章执笔人：何广文、田雅群、何婧、陈晓洁、成琳

第六章　生态振兴促进农民农村共同富裕的实现路径探讨

第一节　研究背景

一、研究意义

2005年8月15日，时任浙江省委书记的习近平在浙江安吉县余村调研时，首次提出"绿水青山就是金山银山"的重要论断[1]，充分彰显了人与自然、经济发展与环境保护、共同富裕与生态振兴之间的辩证关系（孙侃，2017）。党的二十大报告指出："坚持绿水青山就是金山银山的理念""全方位、全地域、全过程加强生态环境保护"[2]。党的十九大报告提到："既要创造更多物质财富和精神财富以满足人民日益增长的美好生活需要，也要提供更多优质生态产品以满足人民日益增长的优美生态环境需要"，将生态环境在内的公共产品和公共服务纳入到共同富裕的范畴。"两山"理念既强调生态保护，也强调经济发展，并给出了两者之间的理论关系及逻辑。农民农村是共同富裕和生态振兴的双重短板叠加区域和群体，"两山"理念为生态振兴促进农民农村共同富裕提供理论依据和实践标准。

党的十八大以来，我国全面推进生态文明战略与共同富裕目标，在理论研究、实证研究、政策体系方面都取得了显著成果和成效（廖静，2021；张灿强和付饶，2020；柯水发等，2018）。百年未有之大变局下，全球气候变暖、新冠疫情暴发、自然灾害凸显、农业生产系统健康状况堪忧等诸多因素叠加，共同富裕目标的实现存在不确定性；同时，经济高质量发展理念及碳达峰、碳中和愿景，给农民农村共同富裕和生态振兴等多目标协同带来了新挑战。

一是城镇化快速扩张背景下，农村地区"绿水青山"空间迅速缩小的同时，"金山银山"实现得不充分不均衡，因此亟须开展系统性思考和分析，明确界定包括生态价值在内的广义财富观的基础上，揭示其对农民农村共同富裕的影响机理。

---

[1] 《时隔15年，习近平再到安吉县余村考察》，http://www.xinhuanet.com/politics/leaders/2020-03/31/c_1125791608.htm，2020年3月31日。

[2] 引自2022年10月26日《人民日报》第1版的文章：《高举中国特色社会主义伟大旗帜　为全面建设社会主义现代化国家而团结奋斗》。

生态系统可持续供给能够为实现农民农村共同富裕目标提供坚实支撑,也能为经济高质量发展提供基础保障(孙侃,2017)。然而,城镇化扩张过度导致农村资源被占或生态资源未得到有效利用。一方面是由于广义财富观界定不清,"绿水青山"作为良好的自然生态系统,本身就对人类有着良好的服务功能,既包括可以量化的价值,也包括不可量化的价值,这些都可以归为财富的范畴;另一方面,良好的生态本身蕴含着无穷的经济价值,能够源源不断地创造综合效益,改善生态环境就是发展生产力,实现经济社会可持续发展,实现农民农村共同富裕。要在资源环境约束下实现农民农村共同富裕目标,亟须打破传统的经济增长模式,从广义财富观的视角,开展系统性思考,探索广义财富观对农民农村共同富裕的影响机制,开展新的交叉命题研究。

二是生态系统及环境退化、极端气候与自然灾害频发,加剧了农业农村生态振兴难度,亟须从资源系统持续利用和人类社会系统之间的多重、复杂关系中厘清生态振兴和共同富裕的协同实现路径。

自 2004 年起,中央连续发布以"三农"为主题的一号文件,逐步加大对农民增收的支持与保护力度。伴随着我国农业经济的稳定增长,水资源短缺、土地退化问题严重,化肥、农药、地膜等农业投入品的消耗强度依然居高不下(覃志敏,2020)。以化肥为例,2020 年,中国化肥施用强度为 313.45 千克/公顷,远高于国际公认的化肥施用安全上限所规定的 225 千克/公顷,以"高投入、高产出、高能耗"为特征的农业发展模式未能根本转变,导致资源环境问题突出、面源污染严重,以及土壤板结、农产品质量安全等诸多问题,同时对农业生态环境、农民增收和农民农村共同富裕目标构成挑战。因此,农业经济增长不能以牺牲资源环境为代价,亟须从资源持续利用和农业生态环境的角度重新审视生态振兴实现路径。

三是生态价值计算方法不完善,难以捕捉生态价值实现机制,影响农民农村共同富裕政策的有效性,亟须从多尺度、系统性、动态视角,精准评估生态价值,厘清生态价值实现机制与共同富裕的政策措施。

自然资源的多属性功能(自然属性、环境属性、生态属性、社会属性和经济属性)中,部分属性功能具有很强的外部性(如生态属性、社会属性)。在纯粹的市场作用力下,自然资源多重属性功能势必被忽略和扭曲,并可能严重误导政策的制定与实施(Holland et al.,2010)。实践中,反映资源生态属性、社会属性等的指标缺乏数据评价,尤其是环境与社会层面(潘家华,2007),影响了自然资源保护政策体系构建的科学性、适用性及政策效果,严重制约着区域的可持续发展和全国的均衡发展。从经济效率的视角解释,最优的公共政策也要求均衡自然资源的全收益与全成本(MA,2005)。因此,将自然资源多重属性功能充分纳入相关政策研究视野之中,实现资源不同属性功能间的可比与兼容,是实现政策多目标协同的重要基础(Luisetti et al.,2011)。目前,自然资源全价值(市场价值与非市场价值）是反映资源全属性功能的最适合的指标，其中的非市场价值通常采用公众支付意愿来表达（Newbold and Johnston，2020；Morrison and Bennett，2004）。近些年，国际上在这一领域的研究取得了重要进展（Mueller et al.，2019；Hanley et al.，2006）。选择实验（choice experiment，CE）被认为是重要的极具前景的资源与环境价值评估方法（Bateman et al.，2002）。选择实验不仅具有极强的理论基础（Jiang et al.，2005；Johnston et al.，2002），而且评估结果是以既定公共政策的社会生态系统属性为变量，从而构建公众的效用函数（Hanley et al.，2006），可以应用于不同情景的公共政策评价。

本章拟基于可持续战略框架，探索生态振兴促进农民农村共同富裕的实现路径，立足生态系统服务流量价值，运用选择实验法，以反映生态系统多重属性功能的全价值评估为切入，将生态振兴纳入共同富裕政策体系完善方案，系统地进行评估与检验、构建完善框架并提出保障措施。因此，本章研究的意义在于：①将反映生态系统全属性功能纳入到广义财富观范畴内，探索广义财富观对农民农村共同富裕的影响机制，对于丰富和完善共同富裕理论基础与决策实践，具有重要意义和价值；②通过对典型生态振兴乡村的案例分析，归纳生态振兴的不同模式，探究生态振兴的实现路径，对于拓展生态振兴研究视野和提升政策实际效果，具有实践价值；③基于流量视角，评估生态系统全价值，做到评估结果量化、精确化，为农民农村共同富裕目标实现提供可靠的实证数据。

二、国内外研究现状及发展动态趋势

（一）"两山"理念的内涵与实践

1972年，联合国人类环境会议首次将生态问题纳入世界各国政府和国际政治的事务议程。1987年世界环境与发展委员会发表了《我们共同的未来》，正式提出"可持续发展"的概念，从狭隘的环保视角引入到生态问题与人类发展相结合的视野。2005年8月15日，时任浙江省委书记的习近平在浙江安吉县余村调研时，首次提出"绿水青山就是金山银山"的重要论断。之后这一观点在不同场合又被多次提及并被系统深入地论述。2015年3月24日，中共中央政治局会议认为，中国生态文明建设应该牢固树立"绿水青山就是金山银山"的理念，并将"两山"理念写进《中共中央 国务院关于加快推进生态文明建设的意见》。至此，"两山"理念经过近十年的发展完善，成为中国推进生态文明建设的指导思想。

目前学者针对"两山"理念的内涵进行了研究。沈满洪（2015）指出狭义的"绿水青山"指优质健康的生态环境及其附属产品和服务，"金山银山"指经济增长或经济收入，也是与收入水平关联的民生福祉。因此，践行"绿水青山就是金山银山"，一方面要生态经济化，另一方面要经济生态化。黄祖辉（2017）、王金南等（2017）从广义视角对"绿水青山"的内涵做出了具体阐释，指人类赖以生存的自然生态环境的集合。"绿水青山就是金山银山"也就是说保护生态环境就是保护生产力，如果能够把生态环境优势转化为生态农业、生态工业、生态旅游等生态经济的优势，那么绿水青山也就变成了金山银山。另外柯水发等（2018）从经济学视角对"两山"理念的科学内涵进行了阐释，提出"绿水青山"是指归属于集体、全民或某些群体的绿色资源（包括森林资源、湿地资源、水资源、生物资源、生境资源等）保有量或存量，"金山银山"可指代经济增长或经济收入，当合理利用资源达到经济价值和生态价值最大化的稳态时，"绿水青山"就成为"金山银山"。当保有量达到一定程度时，"绿水青山"的作用不仅是提供生态服务，还能创造更多的价值，变成"金山银山"，并且通过深层次生态服务开发和资源优化配置，可最大化实现"金山银山"。

"两山"理念的实践应用研究，主要包括浙江经验与扶贫实践。浙江经验方面，张健和王文祥（2018）从微观和宏观两个视角分析了浙江关于"两山"理念的实践，宏观视角上提出要突出污染治理模式，强调产业升级经济转型模式。微观视角上，依托实地调研，对安吉样板、浦江样板、桐庐样板、海岛样板和仙居样板展开讨论，总结了浙江践行"两山"理念的经验。孙侃（2017）从微观视角分析浙江余村从"靠山吃山"的灰色矿山经济到"用山养山"的绿色生态经济的发展转变，成为微观村庄践行"两山"理念的典型示范。郭华巍（2019）阐释"两山"理念在浙江的生动实践，验证了"两山"理念的实际可行性和有效性，体现了可持续发展和人与自然和谐共生理念的准确性和先进性。扶贫实践方面，黄祖辉和姜霞（2017）认为产业扶贫面临收入增长与资源保护的矛盾，通过梳理丘陵山区的贫困原因、减贫潜力、国际相关减贫经验，结合中国实际情况和"两山"理念，提出了丘陵山区的减贫与发展思路。胡振通和王亚华（2021）分析了"两山"理念与生态扶贫的关系，指出"两山"理念是中国生态扶贫的理论指引，生态扶贫是"两山"理念生态文明思想的生动实践。雷明（2015）指出处于生态脆弱区的贫困地区，实施移民搬迁扶贫工程、光伏扶贫工程、旅游扶贫工程，能够因地制宜地将"绿水青山"转化为"金山银山"，是践行"两山"理念的重要举措。

（二）广义财富观的概念及内涵

财富观就是人们对财富问题的基本看法和主要观点，反映人们对财富的认识，包括财富的表现形式、构成及其衡量尺度等多方面内容（毛新，2013）。人们对财富的认识有一个历史发展的渐进过程，新的时代需要新的财富观，旧有的"以物为本"的财富观已不再适应当代中国社会的需求，急需一种新财富观来引导社会大众的思想走向。随着我国后工业化社会的到来，资产虚拟化趋势成为时代的必然。对于财富观内涵的界定呈现出由货币形式向幸福形式（虚拟财富）转变的趋势，即演变为广义财富观。越来越多的学者将虚拟财富观的内涵不断延伸。张家喜（2008）认为虚拟财富就是有助于增加实物财富价值的各类关系在所有权权证上集中地表现；林左鸣（2005）拓宽了虚拟财富的内涵，将声望、人力资本等非权证关系也纳入到了虚拟财富的范畴；马拥军（2014）从马克思主义经济学的角度，结合新时代的发展重新阐述了虚拟财富的存在性与价值性，巩固了虚拟财富观的理论基础；袁潮清等（2014）将正效用的概念引入广义财富的内涵界定中，认为广义财富是指能够满足人类心理需求或物质需求，引起正效用流入的一切物质或非物质的事物。同时，广义财富往往可以给人们带来心理层面和物质层面的双重满足，但是心理层面的引导作用往往大于物质层面的引导作用。彭定贇和张飞鹏（2016）提出广义财富由虚拟财富和实物财富构成，其中虚拟财富包括广义虚拟财富和狭义虚拟财富。王金玉（2019）运用历史唯物主义和政治经济学批判的方法，将马克思财富观拓展到生态领域。目前，关于实物财富和狭义虚拟财富的界定比较明确。广义虚拟财富的界定则存在较大争议，它们往往没有任何的物质载体凭证，包含了许多无法在市场上得到公开报价的项目（张晓朴和朱太辉，2014）。综上，目前广义虚拟资产与实体资产紧密结合，借助实体资产为广义虚拟资产带来增值，并与实体资产相互转化，虚实一体化趋势日趋明显。

（三）生态价值评估的方法

乡村生态价值是指乡村生态系统及其各组分在维持生态系统的结构和功能完整，以及其作为生命维持系统和人类生存系统所具有的价值（丁言峰，2010）。生态价值评估对乡村生态产品的价值进行分类和核算，以公众福祉为主线和关联，评估不同生态产品的非市场价值，计算流量价值，以期在价值转化过程中实现社会公众的效用最大化。

目前，生态价值评估方法主要有四种：价值当量法、替代市场法、揭示偏好法和陈述偏好法（包括条件价值评估法和选择实验法）。价值当量法主要是以谢高地（2017）建立的陆地生态系统单位面积服务价值表为依据获取研究区内的生态价值（梁流涛等，2011），如王宗明等（2004）参照中国陆地生态系统单位面积生态服务价值当量表计算了三江平原生态系统服务价值。替代市场法中应用较多的是机会成本法（曹志宏等，2009）、影子价格法（Richmond et al.，2007；赵海珍等，2004）、替代工程法（赵海珍等，2004）和市场价值法（许恒周等，2011）。揭示偏好法中主要应用的是旅行费用法，如蔡银莺和张安录（2008）使用旅游费用法估算了休闲农地景观的存在价值和游憩价值。陈述偏好法中应用较多的是条件价值评估法（牛海鹏和王坤鹏，2017；李广东等，2011；Bandara and Tisdell，2004）。近年来，也有学者使用选择实验法评估耕地资源、水资源、森林资源的非市场价值。

选择实验法的理论基础是特征需求理论与随机效用理论,随机效用理论常被用以核算公共物品价值,随机效用理论将个体效用分为一个可观测的系统部分和一个不可观测的随机部分,通过构造选择的随机效用函数,将选择问题转化为效用比较问题,用效用的最大化来表示受访者对选择集合中最优方案的选择,以达到估计模型整体参数的目的。与条件价值评估法不同,选择实验法必须通过一些以个人行为和选择模型为基础的间接技术推断出货币价值(樊辉和赵敏娟,2013)。除了具有理论基础极强的优势外(Johnston,2007),选择实验法评估结果也有着较大的应用弹性(Morrison and Bergland,2006),能有效拓宽条件价值评估法的研究范围,打破条件价值评估法的局限,结果更为可靠。并且能够较好地解决生态系统服务的多重生态属性之间的损益比较问题,揭示公众对生态系统服务各生态功能属性的偏好,且其研究结果还可通过效益转移法应用于其他类似的环境物品的非市场价值评估当中(姚柳杨等,2017;史恒通和赵敏娟,2016;Morrison and Bergland,2006),因此近年来在国外非市场价值评估方面受到广泛使用,且被经济学家公认是非市场价值评估领域最具前景的方法。目前,国外选择实验法的有关研究主要涵盖以下五个方面:一是运用选择实验进行自然资源非市场价值评估时所包含的理论基础,以及选择实验相对同类方法的比较优势(Adamowicz et al.,1998;Boxall et al.,1996);二是优化选择实验方案设计,提升样本数据可靠性(Zhao et al.,2013;Louviere,2006);三是在框架内合理改进研究所用计量模型,使计量结果更为精确(Scarpa et al.,2021;Mariel and Meyerhoff,2018;Jourdain and Vivithkeyoonvong,2017);四是选择实验结果的效益转移(benefit transfer)研究,包括选择转移方式、评估转移误差、衡量聚合度等(Glenk et al.,2015;van Bueren and Bennett,2004);五是选择实验在各类自然资源不同情境下的拓展渗透,如选择实验应用于水资源价值评估(Hynes et al.,2013)、资源环境政策评价(Fujino et al.,2017)、耕地资源保护(Jin et al.,2013,2018)等。而当前国内对于选择实验在环境评估应用中的研究相对较少,主要集中于耕地资源保护和旅游资源的保护与开发利用(姚柳杨等,2017;王尔大等,2015;马爱慧等,2012)、环境资源保护(葛绪锋和陈涵,2021;贾亚娟和赵敏娟,2021;陈钦等,2020)、农产品质量安全(刘成和方向明,2018;袁学国等,2014)、农业技术采纳(徐涛等,2016,2018)等方面。

(四)生态价值实现路径

生态价值实现是"两山"理念的核心基石,为"两山"理念提供了实践抓手和价值载体(张林波等,2019)。乡村生态价值实现的关键环节是确定其实现路径(廖茂林等,2021),科学有效的生态价值实现路径有助于打破乡村生态发展过程中遇到的瓶颈（管志贵等，2019）。生态价值实现路径确定的核心在于通过合适的资源配置和政策制定，将"绿水青山"的生态非市场产品所具有的外部性内部化，防止生态资源的真实经济效果被扭曲，降低交易成本的复杂性与不确定性，实现由个人最优向社会最优转变。在已有的研究中，乡村生态价值实现路径大致分为以下三类。

一是政府主导下的相关政策落实方式。政府主导可被分为政府管制（金铂皓等，2021）、生态税费（罗丹，2016）、生态补偿（苗肥，2021；郭滢蔓等，2020）、转移支付（凌阿妮和曹佛宝，2019）、政府购买（丘水林，2018）等。赵映诚（2009）认为，现代社会政府管制是社会治理的最主要的工具和手段之一，在生态环境日趋恶化的情况下，必须强化政府生态管制，以保证生态价值的实现。生态补偿最初主要用以抑制负的环境外部性，依据污染者付费原则（polluter pays principle，PPP）向行为主体征收税费。然而，近年来，生态补偿逐渐由惩治负外部性（环境破坏）行为转向激励正外部性（生态保护）行为（秦艳红和康慕谊，2007；Merlo and Briales，2000；Cowell，1997）。周一虹和芦海燕（2020）在研究黄河上游生态区时，提出生态补偿机制向多元化、市场化生态综合补偿机制转变，有利于实现生态产品价值，协调黄河流域生态保护与高质量发展。但生态补偿以政府财政支付能力为依据，缺乏生态系统服务价值科学核算体系（路文海等，2019）。王金南和刘桂环（2021）提出以生态产品质量和价值为基础，通过纵向转移支付、横向转移支付、异地开发等方式实现优质生态产品可持续和多样化供给。政府可通过赎买、置换等方式补偿供给者的利益损失，使"靠山吃山"的农民利益损失得到补偿，从而实现乡村生态价值（李维明等，2020）。

二是依赖于市场作用的生态价值实现机制。市场主导可被分为明晰交易内容、建立市场体系（虞慧怡等，2020）、发展绿色金融（陈经伟等，2019）、生态产业化经营（胡卫华，2019）、权属交易（刘江宜和牟德刚，2020）等。将市场机制融入公共性生态产品价值实现过程，有利于调动农户主动开展生态保护的积极性（虞慧怡等，2020）。所谓绿色金融，是指金融机构在开展经营时兼顾可持续发展准则，积极支持节能环保项目融资的行为，如支持乡村污染治理与碳减排、改善乡村环境质量、应对气候变化等，从而促进乡村生态价值的实现（仇冬芳等，2016）。发挥绿色金融能动性，加大对绿色金融综合人才的培养，完善绿色金融考核制度，实现绿色信息共享，推动金融机构制订绿色发展规划，创新绿色金融产品和服务方式，不断加大对绿色企业项目的资金支持力度，有利于促进生态价值实现（李胖等，2021）。生态产业化经营实质上是以生态产品生产和再生产为主线的经济活动过程，是生态产品价值生产和实现过程（黎元生，2018）。卢廷艳和罗华伟（2021）认为，发展森林生态产业如森林康养、森林生态旅游、林下经济、药材产业等，可以使森林资源的生态价值得以实现。李莺莉和王灿（2015）也指出，乡村旅游在农村产业结构调整和新农村建设过程中不仅带来了经济收入,也能够促进当地基础设施与生态环境的改善。但我国经济社会发展过程中,尚未从根本上形成市场主体自主保护生态环境的内生机制,乡村生态价值的实现还面临产权界定不清、交易计价模式不完善、生态修复动力不足等多方面问题(孙志,2017)。

三是由政府市场混合路径或政府、市场和社区(社会)等共同参与的价值实现机制。多中心路径是一种政府、市场、社区共同参与公共事务的治理模式(李平原和刘海潮,2014),具体而言,是通过法律、政府行政管控或给予政策支持等方式,培育交易主体,促进市场交易,进而实现乡村生态价值(刘大全等,2021)。Ostrom(2009)认为单一强调政府作用、市场主体作用或是社会组织作用,都过于简化或理想化而无法取得满意效果。因此,实现乡村生态价值关键在于打破单中心思路,开发多中心路径,加强政府、市场和社会之间的配合(林黎,2016)。近年来,国内外有关学者逐渐从多中心视角探求乡村生态价值的治理途径。如郁俊莉和姚清晨(2018)认为面对公共治理困境,多中心路径以其竞争性与合作性的内核成为一种可替代传统公共事务治理理论模型的范式。彭文英和尉迟晓娟(2021)将公共产品分为不同类型,提出公共性生态产品由政府主导市场支持、经营性生态产品由市场主导政府支持、权益性生态产品由政府引导市场运作的差异化价值实现路径,同时也指出社会支撑的重要性。

总的来说,将政府、市场与社区作为相对孤立的主体进行治理难以高效地实现乡村生态价值,多中心路径将三者结合进行横向分工能够在一定程度上提高乡村生态价值的转化效率,在最大程度上满足生态与社会的需求。目前,多中心路径在国外各类研究领域中被广泛应用,但在国内仍处于起步阶段,特别是针对乡村生态价值实现路径的研究方面,尚未有国内学者基于多中心路径系统分析,并为生态价值实现机制的完善提供理论指导。

三、本章的创新与贡献

已有研究为本章提供了重要的理论与实证基础。然而现有研究对乡村生态价值如何促进农民农村共同富裕而言,仍存在以下不足。

首先,财富观不应只包括以金钱为形态的经济价值,还应包括生态环境等自然资源中能够为全社会带来福祉的物质财富和精神上的享受。然而现有研究集中于对财富经济价值的研究,对生态环境等资源的自然价值关注较少。少数在广义财富观中关注生态价值的文献则缺少对生态福利与农民收入之间关系的探讨。

其次,中国乡村生态环境空间异质性明显(高红贵和赵路,2019)。乡村生态振兴需要结合区域特定生态环境,并与区域经济、资源禀赋、社会现状、发展目标相适应。然而现有关于乡村生态振兴的研究中,对于区域差异性关注不足,仅围绕某一特定地区进行案例分析。已有研究为因地制宜、探究多种生态制度方面提供了理论建议,但是在不同乡村区域的环境价值最优实现路径方面的分析不足。同时,现有研究在分析过程中通常将农户、政府、企业等不同主体分开讨论乡村生态振兴的实现路径,忽略了不同主体间的相互关联与影响并缺少综合分析,忽视了不同乡村区域下最优主体合作的实现路径研究。

最后,生态价值的精准评估是高效、合理配置环境资源的基础。乡村生态系统具有动态性、异质性、多样性等特征,静态生态价值的评估不足以反映乡村系统的全价值,全价值的评估需要进一步测算生态产品的服务价值,因此,制定一套相对科学完备的生态资产评估方法体系已成关键(粟晓玲等,2006;谢高地,2017)。此外,乡村生态价值的高效实现是将"绿水青山"转化为"金山银山"的重要环节,因而,在评估乡村生态价值的同时也要探求尽可能高效的价值实现路径。

基于以上研究不足,本章将基于"两山"理念的指导框架,从全社会视角对广义财富观的概念及内涵进行再审视,深入探讨广义财富观与共同富裕之间的内在逻辑。并围绕当前典型乡村生态振兴案例中的实现主体、实现模式和实现机制,分析其成功因素和阻碍因素,凝练典型案例发展经验,总结出可以在全国复制推广的乡村生态振兴经验模式。在系统梳理乡村振兴典型模式的基础上,采用选择实验的生态价值评估方法,量化乡村生态价值实现的相关经济、社会、生态系统的变化及产生的全收益、全成本与决策权衡,旨在设计反映由"绿水青山"向"金山银山"转变的最优方案选择,从而为生态振兴促进农民农村共同富裕提供理论支撑和决策依据。

本章的创新之处如下。

(1)在生态振兴背景下,基于全社会视角界定广义财富观的内涵和外延,突破了传统财富观概念上的局限性。一方面,指出广义财富观是对传统财富观在经济价值方面的继承;另一方面,指出广义财富观是在自然价值方面的拓展。传统财富观是建立在对自然资源的掠夺性开发的基础上追求财富,忽视了环境保护,广义财富观的理念是在人与自然和谐的基础上发展经济,凸显了广义财富观是以提高人类福祉为目标的理念。在对广义财富观的内涵界定的基础上,通过对物质财富和精神财富进行全价值评估,体现生态环境效益的外部性,反映生态环境与人类福祉之间的关系,助推经济社会的可持续发展。

(2)将生态产品的多重属性功能纳入价值实现决策中,实现社会福利最大化的路径选择。运用选择实验法评估生态产品非市场价值,将生态产品多属性功能纳入价值实现决策中,可以解决生态产品价值实现中经济、社会和生态间不同主体、不同目标、不同偏好间的不可直接比较与兼容的问题;同时,典型生态产品的全价值评估基于生态学模型和经济学模型,理论基础坚实,可以为其他地区通过选择实验进行生态产品价值评估提供实证依据。

本章的研究思路如图 6.1 所示。

第六章 生态振兴促进农民农村共同富裕的实现路径探讨

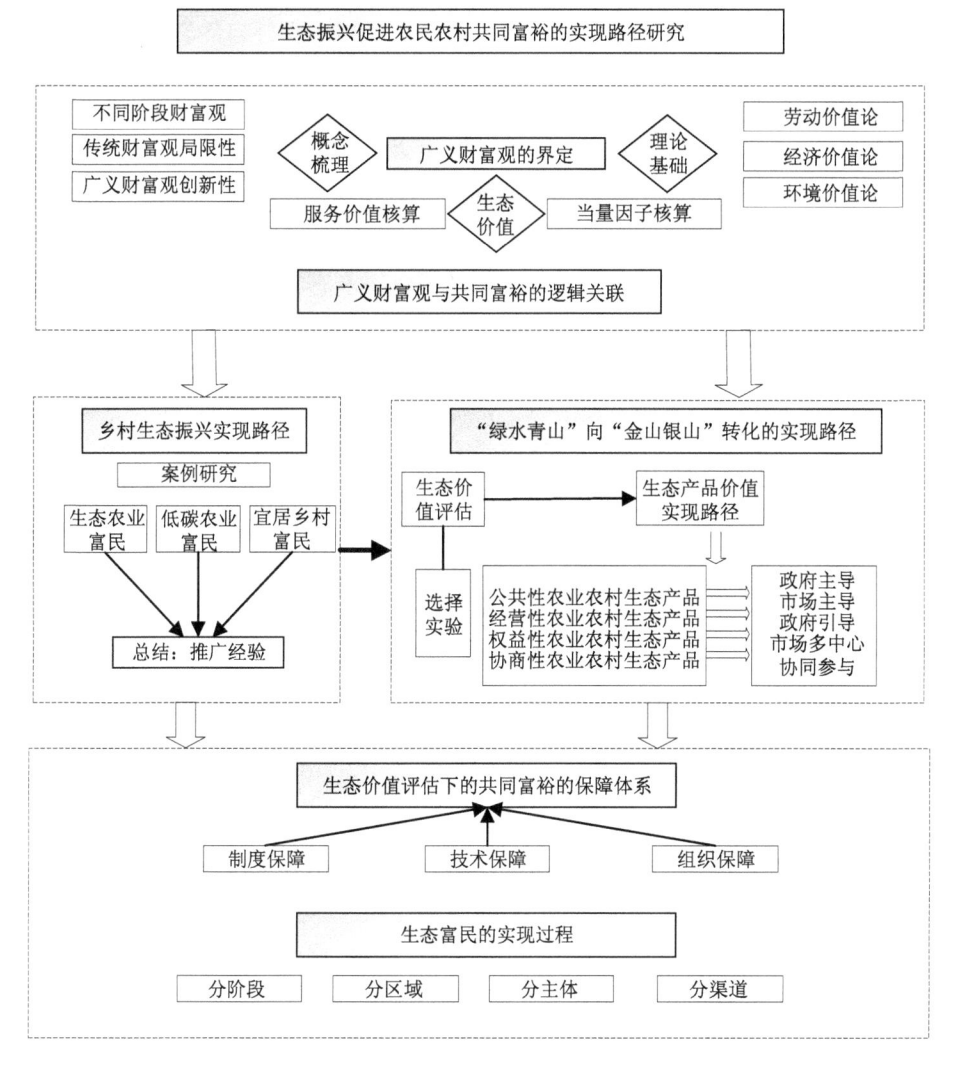

图 6.1 生态振兴促进共同富裕研究的思路图

第二节 广义财富观及其与共同富裕间的理论逻辑

一、"两山"理念指导下广义财富观的界定

基于全社会的视角,从经济学角度而言,"两山"理念蕴含的广义财富观认为广义的财富包含各类能够增进公众福祉的有价值资源、资产或者财富形式,公众的福祉不只体现在生产发展、物质富裕上,自然资源、生态环境也是财富,而且

是比金钱和人造资产更具基础性和本源性的财富。纳入良好自然资源、生态环境等非市场价值的广义财富观有助于正确的生态观、发展观的树立，促进生态振兴与农民农村共同富裕的实现，达成百姓富与生态美的统一。

从广义财富观与传统财富观之间的关系来看，广义财富观继承了传统财富观所包含的物质资源和金钱的积累等市场价值，还纳入了良好自然资源、生态环境等非市场价值，强调了在人与自然和谐相处的基础上发展经济，重视两者之间的协同发展。通过保护和维护生态系统，人类可以在享有丰富物质和文化产品的同时，确保良好的生存环境和生态产品，促进人与自然的和谐共生。此外，生态系统通过输出生态生产力，提供农业生产产品和服务，产生直接效用，增进人类福祉，实现市场价值和非市场价值的统一，促成百姓富与生态美的协同。

从衡量方式来看，广义财富观的内涵不能仅仅停留在概念层面，目的也不能只停留在对物质财富的追求层面，实践中要求将绿色财富指数纳入评价考核指标体系，大力推行绿色 GDP，量化自然资源的价值、生态系统的健康状况以及生态产品和服务的贡献，充分运用行政制度和措施，营造追求、创造、享有和管理绿色财富的社会氛围等，其实质是通过将"绿水青山"所产生的生态产品和服务的价值转变为"金山银山"的过程，将经济发展的重心从纯粹的物质积累转向满足人类福祉和社会需求。

从价值形态来看，广义财富包含物质资源和金钱积累等市场价值和良好自然资源、生态环境等非市场价值，与市场价值相同，非市场价值形态也分为存量价值和流量价值两种。其中，存量价值为自然资源资产价值，包含土地、森林、草原、湿地、水、矿产等，反映自然资源丰富程度，作用在于摸清家底、理顺产权关系，确保资源的合理管理和开发；流量价值是生态系统为社会提供的各种生态产品和服务的价值，包含提供、调节、文化等方面，反映国家生态发展情况，体现生态财富水准。

综上，本章界定广义财富观是包括以金钱为形态的市场价值和生态环境资源等非市场价值在内的全价值，是能够提高人类福祉的物质财富和精神财富，其中的价值标准为是否为当代或未来社会提供福祉。

二、广义财富观与共同富裕的逻辑关联

广义财富观是实现共同富裕的理论基础与前提。广义财富观为实现生态补偿、功能区划、生产考核评价提供理论支撑，在生态振兴的宏观背景下以及广义财富观的理论指导下，进行财富创造和分配时，人民主体地位对共同富裕的目标实现起到了至关重要的作用，既强调人民群众是财富创造的主体力量，同时也强调社会主义财富发展的根本目的是回馈人民群众。

图 6.2 描绘了广义财富观与共同富裕的逻辑关联。在"绿水青山"向"金山

银山"的动态转化过程中,农村农民作为创造财富的主体,对保护和提升"绿水青山"的行为具有很强的主动性,从传统做法向具有生态意识的方法转变,从而创造出具有生态价值的产品和服务,农村农民在转化过程中承担生态产品与服务提供者的身份,农村农民成为创造财富的主要驱动力;农村农民将"绿水青山"转化为以生态价值进行衡量的生态产品与服务后,政策制定者采用了一系列金融工具,包括补贴和税收激励以及其他相关支付机制。在这些财政激励措施的支持下,这一进程成为实现共同富裕愿景的基石,进而促进曾经的原始景观蜕变为繁荣的"金山银山";通过相关付费机制形成"金山银山"的过程,不仅保护了该地区的生态福祉,还为促进农村农民和农村社区的繁荣提供了蓝图,为实现共同富裕提供了保障,从提高收入水平、提升人居环境以及改善生产条件等方面为实现农村农民的共同富裕提供了思路。

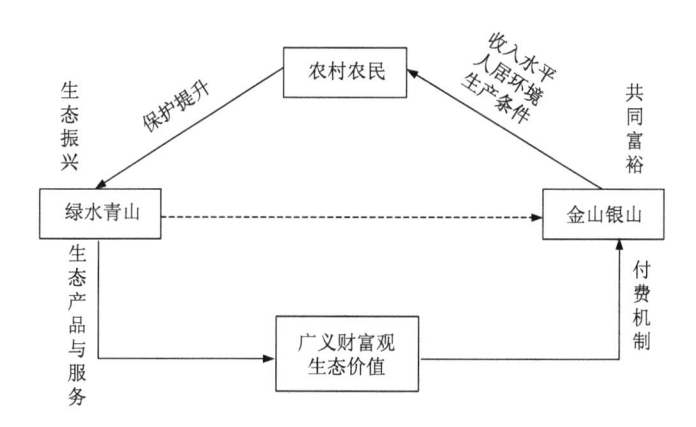

图 6.2 广义财富观与共同富裕的逻辑关联

第三节 乡村生态振兴的经验模式与实现路径

一、生态农业富民案例:陕西洋县有机产业

洋县处于中国南北气候的分界线上,冬无严寒,夏无酷暑,是陕西省唯一建有朱鹮和长青两个国家级自然保护区的地区,被誉为地球上同纬度生态最好的地区之一。洋县也是世界珍禽朱鹮唯一的人工饲养种源地和主要的野外栖息地,被称"朱鹮之乡"。

作为西北有机第一县,洋县精心呵护大自然赐予的有机生态环境,并把良好的生态优势转化为经济效益,适时提出了打造朱鹮品牌、发展有机产业的战略。具体的措施如下。

一是打造朱鹮品牌，发展有机产业。多年来，洋县贯彻"像爱护眼睛一样爱护山水"的理念，强化生态环境治理，创造了良好的生态优势。进一步地，为把良好的生态优势转化为经济效益，洋县适时提出打造朱鹮品牌的发展战略，县财政每年拿出 1000 万元的有机产业发展和知名品牌创建专项资金，对有机基地环境检测费实行财政全额补贴，对产品认证费及年度复评认证费补助 60%，并对有机基地肥料实行定额补贴。与此同时，洋县加强与科研院校和机构对接，发挥现有科技人员及示范基地的技术推广和培训平台作用，通过讲、学和实践，使农民掌握有机农业生产技术和关键环节。

二是规范有机产品操作标准，完善产品质量。为保证有机产品的安全性和真实性，洋县动员专家制定并发布了《洋县有机产品生产技术操作规范》，出台了多种农作物有机生产技术标准，规范产品生产。同时，洋县在县域范围内建立有机农业投入品配送中心，并在相关乡镇指定专门部门监督有机农业投入品的配送，防止非有机产品投入物流、基地和生产线，构建出县、镇、村有机产业监控网络。此外，按照"环境检测、操作规程、生产记录"等规定标准，对有机生产企业质量管理体系进行例行检查，旨在确保有机产品的质量和操作安全。

三是按照"育名牌、拓市场"的思路，延伸有机产业链。依托有机产业协会服务平台，成功注册朱鹮商标，引导有机生产经营企业建立产销协作网络，共同打造朱鹮有机品牌，扩大影响力。推行有机产品认证，建立生态品牌示范基地，发展"一乡一品""多乡一品"的特色区域，扩大有机产业基地。建设集有机产品加工、科研、贸易、物流于一体的有机产业园区，推动有机产业集群化发展，扩大产业规模，提升产品价值。此外，洋县还制定了《有机产业园区招商引资优惠政策》，对有机生产企业实行贴息贷款、项目支持、奖励补助、土地配置等优惠政策，刺激有机生产企业发展壮大。

洋县有机产业发展迅猛，从"国家有机产品认证示范区"到"全国朱鹮生态保护产业知名品牌创建示范区"，再到"国家农业绿色发展先行区"，洋县有机产业正由昔日的"小舢板"发展为今日的"大舰船"。至 2022 年，洋县有机产品增长至 15 个大类 110 种，有机生产基地增长至 17.5 万亩。在 2022 年，洋县农业总产值达 72.05 亿元，同比增长 4.3%，绿色（有机）循环产业园区实现工业总产值92.6 亿元，有机产业成为洋县群众致富增收和县域经济高质量发展的主导产业。

目前洋县有机产业发展仍有提升的空间。可以概括为：一是龙头企业产业链短，有机产品附加值不高。龙头企业多进行原料的初加工，少数企业从事产品深加工，整体产品价值仍然相对较低。二是市场影响力较小。由于优质有机产品推广力度不到位，销售网络不健全，尚未形成规范的市场运行机制，各类有机农产品没有规模性进入市场。

洋县有机产业发展应充分带动当地经济增长，为实现生态农业和经济繁荣的目标，推动有机产业的发展，作者提出以下建议：一是促进有机产品深加工，提升产品附加值。有机产业发展要融合"生态特色+科技价值"理念，从战略上重视科技进步，从农产品初加工过渡到利用科技实现有机农产品提质增效、精深加工的转变，推进传统产业转型升级，实现到高附加值产品时代的跨越。二是加大宣传推广力度，打造高端品牌。结合区域独特的有机产业和区域特色产品，借助"互联网+"等科技手段，开展有机品牌的多方位宣传推广。此外，举办论坛和开展国家级活动，扩大有机产品的市场影响力和市场份额，实现有机产业的品牌化发展。

二、低碳农业富民案例：福建同安茶园碳汇

同安区位于福建省东南沿海、厦门市的北部，坐落于闽南金三角的核心地带，是厦门市农村面积最大的行政区，农业在该区所占的比重最高，乡村居民人口最多，因此，同安区被视为厦门市农村发展的重要领域，占厦门市粮食播种面积的半壁江山，被认为是厦门市乡村振兴工作的主要阵地。

福建同安区响应中共中央、国务院发布的《关于完整准确全面贯彻新发展理念做好碳达峰碳中和工作的意见》中提出的"加快推进农业绿色发展，促进农业固碳增效"的有关精神，推广碳汇型茶园，发展低碳农业富民新模式。具体的措施如下。

一是普及低碳知识，积极推广生态茶园。同安区的党员干部多次深入乡村，向农户传授有关碳达峰和碳中和的知识，鼓励农户以茶树种植为主要农业活动，并基于生态学理论和生态系统设计原理，科学构建和管理适宜茶树生长的茶园生态系统，通过施用有机肥、种植绿肥、废弃枝叶还田等低碳生产行为改良土壤，提高土壤有机质，提升土壤碳汇水平，实现资源节约、环境友好、产量持续稳定、产品安全优质的碳汇型茶园。

二是建立农业碳汇服务驿站。在厦门市地方金融监督管理局等部门的指导下，厦门产权交易中心与厦门农商银行合作，在同安区军营村设立了全国首个农业碳汇服务驿站，为农户提供"农业碳汇+绿色金融"的下沉式服务，采用福建农信创新模式，即"乡村振兴碳汇贷"，根据该村农业碳汇量在厦门产权交易中心登记的情况，确定整村授信额度，并向茶园承包户提供茶园种植经营类贷款。打破了"融资难、融资贵、融资慢"等制约农村经济发展的障碍，不仅提高了茶农的收入，还提升了整村的碳汇量。

三是设立农业碳汇交易平台。基于农业碳汇的一般性和特殊性，厦门产权交易中心搭建了厦门农业碳汇交易平台，其能够提供农业碳汇开发、测算、交易、登记等一站式服务，提供碳汇交易权益保障。在厦门产权交易中心的推动下，农业碳汇交易平台积极鼓励企业和公众购买碳票，推动农业"碳票"变"钞票"，促

进了农业"碳票"向有形货币的转变，实现当地村民"卖茶叶的同时，还可以卖空气"，提高碳汇交易参与者的权益。

同安区低碳富民行动取得显著成效。2022年5月5日，厦门市同安区在厦门产权交易中心农业碳汇交易平台的协助下，取得了令人瞩目的阶段性成果，7755亩生态茶园总计约3357吨的农业碳汇由厦门银鹭食品集团购买。同年6月，众多市民踊跃参与，通过数字人民币购买了莲花镇34 327吨农业茶园碳汇，这不仅增加了莲花镇9个村集体的"绿色收入"，也标志着同安区开启了农业碳汇之旅。此外，这一开创性的模式也激励着福建其他地区纷纷效仿，推动了茶叶主产区的生态修复和碳汇工作，截至2022年12月11日，福建省累计推广面积已达31万亩。

但目前碳汇交易富民模式尚处于起步阶段，存在一定的不足之处，具体包括：碳汇交易产品种类单一，生态茶园概念在消费者中的传播率和接受度仍然较低，社会参与度不高，不利于调动全社会参与碳交易的积极性，并且碳汇评估机构数量少、评估方式的科学性不高等因素，羁绊了碳汇市场发展，阻碍了低碳农业富民的步伐。

低碳富民提供了一种新的生态振兴模式，为实现低碳富民生态愿景，推广低碳富民模式，提出以下几条建议：一是拓宽碳汇交易产品。鼓励农业高校、科研院所与企业开展深入合作，识别具有经济效益的减排固碳技术和产品，在现有生态茶园项目的基础上，根据实际情况，选择逐步开发农村光伏碳减排、农村沼气碳减排、种养结合循环农业碳减排、农田碳汇等交易产品，并将碳汇资源丰富的地区纳入碳汇交易试点范围。二是采用多种方式吸引社会公众参与。以村集体为单位参与碳汇交易，或通过租赁、托管或入股的方式与新型农业经营主体合作，同时借助自媒体平台，增加农户参与积极性与果园碳汇的社会认可度。三是完善相应方法学及碳排放监测系统。针对地区差异开发编制相应的碳汇方法学，形成符合不同地域特征的核算体系。加快碳排放监测体系建设布局，发挥互联网、物联网和遥感等新技术优势，提高碳汇核算的精确度。

三、宜居乡村富民案例：四川苍溪和美乡村

苍溪县位于四川盆地北缘，秦巴山脉南麓，嘉陵江中游沿岸。得天独厚的地理位置和良好的气候条件促进了该地区农业的蓬勃发展。农业是苍溪经济的基石，2022年，在全县72.85万居民中，约60万人从事农业生产，苍溪县是四川省重要的农业中心，也是"庭院经济"的发源地。

党的二十大报告中强调"建设宜居宜业和美乡村"[①]，苍溪县以"两山"理

---

① 引自2022年10月26日《人民日报》第1版的文章：《高举中国特色社会主义伟大旗帜　为全面建设社会主义现代化国家而团结奋斗》。

念为总指引，学习"千万工程"经验，进一步地开展宜居宜业和美乡村建设。具体的措施如下。

一是将"建设宜居宜业宜游美丽乡村"写入《苍溪县"十四五"农业农村现代化发展规划（2021—2025年）》，确保整治工作落实落细。结合"美丽四川·宜居乡村"提出的要求标准，加快落实"绿水青山就是金山银山"的理念，促进苍溪县农村资源重构、农村功能转变、产业结构调整等。此外，成立由县政府和县委主要负责人共同领导的宜居乡村建设的工作小组，确保全面的区域合作与举措的有效执行。

二是整治人居环境，建设宜居乡村。苍溪县结合自身特点，因地制宜积极推进农村厕所改造和畜禽企业粪便资源化利用设施建设，推进秸秆和废旧农膜资源化利用，处理农村生活污水，治理黑臭水体，防治地下水污染，深入实施农村垃圾、污水、厕所"三大革命"。此外，在全县范围内实施村庄清洁和美化乡村行动，激发居民参与的积极性，提升村容村貌，大力提升农村庭院环境品质。并且，开展农村路水田电气讯"六网一中心"整治行动，补齐农村基础设施短板。

三是优化便民服务，推动庭院文化建设。坚决实行县级部门的公开承诺制，积极推进村级公共服务体系的建设，提升政务服务的便捷程度。同时，构建居家服务、机构支持和社区互助相结合的新服务模式，满足农村老年人的需求。实施城乡义务教育的"优质均衡"发展计划，重点发展片区中心集镇学校，确保农村学生在村子里也能够享受高质量的教育。加强乡村医疗体系建设，确保每个村庄都有医疗室和医生的驻扎。倡导文明新风，完善乡村的公共文化活动场所，传承杰出的农耕文明和红色文化。

截至2023年9月，苍溪县已累计建设23个美丽乡镇、362个美丽村庄以及12.8万户美丽庭院，农村居民的年人均可支配收入达到了17 083元。村庄通信信号全面覆盖，建设高标准农田60.4万亩，小型水利灌溉工程和农村饮水安全保障体系已经全面建立。村道硬化率达到100%，组道硬化率达到75%，被评为全国第三批"四好农村路"示范县。此外，户用卫生厕所的普及率达到了89.5%，农村生活污水有效处理行政村比例达80%以上。县级以上文明村庄占比超过80%，是四川省第二批现代公共文化服务体系示范县。

苍溪县在和美乡村建设方面成为一个杰出的榜样，但在持续推进和美乡村建设的过程中仍面临着一些挑战。首先，环境保护问题，应充分关注保护生态环境问题，确保建设活动不会对生态系统造成不利影响是一个重要挑战。其次，村庄管理和维护问题，和美乡村需要有效的管理和维护，应重视对道路、建筑物等设施定期维护。

苍溪县宜居乡村富民模式为乡村生态振兴带来新思路，在总结苍溪县发展方式的基础上，提出以下几点建议推进宜居乡村建设：一是宜居乡村建设要符合当地的情况，进行针对性的在原有基础上的改进型建设而非彻底重建。要在对当地自然资源环境、人文社会环境进行了解以及调查的基础上，完成具有当地特色的宜居乡村建设工作。二是把重点放在改善乡村人居环境上。第十九届中央全面深化改革领导小组第一次会议审议通过了《农村人居环境整治三年行动方案》，明确指出要"以农村垃圾、污水治理和村容村貌提升为主攻方向"，补齐农村人居环境的短板。三是不忘加强农村生态保护。乡村生态环境的改善是生态宜居建设的关键，宜居乡村建设须把生态保护摆在首位，从环境与资源两个方面着手加强乡村的生态保护。

第四节 "绿水青山"包含的"金山银山"：自然资源非市场价值评估

生态产品价值的实现首先需量化生态系统产品和服务的非市场价值，只有这样才能为市场提供准确的价格信号以及基于公众福利最大化进行生态系统产品和服务价值实现的路径选择；生态产品的非市场价值评估通过选择实验法，基于消费者理论和随机效用理论，将资源环境物品分解为由若干个子属性构成的商品，通过测算消费者对于不同生态服务非市场价值的偏好差异，核算不同生态产品非市场流量价值。基于选择实验法的非市场价值评估不仅能够揭示消费者对于整个生态系统服务的支付意愿及估计整体环境变化的经济价值，而且能够揭示消费者对于每一具体的生态属性的支付意愿，评估单一生态属性变化的经济价值。

依据乡村生态系统变化与公众福利之间的关联（图6.3），构建农业用水资源、耕地资源、草地资源、地膜污染治理、农药包装废弃物回收等选择实验评估指标体系，然后按照实验设计方法设计不同指标变化层的调研问卷并完成典型生态产

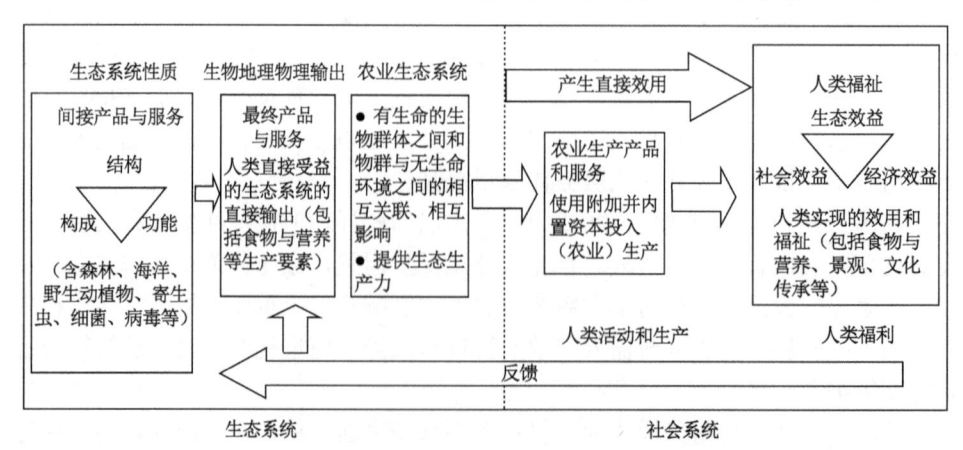

图 6.3 农业生态系统与人类福祉之间的关联

品调研与数据分析。在衡量生态产品非市场价值及探索其付费机制的基础上，从权属及其特征视角，农业农村生态产品可以划分为公共性生态产品、经营性生产产品、权益性生态产品以及协商性生态产品，针对不同类别的生态产品与服务，构建了不同的生态产品价值实现路径。

一、农药包装废弃物回收补偿评估案例

果蔬种植户农药使用量较多，产生的农药包装废弃物污染问题亟待解决。因此，本案例以果蔬种植户作为研究对象，测算农药包装废弃物回收差别化补偿标准。陕西省延安市富县和洛川县是苹果主产区，咸阳市泾阳县和三原县是蔬菜主产区。这4个县的农药使用量在各自所属市中均位于前列，产生的农药包装废弃物数量庞大，农药包装废弃物回收政策的实施对于陕西省农村人居环境和农户的生产生活都将产生巨大的影响。

调查组初步确定了以标准化清洗、分类、回收点距离和补偿金作为额外回收方案的指标，同时搜集文献研究和已出台的各地方农药包装废弃物回收方案，然后咨询环境科学专家、对调查区域的农药包装废弃物回收管理部门进行座谈以及调查当地居民，在此基础上最终确定了如表6.1所示的额外回收方案的指标及水平值。

表 6.1 农药包装废弃物额外回收方案的指标及水平值

指标	指标含义	水平值
标准化清洗	在使用完农药后，采用"三次清洗"方式清洗农药包装废弃物，达到标准化清洗效果	不达标、达标
分类	将农药包装废弃物按照材质分成四类：塑料瓶、铝箔袋、玻璃瓶和其他	不分类、分类
回收点距离	离指定农药包装废弃物回收点的距离	0公里（专门人员回收）、0.5公里、1公里、1.5公里、2公里
补偿金	对采取上述措施额外回收农药包装废弃物的农户，将每年给予的额外补偿金表示为额外补偿金额占农户当年购买农药总费用的比例	0.5%、1%、1.5%、2%、2.5%

在陕西省富县、洛川县、泾阳县和三原县开展实地调研。首先，根据各县农业农村局相关部门负责人的介绍，选择各县苹果或者蔬菜种植面积最大的2个乡镇。其次，在每个样本乡镇选取村庄人口较多且分布较集中的4个行政村。最后，在每个样本村庄随机选取20～40户果蔬种植户进行入户调查。入户调查采取一对一访谈方式，受访对象主要是户主。调研共发放问卷1080份，回收信息完整的问卷1073份，有效问卷1060份（其中，延安市573份，咸阳市487份），问卷有效

率为 98.15%。

在使用随机参数 Logit 模型估计前，设定 ASC（alternative specific constant，备择常数）和补偿金的参数为固定参数，设定标准化清洗、分类和回收点距离三个指标的参数服从正态分布。其数据分析结果如表 6.2 所示。

表 6.2　随机参数 Logit 模型回归结果

指标	系数	标准误
固定参数		
ASC	−3.954***	0.352
补偿金	0.022***	0.003
随机参数的均值		
标准化清洗	−2.924***	0.362
分类	0.506***	0.174
回收点距离	−1.685***	0.212
随机参数的标准差		
标准化清洗	7.097***	0.667
分类	3.640***	0.372
回收点距离	3.380***	0.357
Log Likelihood	1199.05***	
	−2647.393	

***表示 1%的显著性水平

可以看出，模型整体拟合优度达到了 1%的显著性水平。ASC 对果蔬种植户效用有负向影响，且在 1%的水平上显著，表明受访者更倾向于选择农药包装废弃物的额外回收方案。果蔬种植户已经逐渐认识到农药包装废弃物的危害，不仅包括其中残留农药的危害，还包括不同材质的农药包装废弃物不适当处置的后果，因此对农药包装废弃物额外回收工作抱有积极态度。补偿金对果蔬种植户效用有正向影响，且在 1%的水平上显著，表明补偿金的增加会提高受访者的效用水平。标准化清洗和回收点距离均对果蔬种植户效用有负向影响，且在 1%的水平上显著，表明受访者偏好不标准化清洗和上门回收农药包装废弃物。此外，受访者也表示回收点的距离越近越好。分类对果蔬种植户效用有正向影响，且在 1%的水平上显著，表明受访者偏好分类农药包装废弃物。

根据表 6.2 中的随机参数 Logit 模型回归结果，可测算出果蔬种植户对额外回收方案的边际受偿意愿。通过调整指标的赋值水平可以得到不同的农药包装废弃物回收方案的补偿标准，具体如表 6.3 所示。

表 6.3 农药包装废弃物回收方案的差别化补偿标准

方案	基础回收方案	额外回收方案 标准化清洗	额外回收方案 分类	回收点距离/公里	补偿标准/（元/年）	补偿标准占当年农药购买费用的比例
方案一	不愿意参与	不达标	不分类	0	0	0
方案二	愿意参与	不达标	不分类	0	22.12	0.78%
方案三	愿意参与	不达标	不分类	2	22.12	0.78%
方案四	愿意参与	达标	不分类	0	22.12	0.78%
方案五	愿意参与	达标	分类	1.5	66.89	2.34%
方案六	愿意参与	达标	分类	2	104.97	3.68%

结果表明：第一，不同果蔬种植户对额外回收方案指标的偏好存在显著的差异。第二，果蔬种植户参与农药包装废弃物基础回收方案的补偿标准是 22.12 元/年，相当于当年农药购买费用的 0.78%；果蔬种植户参与农药包装废弃物额外回收方案的额外补偿标准是 66.89 元/年，占当年农药购买费用的 2.34%；总补偿标准是 104.97 元/年，占当年农药购买费用的 3.68%。本节认为，针对不同农药包装废弃物回收方案，需要考虑制定差别化的补偿标准。

二、农村生活垃圾治理模式评估案例

随着农村物质生活的不断丰富以及电商在农村地区的逐渐渗透，农村生活垃圾急剧增加。基于农户偏好设计合理的阳光堆肥房合作模式是促进农户参与合作的关键，也是农村生活垃圾末端分类治理的重要保障。本案例选取了与陕西省 4 个试点县相邻的延安市安塞区、西安市临潼区、安康市平利县、渭南市合阳县 4 个非试点区县作为调查区域，在陕西农村开展了农户生活垃圾治理合作偏好的调查访谈，实地调查通过"区（县）—街道（乡镇）—自然村—农户"分层与随机抽样相结合的方法展开，共完成问卷 900 份（每份问卷包含 3 次选择实验），通过"双重误差控制机制"评价后，最终得到有效问卷 850 份（2550 次有效实验），有效率为 94.44%。

根据实验目的，在搜集整理相关文献的基础上，对陕西省 4 个农村生活垃圾分类示范县的 10 个试点村的阳光堆肥房投资运行情况进行了走访调查，进而通过专家咨询及焦点小组访谈，最终确定阳光堆肥房农户合作选择实验的 5 项指标（参与合作户数、退出合作的灵活性、距离、技术支持和政府补贴）及水平值（表 6.4）。

表 6.4 生活垃圾选择实验评估指标及水平值

评估指标	指标描述	水平值
参与合作户数	参与投资建设、运营管理阳光堆肥房的合作农户数	1 户、3 户、5 户
退出合作的灵活性	农户退出合作的灵活性	1 年后、3 年后、5 年后
距离	阳光堆肥房到村子的距离	0.4 公里、0.6 公里、0.8 公里、1.0 公里
技术支持	建设布局、结构设计及操作等方面是否有专业技术人员指导	没有、有
政府补贴	政府的投资补贴（一间阳光堆肥房的总投资成本约为 20 万元）	8 万元、12 万元、16 万元

基于 Mixed Logit 模型，对搜集的数据进行实证分析，以反映农户参与阳光堆肥房的生活垃圾治理合作模式偏好，结果如表 6.5 所示。

表 6.5 Mixed Logit 模型估计结果

指标/变量	模型 1 系数	模型 1 标准误	模型 2 系数	模型 2 标准误
ASC	2.1120***	0.4625	2.0648	1.6693
M（政府补贴）	0.3652**	0.0273	0.3729***	0.0269
M（参与合作户数）	0.1887***	0.0504	0.1989***	0.0495
M（退出合作的灵活性）	−0.0864**	0.0407	−0.0967**	0.0396
M（距离）	−0.9130*	0.3605	−0.8806**	0.3497
M（技术支持）	1.7478***	0.1815	1.7366***	0.1806
SD（参与合作户数）	0.8302***	0.0941	0.7834***	0.0850
SD（退出合作的灵活性）	0.4002***	0.8938	0.4289***	0.0696
SD（距离）	5.9984***	0.5296	5.7344***	0.4815
SD（技术支持）	2.3405***	0.2437	2.3764***	0.2484
ASC×性别			0.2364	0.4110
ASC×年龄			−0.0733***	0.0160
ASC×受教育程度			0.0942*	0.0540
ASC×是否为党员或村干部			1.1286***	0.4243
ASC×家庭人口数			0.0832	0.1067
ASC×家庭年收入			−0.0126	0.0153
ASC×环境关心			0.5651**	0.3059
ASC×社会网络			0.3146*	0.1674
ASC×社会信任			0.5638***	0.2155
ASC×社会规范			0.3364*	0.2020
Log Likelihood	−1913.5320		−1866.4999	
LR chi2（4）	1060.67***		951.89***	

注：M 是指平均数（mean 的缩写），SD 是指标准差（standard deviation 的缩写）。
*表示 10% 的显著性水平，**表示 5% 的显著性水平，***表示 1% 的显著性水平

在表6.5中，ASC为备择常数，代表参与实验农户选择不合作的基准效用。参与实验农户选择任一合作备选方案时，ASC的赋值为1；选择不合作时，赋值为0。因此，ASC系数为正，表示参与实验农户更愿意参与阳光堆肥房的合作供给。结果整体表明：一是政府补贴可以有效提升阳光堆肥房的农户合作意愿；二是农户偏好于参与合作户数较多、合作灵活性较强、距离村子较近以及相关部门提供技术支持的阳光堆肥房合作模式；三是年轻、受教育程度高、具有村干部或党员身份、环境关心水平高、社会网络广、社会信任以及社会规范程度高的农户参与阳光堆肥房的合作意愿更强。

选择实验法在阳光堆肥房农户合作偏好中的运用研究，验证了实验设计，拓展了选择实验法的应用范围，为农户偏好的阳光堆肥房合作模式推行提供了可行思路。研究结果不仅可以为可腐烂垃圾就地处理提供实践依据，而且能推动农村生活垃圾分类治理及资源化利用。

三、公众参与跨区域生态补偿案例

本案例以渭河流域中下游陕西段为研究区域和对象，研究公众参与跨区域生态补偿行为的影响因素。从流域中游到下游共抽取宝鸡市陈仓区、眉县（渭河中游），渭南市临渭区、潼关县（渭河下游）4个样本区进行调查，根据每个样本（区、县）人口及经济状况随机抽取3~4个乡镇，每个乡镇分层随机抽取3~4个村。为保证数据收集的有效性和可靠性，预先对调查员开展调查问卷的相关培训和讲解。将无效样本数据进行剔除，共获取有效样本704份。

研究结论：一是跨区域生态补偿中，流域公众参与的意愿和行为是一致的，下游公众的补偿意愿对参与行为有较强的导向性和影响力。二是行为态度、主观规范、知觉行为控制均显著正向影响公众的参与意愿，其中主观规范对参与意愿的影响最为显著。三是风险偏好型公众参与跨区域生态补偿的意愿更低，并且当公众对风险越偏好时，其对跨区域生态补偿的行为态度越消极、对参与补偿所感受到的社会压力越大、参与跨区域补偿行为控制程度的感知越强。四是公众的消费习惯对参与跨区域生态补偿的意愿和行为的影响均不显著，理性与非理性消费习惯特征不会表现在对生态系统服务这一特殊的环境商品的消费上。

四、休耕的社会福利评估案例

良好的耕地生态系统能够持续为人们提供包括农副产品和景观、休闲、文化在内的多种生态商品及服务（ecosystem goods and services，ES）。本案例随机选取了甘州区城镇的6个调研地点和农村的25个调研地点。采取入户调研方式，调研员仔细讲解了反映耕地非市场价值的指标，并示范如何进行生态环境变化的选择。调研发放了800份问卷，回收信息完整的问卷有646份。其中有效问卷为586

份，城镇样本占 51.4%，农村样本占 48.6%，相对于发放问卷的有效率为 73.25%。

本案例基于选择实验，分别建立了城镇和农村居民耕地资源非市场价值评估的 Mixed Logit 效用函数，估计了耕地保护政策实施前后社会福利的变动。结果表明，耕地保护政策实施后，甘州区城镇居民的平均补偿剩余为 3445.79 元/户，农村居民的平均补偿剩余为 3263.19 元/户，社会福利整体增加 5.09 亿元；城镇和农村居民组内对价值评估指标的偏好存在显著的随机性，组间对耕地生态系统服务的支付意愿存在显著的异质性。

第五节 "绿水青山"转化为"金山银山"：生态产品价值实现路径

一、差别化生态产品价值实现机制

生态产品价值实现需要科学地制定和选择实现路径，解决生态发展过程中所遇到的关键问题，从而促进生态价值实现向共同富裕的转化，实现百姓富与生态美的统一。生态产品类型的多样化，兼具公共产品和私人产品的复合性质，决定了其价值实现过程不能局限于单一模式。本节从政府干预或主导发起者视角出发，将生态产品价值实现的主导路径分为了四种方式，分别是政府主导路径、市场主导路径、政府引导市场路径、多中心协同参与路径。同时在对生态产品的价值进行评估的基础上，进行生态产品购买制度的设计，提出对不同类型的生态产品进行分类分析。根据生态产品的公益性程度和供给消费方式，将农业农村生态产品分为四种类型，分别为公共性农业农村生态产品、经营性农业农村生态产品、权益性农业农村生态产品以及协商性农业农村生态产品。

一是公共性农业农村生态产品，指产权难以明晰，生产、消费和受益关系难以明确的公共物品，如清新空气、宜人气候等，秦岭等重点生态功能区所提供的就是该类能够维系国家生态安全、服务全体人民的公共性生态产品；其价值实现主要采取政府主导路径，政府作为实施主体，通过转移支付、财政补贴等方式"购买"公共性生态产品或开展生态补偿。例如，陕西承包到户的集体林权制度，使得农民可以通过林权贷款获得生产资金，调动农民群众参与林地经营的积极性，进而从金融层面助推森林生态建设和林业产业发展。

二是经营性农业农村生态产品，指产权明确、能直接进行市场交易的私人物品，如生态农产品、旅游产品等；其价值实现主要采取市场主导路径，通过生态产业化、产业生态化和直接市场交易实现价值，如依托良好的自然生态环境，发展陕西生态农业、生态工业、生态旅游业等。例如，陕西榆林的现代农业科技示范区，将旅游业与农业相结合，因地制宜打造生态观光旅游业，延伸农业产业链，增加生态产品的附加价值，实现经济增长与生态修复的双赢局面。

三是权益性农业农村生态产品，主要指具有公共特征，但通过法律或政府规制的管控，能够创造交易需求、开展市场交易的产品，如碳排放权和排污权、林业碳汇质押贷款、水资源使用权转让等；主要采取政府引导市场路径，政府作为管理者和监督者，在制度设计、政策引导、需求创造、监督管理等方面发挥作用，通过法律或行政管控等方式创造出生态产品的交易需求，市场通过自由交易实现生态产品的价值。

四是协商性农业农村生态产品，指具有公共特征，难以建立起私有产权，但通过内部协调与信息共享等合作式治理形式，能够实现公共资源可持续发展的产品。主要采取政府、市场、社区共同参与的多中心协同参与路径，治理体系中各主体平等参与、双向互动与多中心互动，以相互信任、协商认同的方式解决问题。如陕西省双河镇按照"政府搭台、村社主导、园区承载、群众参与"的总体思路，开辟以西岔流域稻鱼种养为主的农业观光示范带等。

对于不同类型的生态产品，需要考虑其属性形成的多层次差别化实现路径。根据典型生态产品的属性特征，在不同生态产品类型之间形成具有针对性的价值实现制度。针对同类型生态产品，要结合特定区域的社会经济背景、自然资源禀赋、人口分布等特征以及公众对于生态产品多重属性功能的偏好差异，实行差别化治理。这就要求既要针对不同类型生态产品开展资源价值评估，甄别关键的资源属性功能，分别构建管理决策、多主体合作管理和管理控制思路；又要在广泛的社会调查研究的基础上，揭示公众对于生态产品多种属性功能的偏好差异，从而在治理内容、治理途径、治理目标等方面更加契合公众偏好，体现价值实现的本地化特色，获得更为广泛的公众理解和公众支持。

二、多元化生态产品价值实现模式

生态产品价值实现需要质量与效率并行，既要制定符合公众偏好的生态产品供给政策，又要根据群体特征、空间特征及产品属性，进行差别化的多元路径设计。在四类生态产品的基础上，本章结合自然资源管理职能和典型实践案例研究，认为通过生态产品价值实现促进生态振兴和共同富裕的模式可分为以下七类：政府主导路径下的生态保护补偿模式，市场主导路径下的生态产品开发经营模式，政府引导市场路径下的资源环境指标交易模式、自然资源资产产权交易模式、碳汇交易模式、生态修复及价值提升模式，以及多中心协同参与路径下的农业生态观光模式。

（1）政府主导路径。政府具有政治性、强制性、权威性等特征，它不仅能够采取命令控制手段解决多元主体利益矛盾和冲突，还可以突破生物物理界限，从生命共同体的角度综合实现生态功能重要区域内各类自然要素的经济价值（丘水林等，2021）。在政府主导路径下实现的生态保护补偿模式对应的是公共性生态产品，包括纵向生态补偿、横向生态补偿、对特定主体（如生态管护员）的补助等。该模式下，政府作为实施主体，以财政资金为主要资金来源，对生态产品供给方给予补偿，以激励其开展生态保护。其中，资源要素生态补偿是对保护森林、湿地、耕地等资源要素的主体提供基础性补偿，以增加生态产品的供给，主要由地方政府以财政转移支付购买公益性生态产品，弥补资源要素保护主体付出的生态保护成本；重点生态功能区生态补偿本质上是政府作为生态保护受益主体的唯一代表，对发展受限地区实施的一种财政补贴。流域上下游横向生态补偿，是由受益者（下游）给予生态产品供给者（上游）一定补偿，将流域生态保护的外部成本内部化。

（2）市场主导路径。市场主导路径通过发挥市场在生态产品价值实现中的决定性作用，让生态产品的提供者和增益者有收益，让受益者和干扰者付费，形成生态产品货币化机制（金铂皓等，2021）。在此路径下形成的生态产品开发经营模式对应的是经营性生态产品，即以产业生态化和生态产业化的方式经营开发生态产品，包括生态农业、生态品牌认证等。其中，生态农业模式是以市场为导向，以当地优良生态环境为基础，采用生态化经营模式，生产具有生态溢价的农（林）产品及副产品；生态品牌认证是生态产品价值实现的间接模式，该模式下的生态产品是达到一定质量、服务、管理认证标准的绿色产品，由购买者对绿色产品生产所付出的生态环境保护额外成本进行间接补偿，以提高绿色产品品质和实现市场增值。例如，陕西省镇安县的"林业+旅游康养""林业+特色产业"发展模式，通过增加生态产品供给，提升林业复合价值。

（3）政府引导市场路径。尽管在政府、市场两条路径分别主导下的模式均能促进生态产品价值实现，但政府、市场作为孤立的主体在价值实现过程中往往是低效率的，无法满足生态社会的需求，因此产生了政府引导市场的路径。政府通过采取一定的扶持手段培育市场交易主体，带动市场交易实现生态产品价值。在政府引导市场路径下的实现模式有四种，分别是资源环境指标交易模式、自然资源资产产权交易模式、碳汇交易模式以及生态修复及价值提升模式。

一是资源环境指标交易模式，对应的是权益性生态产品，包括地票交易、森林覆盖率指标交易等。该模式是以政府管控下的指标限额交易为核心，建立市场交易机制，引导资源环境使用方购买相应指标，反映的是对生态环境和自然资源经营管理、保护的经济补偿。其中，地票交易指将农村建设用地复垦后形成的耕地、林地、草地等自然生态系统作为"地票"，通过公开市场交易等方式实现其经济价值；森林覆盖率指标交易中的生态产品是森林生态系统及其提供的服务，通过将森林覆盖率作为政府考核的约束性指标，由森林覆盖率低且无法自行完成国土绿化任务的地区，向覆盖率高的地区购买森林覆盖率指标，促进生态产品价值转化。

二是自然资源资产产权交易模式，主要针对自然资源资产产权进行流转或交易，也是一种政府引导市场的路径，包括林地使用权流转、水权交易、特许经营权交易等。该模式是自然资源产权购买方通过产权流转等方式，实现自然资源资产的集中化和规模化经营，提高生态产品供给能力和整体价值。其中，林地使用权流转是目前森林生态产品价值实现的主要模式之一，政府提供资产评估、产权变更以及优惠抵押贷款政策等服务；水权交易是在政府合理界定和分配水资源使用权的基础上，通过市场机制实现水资源使用权在地区间、流域间、用户间的流转，进而实现水资源生态产品的价值；特许经营权交易是将国家公园等自然保护地中可以开展生态旅游、文化体验等活动的经营性项目，转让给特定主体运营，通过收取转让收益实现生态产品的价值，如秦岭的大熊猫国家公园特许经营。

三是碳汇交易模式，对应的是生态系统碳汇这一类特殊的生态产品，是基于管理机构对各碳排放源（地区或企业）分配碳排放指标的规定，从而设计出的一种虚拟交易。实现机制是碳排放方采用购买碳汇项目的方法，抵消碳排放以达到碳排量配额要求，以此来实现森林等碳汇载体的生态价值补偿，同时减少碳排放。其实际上是将生态系统"固定二氧化碳"的功能开发为生态产品，并结合碳排放权配额管理、碳市场交易等方式，实现森林等碳汇产品的生态价值。例如，安康市宁陕县上坝河，将林地林木碳减排量制成碳票，作为资产进行交易，加快"生态变现"。

四是生态修复及价值提升模式，对应的是权益性生态产品，包括矿山生态修复、全域土地综合整治、土地综合开发与后续产业发展等。该模式通过生态修复、系统治理和综合开发等方式，恢复其生态系统服务功能和生态产品供给能力，并通过产权激励、产业扶持、盘活存量建设用地等方式，引导社会资金开展生态修复和发展产业，实现生态产品价值提升和正外部性溢价。例如，宝鸡市凤县积极推进矿山技改、绿色矿山建设，以实现工业绿色转型。

（4）多中心协同参与路径。多中心协同参与路径可吸引公众、公益组织、政府等多方参与，通过内部协调与信息共享等合作式治理形式，实现公共资源可持续发展。通过多中心协同参与路径实现的农业生态观光模式对应的是协商性农业农村生态产品。该模式有观光渔业、观光农园、观光畜牧、观光园艺等，其主要开发形式为：渔业捕捞垂钓、生态农业观赏、农业生产模拟、农业科学教育、畜牧养殖模拟、畜牧产业观赏、森林野营度假、野生植物观赏、休闲生态农业等多种生态农业观光形式。按游客活动形式可分为：游赏型农业园、自助型农业园及休闲型农业园。农业生态观光模式是在保证生态系统完整性不受侵害的前提下，发展具有生态特色的文化旅游服务项目或产业，通过门票、餐饮、住宿和交通等费用形式，实现生态保护和经济发展的共赢。

生态产品价值实现是一项理论性强、政策性强、操作性强的系统工程，必须按照"政府主导、企业和社会各界参与、市场化运作、可持续的生态产品价值实现路径"的要求，从实际出发，推动制度创新、试点实践和政策制定。为主体创造财富转换的空间。农民作为生态财富创造的主体，是实现"绿水青山"的关键行为主体。通过对生态产品价值实现的四大路径、七大模式进行分析，设计科学、有效、差别化的生态价值实现路径，聚焦布局引领、需求创造、产权流转、产业发展、政策支持等关键环节，将生态价值与经济价值相融合，进而形成"金山银山"，提高农民收入水平、提升农村人居环境、改善乡村生产条件，实现农民农村共同富裕。

第六节　生态振兴促进共同富裕：保障体系和运行环境

生态价值的转换与共同富裕实现，需要匹配适宜的政策体系与运行环境，不同的环境条件包含了一定的利益安排和制度保障，影响乡村生态保护利益主体的偏好表达。生态产品价值实现机制研究应当以符合区域特色发展的保障体系为落脚点，遵循生态产品价值实现的多层级主体行为选择逻辑和资源系统与管理系统的互动逻辑，从制度、技术、组织三方面为价值转换生态富民构建合理的体系框架。针对农业生态富民实现的长期性、动态性、非平衡性，在把握农业生态富民实施现状的基础上，应遵循我国现实国情和农业发展客观规律，分类施策，形成农业生态价值实现机制并匹配相应的政策保障体系。

一、生态产品价值实现的保障体系

（一）生态产品价值实现的制度保障

为更好地促进生态价值的转换，应根据环境制度改革创新的八项准则，按照多个层次的生态产品价值实现的规则，构建和实现政府、企业（私人）与社会间的协调路径，提供更具体的环境制度改革设计的方法，从法规制度、科学评估与考核制度、生态补偿制度、多元环境金融制度四个角度构建和完善生态产品价值实现的制度保障体系。

一是健全生态产品价值实现的地方性法规。在市场方面明确生态产品的产权归属以及生态产品供给主体的权利与义务，建立并完善生态私人产品以及生态准公共产品的市场交易体系，并设立生态产品市场交易监管制度，保障市场交易的实施，赋予生态产品主体可以自由交易的市场权利。在产权方面完善自然资源资产产权的登记制度，健全确权登记的规范，清晰界定产权主体，划清所有权与使用权的边界。在使用方面明确可有偿使用的自然资源资产范围，建立和完善有偿使用政策与管理制度，规范自然资源有偿使用的方法。

二是构建生态产品价值的科学评估与考核制度。加快构建生态监测网络，推进生态环境监测网络建设和调查监测体系构建；遵循科学性原则，根据地区差异性确定合适的生态产品价值评估方法。针对当地产权清晰、可直接进行市场交易的生态产品以及空间不连续生态产品的估值，分别采用直接市场法和替代市场法；针对数据难以获得的生态产品，如有必要，采用意愿调查法。最终形成包括涵盖地区所有类型生产产品的技术规范。

三是完善相关生态补偿制度。明确生态补偿主体，按照"谁开发、谁保护、谁受益、谁补偿"的原则进行补偿，并按照社会、经济、生态分类细化补偿标准，对当地政府、企业、个人按照不同的分类标准进行补偿，规定补偿金在社会重建、经济发展、生态修复中的使用范围。探索多元化补偿方式，并制定实施细则，规范补偿方式的选择和实施。完善生态补偿机制，定期开展辖区生态资源普查，掌握当地生态资源现状。因地制宜开发、打造具有当地特色的相关生态经济产品，以生态特色旅游业为带动，打造特色生态经济产业链。同时建立绿色利益共享机制，对重点生态功能区发展绿色循环经济给予重点支持。

四是创新特色的生态金融制度。创新绿色金融信贷产品，鼓励设立为生态产品经营开发主体服务的绿色金融专业机构，探索开发生态产品权益、收益与信用相结合的专项金融产品。推进生态产品资产证券化，引导生态农林牧渔业、生态旅游等产业周期长的企业发行资产支持证券，缓解资金压力。加大政策性农业保险补贴力度，推动绿色保险创新，运用绿色保险促进生态产品价值实现。助推投融资多元化，建立生态产品价值实现重点项目库，争取资金支持，提供优质综合金融服务，设立相关发展基金，依法依规协调专项资金的使用。

（二）生态产品价值实现的技术保障

增加生态产品技术投资，加强生态产品技术研发，依托当地科研平台，增强与国内外高校、科研院所的交流学习，组建促进特色生态产品价值实现的研究中心。发挥应用数字技术在生态产品价值实现中的作用，提高生态产品溢价，为生态产品信息普查、价值评估、市场交易、产业化发展等提供数字技术支撑。

技术保障具体包括以下三个方面。第一，生态产品信息监测的技术。开展环境服务功能与产品服务的数字化改造，研究出台生态产品信息普查技术，搭建管理监测和信息共享平台，实时掌握数量、质量、功能、权益、保护开发利用及动态变化，实现"可量化、可视化、动态化"管理，以达到对环境产品的信息收集与分类控制的目标。第二，实现生态产品价值核算的技术。构建生态产品大数据库，在生态产品大数据管理工作机制下，通过建立组织保障和标准规范体系及统一运维和信息安全体系，发展地理信息技术，通过测绘地理数据管理、数据生产、数据实现等方法，利用数据库对生态产品数据进行有效存储，这有利于对生态产品进行评估、定价等。第三，生态产品价值实现的技术。充分利用互联网现代信息技术工具，创新电商模式，通过升级生态产品的销售平台，增加终端消费客户，提升生态产品销售的即时性。发掘地区农产品差异化特色，塑造当地生态产品品牌，应用现代网络技术，提高当地生态旅游的知名度，以及全国品牌影响力。提高生态产品交易市场的可达性，降低生态资源旅游服务交易成本，提高生态产品的溢价空间。

（三）生态产品价值实现的组织保障

生态产品价值实现组织的执行能力和执行成本关系到生态价值实现目标能否按预期实现。完善的组织主要体现在组织形式和组织结构两方面。就组织形式而言，应实现多主体共同参与。生态产品种类繁多，各种生态产品不但具有自身的特点和规律性，相互之间又具有一定的联系性，使得生态产品价值实现表现出复杂的多样化特性。生态产品价值实现过程中需要综合利用行政命令、市场机制、社会参与等多种方式，发挥政府、企业（私人）、社区多个治理主体的优势，对资源进行有效治理。对生态产品价值实现中政府行为主体与行为方式进行界定，定义政府管制的权限、程度和方法。

就组织结构而言，生态产品价值实现的组织结构设计应当明确层次，分清不同主体内部、主体之间的职责和相互协作关系，在生态产品价值实现目标的过程中实现多主体合作，最小化成本。对于政府主体，应优化行政部门的组织结构设计，实行资源管理机构的改革和职能转化，确保资源管理机构按统一集中管理的原则运作到位，完善管理机构及其职责范围，强化评估监测体系和协调体系。建立健全领导机制设置的生态产品价值实现推进工作组，统筹协调生态产品价值实现工作。有关单位要充分认识建立健全生态产品价值实现机制的重要意义，主动担当作为，强化工作责任，确保各项政策制度精准落实。在政策制定、项目安排、实施组织等方面，从资源可持续利用的实际出发，注重生态产品价值实现过程中自然资源与社会间的相互影响与互动结果，确保各事务合理有序推进；对于企业（私人）主体，应通过优化市场交易方式，改革资源产权制度，确保降低资源流转的交易成本并提高资源利用效率；对于社区主体，应通过社区共管组织结构的设计，探索自然资源的社区自我管理形式，确保降低资源保护的监督成本和提高资源的可持续利用程度。

二、生态富民的实现过程

首先，遵循农业发展的客观规律，分阶段推进农业生态富民。农业生态富民目标的长期性、艰巨性和复杂性决定了其渐进性。农业生态富民是一个动态的、分阶段实现的过程。现阶段，我国正处于农业生态富民的探索期，应重点关注探索建立农业生态价值实现途径，通过规划试点推进农业生态产品的商品化、产业化、现代化过程，解决农业生态产品付费机制中遇到的困难和问题。初步建立农业生态产品价值实现途径之后，在农业生态富民的成长期，重点任务是吸纳市场力量和社会力量共同参与农业生态产品价值实现，促进通过建机制、补短板等建立健全政策体系，形成农业生态产品价值实现的自我发展能力；在农业生态富民的成熟期，应重点鼓励社会资本和市场在生态产品价值实现过程中发挥关键性调节作用，增强农业生态产品价值实现的可持续发展能力。

其次，因地制宜，分区域推进农业生态富民。我国幅员辽阔，不同区域之间差别很大。综合考虑各地农业生态资源禀赋、区位条件和经济社会发展水平等因素，体现地区差别化和精细化是区域农业生态富民政策的基本立足点。应科学分析和准确定位区域差异性，制定区域差别化的农业生态富民政策，提高差别化政策调控的灵活性和有效性，注重发挥比较优势，真正实现"一区一策"，以规范引导区域农业生态价值实现，促进区域总体生态环境的改善和生态福祉的增进。

再次，激发农户的内生动力，分主体推进农业生态富民。针对小农户，着力降低其参与农业生态富民的门槛。"大国小农"是我国的基本国情和农情。为了更好地将普通农户引入生态富民的发展轨道，需要加快农业社会化服务发展，培育适应小农户需求的农业社会化服务多元主体，实现小农户和农业生态富民产业的有机衔接。针对大农户，应为其参与农业生态富民创造良好的环境。为了更好地调动大农户参与农业生态富民的积极性，可考虑综合运用税收、项目和融资等管理工具，为其提供必要的技术、资金支持，以增强其参与农业生态富民的积极性。此外，要充分重视新型农业经营主体的作用，通过新型农业经营主体生产和服务的双重功能，形成以农户家庭经营为基础、合作与联合为纽带、社会化服务为支撑的现代农业生态富民发展体系。

最后，建立多中心的生态富民模式，分渠道推进农业生态富民。农业生态价值变现长期以单一政府主导模式为主，造成补偿资金来源单一、优良生态产品和生态服务供给不足、企业和社会公众参与度不高等问题。探索形成政府领导、农户供给、企业和社区参与的模式是生态富民的必然途径。多中心的生态富民模式既要坚持发挥政府的引领作用，更要发挥市场的资源配置作用，还要激发公众参与的热情，将被保护的、潜在的生态资源资产和生态产品转化成现实的经济价值。通过政府、市场与社区相结合的多元渠道不断降低交易费用，形成各方激励相容的局面，提升农业生态富民的效果。

本章参考文献

蔡银莺, 张安录. 2008. 武汉市石榴红农场休闲景观的游憩价值和存在价值估算. 生态学报, (3): 1201-1209.

曹志宏, 郝晋珉, 梁流涛. 2009. 黄淮海地区耕地资源价值核算. 干旱区资源与环境, 23(9): 5-10.

常丽博, 骆耀峰, 刘金龙. 2018. 哈尼族社会-生态系统对气候变化的脆弱性评估: 以云南省红河州哈尼族农村社区为例. 资源科学, 40(9): 1787-1799.

陈经伟, 姜能鹏, 李欣. 2019. "绿色金融"的基本逻辑、最优边界与取向选择. 改革, (7): 119-131.

陈钦, 黄巧龙, 于赟, 等. 2020. 基于选择实验法的森林公园游憩经济价值研究: 以福建省为例. 生态经济, 36(6): 124-128, 150.

丁言峰. 2010. 生态价值评估方法研究及实例分析: 以六安市舒城县为例. 合肥: 合肥工业大学.

樊辉, 赵敏娟. 2013. 自然资源非市场价值评估的选择实验法: 原理及应用分析. 资源科学, 35(7): 1347-1354.

高红贵, 赵路. 2019. 探索乡村生态振兴绿色发展路径. 中国井冈山干部学院学报, 12(1): 133-138.

葛绪锋, 陈涵. 2021. 基于选择实验法的湿地旅游生态补偿政策偏好研究. 淮阴师范学院学报(哲学社会科学版), 43(3): 262-268.

管志贵, 田学斌, 孔佑花. 2019. 基于区块链技术的雄安新区生态价值实现路径研究. 河北经贸大学学报, 40(3): 77-86.

郭华巍. 2019. "两山"重要理念的科学内涵和浙江实践. 人民论坛, (12): 40-41.

郭滢蔓, 王玉宽, 刘新民, 等. 2020. 都市区生态产品价值实现多元化途径. 环境生态学, 2(9): 38-44.

胡卫华. 2019. 推进生态产业化的路径探析. 新西部, (35): 70-71.

胡振通, 王亚华. 2021. 中国生态扶贫的理论创新和实现机制. 清华大学学报(哲学社会科学版), 36(1): 168-180, 206.

黄祖辉. 2017. "绿水青山"转换为"金山银山"的机制和路径. 浙江经济, (8): 11-12.

黄祖辉, 姜霞. 2017. 以"两山"重要思想引领丘陵山区减贫与发展. 农业经济问题, 38(8): 4-10, 110.

贾亚娟, 赵敏娟. 2021. 生活垃圾分类治理: 基于选择实验法的阳光堆肥房农户合作偏好. 中国人口·资源与环境, 31(4): 108-117.

金铂皓, 冯建美, 黄锐, 等. 2021. 生态产品价值实现: 内涵、路径和现实困境. 中国国土资源经济, 34(3): 11-16, 62.

柯水发, 朱烈夫, 袁航, 等. 2018. "两山"理论的经济学阐释及政策启示: 以全面停止天然林商业性采伐为例. 中国农村经济, (12): 52-66.

雷明. 2015. 两山理论与绿色减贫. 经济研究参考, (64): 21-22, 28.

黎元生. 2018. 生态产业化经营与生态产品价值实现. 中国特色社会主义研究, (4): 84-90.

李广东, 邱道持, 王平. 2011. 三峡生态脆弱区耕地非市场价值评估. 地理学报, 66(4): 562-575.

李平原, 刘海潮. 2014. 探析奥斯特罗姆的多中心治理理论: 从政府、市场、社会多元共治的视角. 甘肃理论学刊, (3): 127-130.

李维明, 杨艳, 谷树忠, 等. 2020. 关于加快我国生态产品价值实现的建议. 发展研究, (3): 60-65.

李胗, 姚震, 陈安国. 2021. 自然资源生态产品价值实现机制. 中国金融, (1): 78-79.

李莺莉, 王灿. 2015. 新型城镇化下我国乡村旅游的生态化转型探讨. 农业经济问题, 36(6): 29-34, 110.

梁流涛, 曲福田, 冯淑怡. 2011. 农村生态资源的生态服务价值评估及时空特征分析. 中国人口·资源与环境, 21(7): 133-139.

廖静. 2021. 乡村振兴视域下农村生态治理的现实困境与路径选择. 山西农经, (18): 131-133.

廖茂林, 潘家华, 孙博文. 2021. 生态产品的内涵辨析及价值实现路径. 经济体制改革, (1): 12-18.

林黎. 2016. 我国环境管理制度的问题及对策研究: 基于多中心治理理论. 技术与市场, 23(12): 211-212.

林左鸣. 2005. 虚拟价值引论: 广义虚拟经济视角研究. 北京航空航天大学学报(社会科学版), (3): 21-25.

凌阿妮, 曹佛宝. 2019. 生态产品价值实现的资源产业化路径: 以茶叶绿色经营为例. 江西农业, (12): 59-60.

刘成, 方向明. 2018. 我国城镇居民对农产品质量安全信息的偏好及支付意愿研究. 当代财经, (7): 35-45.

刘大全, 熊广成, 芦艳艳. 2021. "双碳"目标下如何实现生态产品价值: 来自河南的实践和思考. 资源导刊, (8): 22-23.

刘江宜, 牟德刚. 2020. 生态产品价值及实现机制研究进展. 生态经济, 36(10): 207-212.

卢廷艳, 罗华伟. 2021. 森林资产生态价值实现路径探讨. 南方农业, 15(25): 85-90.

路文海, 王晓莉, 李潇, 等. 2019. 关于提升生态产品价值实现路径的思考. 海洋经济, 9(6): 39-44.

罗丹. 2016. 矿产资源生态税费制度改革研究. 南昌: 江西财经大学.

马爱慧, 蔡银莺, 张安录. 2012. 基于选择实验法的耕地生态补偿额度测算. 自然资源学报, 27(7): 1154-1163.

马拥军. 2014. 虚拟财富及其存在论解读. 哲学研究, (2): 11-17, 127.

毛新. 2013. 科学财富观的构建及其在当代中国的实践意义. 社会主义研究, (4): 50-54, 169.

苗肥. 2021. 辽宁省生态产品价值实现途径研究. 内蒙古林业调查设计, 44(4): 89-91.

牛海鹏, 王坤鹏. 2017. 基于单边界二分式CVM的不同样本方案下耕地保护外部性测度与分析: 以河南省焦作市为例. 资源科学, 39(7): 1227-1237.

潘家华. 2007. 持续发展途径的经济学分析. 北京: 社会科学文献出版社: 336.

彭定赟, 张飞鹏. 2016. "广义财富"的界定与测度研究. 广义虚拟经济研究, 7(3): 27-33.

彭文英, 尉迟晓娟. 2021. 京津冀生态产品供给能力提升及价值实现路径. 中国流通经济, 35(8): 49-60.

秦艳红, 康慕谊. 2007. 国内外生态补偿现状及其完善措施. 自然资源学报, (4): 557-567.
覃志敏. 2020. 脱贫攻坚与乡村振兴衔接: 基层案例评析. 北京: 人民出版社: 181.
丘水林. 2018. 政府购买生态服务: 欧盟国家的经验与启示. 环境保护, 46(24): 32-36.
丘水林, 庞洁, 靳乐山. 2021. 自然资源生态产品价值实现机制: 一个机制复合体的分析框架. 中国土地科学, 35(1): 10-17, 25.
仇冬芳, 邵华洋, 胡正平. 2016. 基于熵权法的农业碳减排与农村金融支持耦合研究. 江西农业学报, 28(2): 112-117.
沈满洪. 2015-08-12. "两山" 重要思想的理论意蕴. 浙江日报, (4).
史恒通, 赵敏娟. 2016. 生态系统服务功能偏好异质性研究: 基于渭河流域水资源支付意愿的分析. 干旱区资源与环境, 30(8): 36-40.
粟晓玲, 康绍忠, 佟玲. 2006. 内陆河流域生态系统服务价值的动态估算方法与应用: 以甘肃河西走廊石羊河流域为例. 生态学报, (6): 2011-2019.
孙侃. 2017. "两山" 之路: "美丽中国" 的浙江样本. 杭州: 浙江人民出版社: 382.
孙志. 2017. 生态价值的实现路径与机制构建. 中国科学院院刊, 32(1): 78-84.
王尔大, 李莉, 韦健华. 2015. 基于选择实验法的国家森林公园资源和管理属性经济价值评价. 资源科学, 37(1): 193-200.
王金南, 刘桂环. 2021. 完善生态产品保护补偿机制促进生态产品价值实现. 中国经贸导刊, (11): 44-46.
王金南, 苏洁琼, 万军. 2017. "绿水青山就是金山银山" 的理论内涵及其实现机制创新. 环境保护, 45(11): 13-17.
王金玉. 2019. 马克思财富观的生态意蕴及其当代意义. 南京林业大学学报(人文社会科学版), 19(1): 1-8.
王宗明, 张树清, 张柏. 2004. 土地利用变化对三江平原生态系统服务价值的影响. 中国环境科学, (1): 125-128.
谢高地. 2017. 生态资产评价: 存量、质量与价值. 环境保护, 45(11): 18-22.
徐涛, 姚柳杨, 乔丹, 等. 2016. 节水灌溉技术社会生态效益评估: 以石羊河下游民勤县为例. 资源科学, 38(10): 1925-1934.
徐涛, 赵敏娟, 乔丹, 等. 2018. 外部性视角下的节水灌溉技术补偿标准核算: 基于选择实验法. 自然资源学报, 33(7): 1116-1128.
许恒周, 曲福田, 郭忠兴. 2011. 市场失灵、非市场价值与农地非农化过度性损失: 基于中国不同区域的实证研究. 长江流域资源与环境, 20(1): 68-72.
姚柳杨, 赵敏娟, 徐涛. 2017. 耕地保护政策的社会福利分析: 基于选择实验的非市场价值评估. 农业经济问题, 38(2): 32-40, 1.
虞慧怡, 张林波, 李岱青, 等. 2020. 生态产品价值实现的国内外实践经验与启示. 环境科学研究, 33(3): 685-690.
郁俊莉, 姚清晨. 2018. 多中心治理研究进展与理论启示: 基于2002—2018年国内文献. 重庆社会科学, (11): 36-46.
袁潮清, 刘思峰, 方志耕, 等. 2014. 实体经济、虚拟经济和广义虚拟经济的金字塔模型. 广义虚拟经济研究, (1): 38-42.

袁学国, 任建超, 韩青. 2014. 北京城镇居民对不同猪肉质量安全特征的消费偏好和支付意愿. 技术经济, 33(6): 43-47, 83.

张灿强, 付饶. 2020. 基于生态系统服务的乡村生态振兴目标设定与实现路径. 农村经济, (12): 42-48.

张家喜. 2008. 对虚拟财富的制度维度的解读. 云南社会科学, (2): 91-95.

张健, 王文祥. 2018. 论"两山理论"浙江实践的理论缘起、基本样板和经验. 理论观察, (8): 57-61.

张林波, 虞慧怡, 李岱青, 等. 2019. 生态产品内涵与其价值实现途径. 农业机械学报, 50(6): 173-183.

张晓朴, 朱太辉. 2014. 金融体系与实体经济关系的反思. 国际金融研究, (3): 43-54.

赵海珍, 李文华, 马爱进, 等. 2004. 拉萨河谷地区青稞农田生态系统服务功能的评价: 以达孜县为例. 自然资源学报, (5): 632-636.

赵映诚. 2009. 生态经济价值下政府生态管制政策手段的创新与完善. 宏观经济研究, (9): 47-53, 59.

周一虹, 芦海燕. 2020. 基于生态产品价值实现的黄河上游生态补偿机制研究. 商业会计, (6): 4-9.

Adamowicz W, Boxall P, Williams M, et al. 1998. Stated preference approaches for measuring passive use values: choice experiments and contingent valuation. American Journal of Agricultural Economics, 80(1): 64-75.

Bandara R, Tisdell C. 2004. The net benefit of saving the Asian elephant: a policy and contingent valuation study. Ecological Economics, 48(1): 93-107.

Bateman I J, Carson R T, Day B, et al. 2002. Economic Valuation with Stated Preference Techniques: A Manual. Cheltenham: Edward Elgar Publishing Ltd: 480.

Boxall P C, Adamowicz W L, Swait J, et al. 1996. A comparison of stated preference methods for environmental valuation. Ecological Economics, 18(3): 243-253.

Cowell R. 1997. Stretching the limits: environmental compensation, habitat creation and sustainable development. Transactions of the Institute of British Geographers, 22(3): 292-306.

Fujino M, Kuriyama K, Yoshida K. 2017. An evaluation of the natural environment ecosystem preservation policies in Japan. Journal of Forest Economics, 29: 62-67.

Glenk K, Martin-Ortega J, Pulido-Velazquez M, et al. 2015. Inferring attribute non-attendance from discrete choice experiments: implications for benefit transfer. Environmental and Resource Economics, 60: 497-520.

Hanley N, Wright R E, Alvarez-Farizo B. 2006. Estimating the economic value of improvements in river ecology using choice experiments: an application to the water framework directive. Journal of Environmental Management, 78(2): 183-193.

Holland M M, Serreze M C, Stroeve J. 2010. The sea ice mass budget of the Arctic and its future change as simulated by coupled climate models. Climate Dynamics, 34(2): 185-200.

Hynes S, Tinch D, Hanley N. 2013. Valuing improvements to coastal waters using choice experiments: an application to revisions of the EU Bathing Waters Directive. Marine Policy, 40: 137-144.

Jiang Y, Swallow S K, McGonagle M P. 2005. Context-sensitive benefit transfer Using Stated choice models: specification and convergent validity for policy analysis. Environmental and Resource Economics, 31(4): 477-499.

Jin J J, He R, Wang W Y, et al. 2018. Valuing cultivated land protection: a contingent valuation and choice experiment study in China. Land Use Policy, 74: 214-219.

Jin J J, Jiang C, Li L. 2013. The economic valuation of cultivated land protection: a contingent valuation study in Wenling City, China, Landscape and Urban Planning, 119: 158-164.

Johnston R J. 2007. Choice experiments, site similarity and benefits transfer. Environmental and Resource Economics, 38: 331-351.

Johnston R J, Swallow S K, Allen C W, et al. 2002. Designing multidimensional environmental programs: assessing tradeoffs and substitution in watershed management plans. Water Resources Research, 38(7): 4-1-4-12.

Jourdain D, Vivithkeyoonvong S. 2017. Valuation of ecosystem services provided by irrigated rice agriculture in Thailand: a choice experiment considering attribute nonattendance. Agricultural Economics, 48(5): 655-667.

Louviere J J. 2006. What you don't know might hurt you: some unresolved issues in the design and analysis of discrete choice experiments. Environmental and Resource Economics, 34: 173-188.

Luisetti T, Turner R K, Bateman I J, et al. 2011. Coastal and marine ecosystem services valuation for policy and management: managed realignment case studies in England. Ocean & Coastal Management, 54(3): 212-224.

MA(The Millennium Ecosystem Assessment). 2005. Ecosystems and Human Well-being: Synthesis. Washington DC: Island Press: 149.

Mariel P, Meyerhoff J. 2018. A more flexible model or simply more effort? On the use of correlated random parameters in applied choice studies. Ecological Economics, 154: 419-429.

Merlo M, Briales E R. 2000. Public goods and externalities linked to Mediterranean forests: economic nature and policy. Land Use Policy, 17(3): 197-208.

Morrison M, Bennett J. 2004. Valuing New South Wales Rivers for use in benefit transfer. Australian Journal of Agricultural and Resource Economics, 48(4): 591-611.

Morrison M, Bergland O. 2006. Prospects for the use of choice modelling for benefit transfer. Ecological Economics, 60(2): 420-428.

Mueller J M, Soder A B, Springer A E. 2019. Valuing attributes of forest restoration in a semi-arid watershed. Landscape and Urban Planning, 184: 78-87.

Newbold S C, Johnston R J. 2020. Valuing non-market valuation studies using meta-analysis: a demonstration using estimates of willingness-to-pay for water quality improvements. Journal of Environmental Economics and Management, 104: 102379.

Ostrom E. 2009. A general framework for analyzing sustainability of social-ecological systems.

Science, 325: 419-422.

Richmond A, Kaufmann R K, Myneni R B. 2007. Valuing ecosystem services: a shadow price for net primary production. Ecological Economics, 64(2): 454-462.

Scarpa R, Franceschinis C, Thiene M. 2021. Logit mixed logit under asymmetry and multimodality of WTP: a Monte Carlo evaluation. American Journal of Agricultural Economics, 103(2): 643-662.

van Bueren M, Bennett J. 2004. Towards the development of a transferable set of value estimates for environmental attributes. Australian Journal of Agricultural and Resource Economics, 48(1): 1-32.

Zhao M J, Johnston R J, Schultz E T. 2013. What to value and how? Ecological indicator choices in stated preference valuation. Environmental and Resource Economics, 56(1): 3-25.

本章执笔人：赵敏娟、齐甜、程量

第七章　脱贫攻坚与乡村振兴的政策体系研究

　　脱贫攻坚与乡村振兴的有效衔接是我国新时代农村发展战略的关键构成部分，也是推动我国农业农村现代化，实现农业农村高质量发展的重要保障。脱贫攻坚与乡村振兴有效衔接事关全面建设社会主义现代化国家全局和实现第二个百年奋斗目标。当前正处于巩固脱贫成果与乡村振兴有效衔接的关键阶段，巩固拓展脱贫成果既是脱贫地区的重要工作，也是实现农业农村现代化的基础工作。党的十九大提出实施乡村振兴战略，党的二十大就全面推进乡村振兴再次做出战略部署，面对中华民族伟大复兴的战略全局和世界百年未有之大变局，乡村振兴依旧面临诸多新挑战，这些挑战呈现为一系列对于全面推进乡村振兴工作和加快农业农村现代化发展具有重要性、全局性、战略性和时代性的问题（黄承伟，2023）。从扶贫减贫到低收入人口帮扶、从脱贫攻坚到乡村振兴的有效衔接，我国的政策演进经历了脱贫攻坚、脱贫攻坚成果巩固拓展与乡村振兴有效衔接、建立和完善防返贫监测机制，而在过渡期结束后，构建农村低收入人口常态化帮扶机制将是国家乡村发展的重要战略定位与未来政策导向。脱贫攻坚、脱贫攻坚与乡村振兴有效衔接、防返贫监测机制构建和低收入人口长效帮扶等的政策定位和目标任务有所不同，但它们之间却相互联系、相互促进、相辅相成，共同致力于实现农业农村现代化与共同富裕。

第一节　从扶贫开发到低收入人口帮扶：中国帮扶政策体系的迭代升级

一、贫困治理对象及其减贫举措的拓展与延伸

　　消除贫困、改善民生、逐步实现共同富裕，是社会主义的本质要求。中国从20世纪80年代开始大规模开展政府扶贫，致力于解决生存贫困问题。1978～1985年，中国农村的贫困问题开始受到关注，此时的减贫政策主要是通过农村经济发展推动减贫；1986年，国务院成立了贫困地区经济开发领导小组（1993年改称国务院扶贫开发领导小组），至此中国开始实施大规模农村减贫战略。经过三十多年的努力，到2020年实现了现行标准下全面脱贫的目标（安树伟和董红燕，2022）。自2013年提出精准扶贫到2020年完成精准扶贫、精准脱贫目标，再到2021年到

2025年强调健全防返贫长效机制,守住防止规模性返贫的底线。2020年我国打赢了脱贫攻坚战,标志着我国已经消除了绝对贫困开始进入后扶贫时代,习近平总书记强调:"脱贫攻坚取得胜利后,要全面推进乡村振兴,这是'三农'工作重心的历史性转移。要坚决守住脱贫攻坚成果,做好巩固拓展脱贫攻坚成果同乡村振兴有效衔接,工作不留空档,政策不留空白。"[①]随着2020年脱贫攻坚的胜利收官,中国扶贫工作从消除绝对贫困进入缓解相对贫困阶段,但是相对贫困治理以及脱贫攻坚与乡村振兴有效衔接的紧迫性和重要性日益突出。

自2020年下半年始,党中央、国务院和各相关部委陆续制定出台系列政策文件,开始关注相对贫困问题和低收入人口问题,并对此进行新的战略安排与部署,当前实现巩固脱贫攻坚成果同乡村振兴有效衔接的政策体系已逐步成型。同时,在贫困治理的基础上不断延伸衔接问题,相关部门已经发布巩固拓展脱贫攻坚成果同乡村振兴有效衔接的指导意见,要求在过渡期内实现领导体制、工作体系、发展规划、政策举措和考核机制等方面的有效衔接。

在贫困治理政策叠加期和历史交汇期(图7.1),做好脱贫攻坚与乡村振兴的政策衔接与顶层设计具有重要性和紧迫性,应统筹谋划、通盘考虑。随着中国贫困治理工作进入新阶段,贫困治理的主体、对象、区域、方式都发生了重大转变。但是贫困的多维性、返贫发生的可能性、内生动力和能力提升的缓慢性、外部环境的挑战性等都成为两大战略有效衔接中贫困治理面临的突出挑战。学术界关于脱贫攻坚之后的贫困问题研究,开始逐步转向相对贫困治理、巩固脱贫攻坚成果机制建设与政策演进策略、脱贫攻坚与乡村振兴有效衔接问题困境与对策、共同富裕机制建设、低收入人口增收与常态化帮扶(钟甫宁等,2022)等领域上来,在不同发展阶段进一步深化贫困治理以及相关战略问题研究(张琦和万君,2022)。

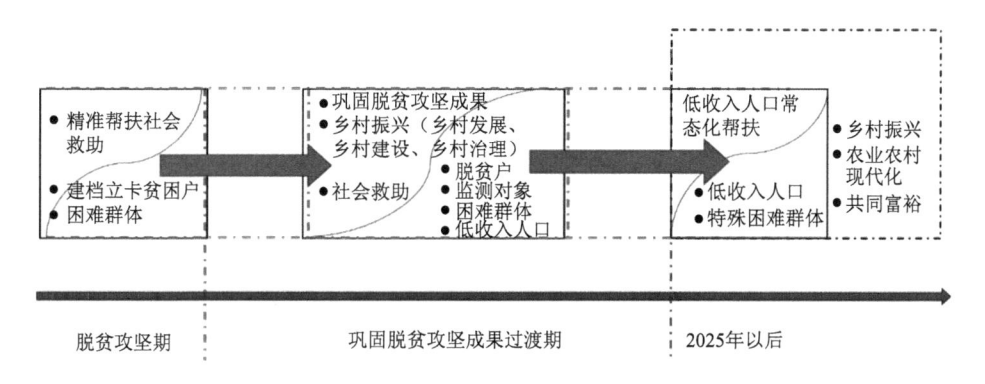

图7.1 中国不同阶段农村帮扶体系演变:对象与措施

---

① 《习近平出席中央农村工作会议并发表重要讲话》,https://www.gov.cn/xinwen/2020-12/29/content_5574955.htm,2020年12月29日。

二、从消除绝对贫困到预防贫困的产生

在后过渡期，持续巩固脱贫攻坚成果，建立防止返贫监测的长效机制是扎实推动共同富裕、解决发展不平衡不充分问题、巩固拓展脱贫攻坚成果同乡村振兴有效衔接、关注和改善民生的必然选择。在确立脱贫攻坚与乡村振兴的政策调整方向与战略定位之后，要进一步优化巩固脱贫攻坚成果，脱贫攻坚与乡村振兴有效衔接要经过渡期，顺利与2035年远景规划目标和2050年乡村全面振兴战略目标相衔接。做好这两个维度的衔接事关全局，需要处理好顶层设计与底层实践之间的关系。

脱贫攻坚后，区域发展不充分、不平衡的特征仍然存在，部分地区脱贫基础相对薄弱，在地理条件和资源禀赋等客观因素影响下，产业发展可持续性较差，内生发展动力不足等问题依然存在，部分脱贫人口和边缘人口生计脆弱性较高，抵抗风险能力有限，仍然面临着返贫、致贫风险（汪三贵和周诗凯，2023）。当前学术界的研究主要集中于如何有效构建防止规模性返贫的监测和政策体系、防返贫建设的实现路径、日常性兜底帮扶等措施来阻断脱贫人口返贫问题。在5年过渡期内，巩固拓展脱贫攻坚成果，建立防止返贫动态监测和长效帮扶机制（胡世文和曹亚雄，2021），坚决防止发生规模性返贫，推动巩固拓展脱贫攻坚成果同乡村振兴有效衔接是促进脱贫地区和欠发达地区均衡发展，加快实现乡村宜居宜业和农民富裕富足的重要途径。

2020年，在脱贫攻坚目标任务即将全面完成之际，国务院扶贫开发领导小组印发《关于建立防止返贫监测和帮扶机制的指导意见》[1]，要求各地要尽快落实做好防止返贫监测和帮扶工作。在五年过渡期的第一年，防返贫监测和帮扶被置于极为重要的位置，中央强调要持续推动脱贫攻坚同乡村振兴战略有机衔接，确保不发生规模性返贫，以防止脱贫后规模性返贫。同年12月16日发布的《中共中央 国务院关于实现巩固拓展脱贫攻坚成果同乡村振兴有效衔接的意见》[2]将建立健全巩固拓展脱贫攻坚成果长效机制被列为最为重要的要求之一，其中明确提出要健全防止返贫动态监测和帮扶机制。对脱贫不稳定户、边缘易致贫户，以及因病、因灾、因意外事故等刚性支出较大或收入大幅缩减导致无法满足基本生活的严重困难户，开展定期检查、动态管理，重点监测其收入支出状况、"两不愁三保障"及饮水安全状况，合理确定监测标准。建立健全易返贫、致贫人口快速发

---

[1] 《国务院扶贫开发领导小组关于建立防止返贫监测和帮扶机制的指导意见》，http://www.gov.cn/zhengceku/2020-03/27/content_5496246.htm，2020年3月27日。

[2] 《中共中央 国务院关于实现巩固拓展脱贫攻坚成果同乡村振兴有效衔接的意见》，http://www.gov.cn/zhengce/2021-03/22/content_5594969.htm，2021年3月22日。

现和响应机制，分层分类及时纳入帮扶政策范围，实行动态清零。建立健全防止返贫大数据监测平台，加强相关部门、单位数据共享和对接，充分利用先进技术提升监测准确性，以国家脱贫攻坚普查结果为依据，进一步完善基础数据库。建立农户主动申请、部门信息比对、基层干部定期跟踪回访相结合的易返贫致贫人口发现和核查机制，实施对帮扶对象的动态管理。坚持预防性措施和事后帮扶措施相结合，精准分析返贫致贫原因，采取有针对性的帮扶措施。

2021年，中央农村工作领导小组印发的《关于健全防止返贫动态监测和帮扶机制的指导意见》中明确指出：健全防止返贫动态监测和帮扶机制是从制度上预防和解决返贫问题、巩固拓展脱贫攻坚成果的有效举措。2022年，《中共中央 国务院关于做好2022年全面推进乡村振兴重点工作的意见》[①]明确要求"完善监测帮扶机制。精准确定监测对象，将有返贫致贫风险和突发严重困难的农户纳入监测范围，简化工作流程，缩短认定时间。针对发现的因灾因病因疫等苗头性问题，及时落实社会救助、医疗保障等帮扶措施。强化监测帮扶责任落实，确保工作不留空档、政策不留空白"。因此，完善返贫动态监测机制可以解决脱贫攻坚与乡村振兴的有效衔接环节进程中相关人口对象以及相关待遇享受的政策衔接问题，以便更好地做到巩固脱贫攻坚成果。

三、从巩固脱贫攻坚成果到衔接推进乡村振兴

脱贫攻坚与乡村振兴的衔接过渡期是全力推进乡村振兴、全面建设社会主义现代化国家的关键时期。在后过渡期持续关注推进巩固拓展脱贫攻坚成果同乡村振兴有效衔接中的各项工作，进一步夯实防止返贫监测工作的基础，压紧靠实责任，统筹各方力量，紧盯短板弱项，对标任务和指标，按照"缺什么、补什么"的原则逐条、逐项梳理解决，持续巩固拓展脱贫攻坚成果。站在新的历史方位，进一步优化贫困治理政策，并正确看待各项政策关系的重要战略安排，是实现中国特色社会主义现代化的跟进性、前瞻性的研究。在后过渡期，应逐渐认识到政策设计调整的方向，从全面帮扶到重点地区帮扶，从注重速度到注重质量，从贫困个体到低收入人口，从外部帮扶到激活内生动力，从综合性保障措施到满足低收入人口发展需求等多方面的转变方向。从政策逻辑和内在逻辑维度把握脱贫攻坚与乡村振兴有机衔接，在具体衔接过程中注意好逻辑的衔接，政策问题从扶贫济弱到融合发展，政策目标从解决温饱到共同富裕，政策主体从政府主导到政社协同，政策工具从福利特惠到普惠发展。当前我们仍然需要正确认识脱贫攻坚与乡村振兴的内在联系与各项关系,深化脱贫攻坚与乡村振兴有效衔接的重要性（贾

---

① 《中共中央 国务院关于做好2022年全面推进乡村振兴重点工作的意见》，http://www.gov.cn/zhengce/2022-02/22/content_5675035.htm，2022年2月22日。

家辉和孙远太，2022）。

关于脱贫攻坚与乡村振兴的有效衔接，理论界和实践界都取得了很多方面的进展。学术界有关脱贫攻坚与乡村振兴有效衔接主要聚焦于脱贫攻坚成果的战略选择与多重意蕴（黄承伟，2021）、理论渊源与科学内涵（钟钰，2018）、巩固拓展和衔接的政策战略关系（林万龙等，2022），政策巩固脱贫攻坚成果的经验机制与具体建设路径（尹成杰，2022），巩固脱贫攻坚成果的长效机制（左停等，2021a），其他"三农"发展政策助力脱贫攻坚成果等领域。随着政策话语与国家战略重心的转变，学术界对两大战略有效衔接问题的研究重点也发生了变化，学术开始注重研究视角从宏观到微观的转变，研究对象（主体）从单一到多元的转变，研究方法从理论到实证的转变，研究场域从点到面的转变。同时，相关成果的政策聚焦和实践指导也实现了从减贫到振兴、从巩固到拓展、从延续到突破、从美丽乡村到和美乡村、从乡村振兴到现代化农业强国的转型，体现了不同发展阶段政府和学术界对于"三农"工作理论认识的深化和政策实践的升级（高强和曾恒源，2022）。但是，由于"巩固拓展脱贫成果与乡村振兴有效衔接"这一政策语境研究往往也与防止返贫、乡村振兴有效衔接等问题联系和混杂在一起，并且没有对有关低收入人口常态化帮扶等政策进行统筹化战略性关注。这一研究主题重点关注脱贫地区在5年过渡期内的政策连续、行动持续和成果巩固问题，因而存在时间和空间的局限性，不利于厘清重大理论问题和指导实际工作，脱贫攻坚与乡村振兴有效衔接只是过渡期内的政策设计和机制安排，因此还需要进行进一步的前瞻性探索，最终要实现从脱贫攻坚向现代化农业强国转型。

推进巩固拓展脱贫攻坚成果同乡村振兴有效衔接，对于缓解相对贫困、全面推进乡村振兴，以及促进农民农村共同富裕，均具有重要意义（魏后凯等，2021）。2020年以来，党中央多次部署相关工作。2020年中央农村工作会议明确了从脱贫之日起设定5年过渡期，用于巩固脱贫攻坚成果，实现由脱贫攻坚向全面推进乡村振兴平稳过渡。随后，中共中央、国务院印发《关于实现巩固拓展脱贫攻坚成果同乡村振兴有效衔接的意见》[①]，明确了巩固拓展脱贫攻坚成果的总体要求和重点工作部署。从2021年进入过渡期以来，党中央、国务院和各相关部委在此相关政策体系基础上陆续制定、出台了新的政策调整方向并提出新的要求。发布实现巩固脱贫成果同乡村振兴有效衔接的指导意见，设立5年过渡期内的重点工作、目标任务以及重点领域；调整优化财税帮扶政策、调整优化建设用地倾斜支持政策；做好金融扶贫与乡村振兴金融服务的有效衔接；调整优化兜底保障政策、调整优化健康帮扶政策；完善住房保障政策；优化教育脱贫攻坚同乡村振兴有效衔

---

① 《中共中央 国务院关于实现巩固拓展脱贫攻坚成果同乡村振兴有效衔接的意见》，https://www.gov.cn/gongbao/content/2021/content_5598113.htm，2021年3月22日。

接；强化饮水安全工作的政策；加大后续扶持力度巩固易地搬迁脱贫成果；推进脱贫地区特色产业可持续发展；加强扶贫项目资产后续管理；完善就业帮扶政策；做好生态脱贫与乡村振兴有效衔接；完善东西部协作政策；确定国家乡村振兴重点帮扶县，进一步规范细化关于巩固拓展脱贫攻坚成果公共基础设施建设的要求。在主要帮扶政策保持总体稳定的基础上，分类优化调整，合理把握调整节奏、力度和时限，增强脱贫稳定性。

2022年党中央、国务院和各相关部委陆续制定、出台了新的政策调整方向并提出新的要求。发布《中共中央 国务院关于做好2022年全面推进乡村振兴重点工作的意见》[①]，进一步明确脱贫地区健康医疗发展及防止因病返贫等工作内容；规范细化巩固拓展关于脱贫攻坚成果的公共基础设施建设的要求；调整最低生活保障等社会救助与低收入帮扶保障工作；推进防止返贫监测的排查帮扶工作；新增对国家乡村振兴重点帮扶县人力资源和社会保障帮扶；加大对重点帮扶县专项工作部署安排；确定帮扶县巩固拓展脱贫攻坚成果同乡村振兴有效衔接的具体重点项目。明确对易地搬迁工程项目帮扶以及重点任务；进一步明确脱贫人口的就业促进工作；规范衔接资金与涉农资金的使用管理；加强和规范乡村建设工作内容；进一步明确对农村公共生活垃圾及建设项目（厕-污-垃）的处理规定；加强对民风民俗的突出问题的专项整治工作；进一步加强农村公路基础设施建设；进一步健全农村防范因灾返贫长效机制；进一步加大对科技助力乡村振兴的支持动员；明确城乡建设用地增减节余指标跨省域调剂办法；进一步明确文化产业赋能乡村振兴的工作重点。可以看出脱贫攻坚与乡村振兴有效衔接领域的顶层战略，对防止规模性返贫这条底线的要求给予了高度重视，持续跟进金融、兜底、健康、住房、就业政策支持力度，政策覆盖对象逐渐由脱贫人群转向符合条件的低收入人群，政策落实更加强调政策效果的可持续性，政策细节不断优化，机制建设更加规范。实现脱贫攻坚与乡村振兴的政策体系不断深化升级，推动政策转型衔接，提升贫困治理政策的有效性，着力构建巩固拓展脱贫攻坚成果的长效机制，确保不发生规模性返贫，实现脱贫攻坚与乡村振兴的有效衔接和顺利转轨。

四、现代化建设新征程中的低收入人口常态化帮扶

在全面建设社会主义现代化国家的新征程上，需要进一步解决当前不平衡不充分的发展问题。我国在完成脱贫攻坚之后，党和国家对贫困工作的重心将转移到防返贫工作与低收入人口帮扶上面来，从而更有效地预防返贫，巩固脱贫成果。在巩固拓展脱贫攻坚成果同乡村振兴有效衔接的阶段，加快构建农村低收入人口

---

① 《中共中央 国务院关于做好2022年全面推进乡村振兴重点工作的意见》，https://www.gov.cn/zhengce/2022-02/22/content_5675035.htm，2022年2月22日。

常态化帮扶机制对有效防范规模性返贫、全面推进乡村振兴和促进农民生活共同富裕具有重要意义。

2020年12月，中共中央、国务院发布《关于实现巩固拓展脱贫攻坚成果同乡村振兴有效衔接的意见》①，要求"以现有社会保障体系为基础，对农村低保对象、农村特困人员、农村易返贫致贫人口，以及因病因灾因意外事故等刚性支出较大或收入大幅缩减导致基本生活出现严重困难人口等农村低收入人口开展动态监测"。在中央文件中正式提出低收入人口的概念，并间接地明确了低收入人口的主要范围，对开展动态监测提出要求，但根据当时的工作重心，并没有将低收入人口常态化帮扶作为战略研究的重点。2020年10月，党的十九届五中全会首次提出把"全体人民共同富裕取得更为明显的实质性进展"作为愿景和远景目标，明确要求"着力提高低收入群体收入，扩大中等收入群体"②。对此，党的二十大报告明确指出了重点方向，就是"增加低收入者收入，扩大中等收入群体"③。这表明，共同富裕进程中的中国式现代化短板是低收入者群体过大，难点是如何增加低收入者收入。如何实现高质量的发展与帮扶定位十分重要且亟待解决。

习近平总书记在2022年中央农村工作会议上的讲话中提出："5年过渡期已过两年，要谋划过渡期后的具体制度安排，推动防止返贫帮扶政策和农村低收入人口常态化帮扶政策衔接并轨，把符合条件的对象全部纳入常态化帮扶，研究建立欠发达地区常态化帮扶机制"④。进一步明确低收入人口常态化帮扶的战略重要性与工作要求。2023年，《中共中央 国务院关于做好二〇二三年全面推进乡村振兴重点工作的意见》强调要稳定完善帮扶政策，研究过渡期后农村低收入人口和欠发达地区常态化帮扶机制，坚决守住不发生规模性返贫底线⑤。

防止农村脱贫人口返贫是现阶段中国巩固和拓展脱贫攻坚成果的首要问题，健全防止农村返贫动态监测和帮扶机制是巩固脱贫攻坚成果的重要措施。防止农村脱贫人口返贫不同于绝对贫困的治理，返贫过程与致贫过程有着质的差别。在新的历史阶段，对农村的帮扶要不断延伸与发展，要对低收入人口识别与帮扶的

---

① 《中共中央 国务院关于实现巩固拓展脱贫攻坚成果同乡村振兴有效衔接的意见》，http://www.gov.cn/zhengce/2021-03/22/content_5594969.htm，2021年3月22日。

② 《中共中央关于制定国民经济和社会发展第十四个五年规划和二〇三五年远景目标的建议》，https://www.gov.cn/zhengce/2020-11/03/content_5556991.htm，2020年11月3日。

③ 引自2022年10月26日《人民日报》第1版的文章：《高举中国特色社会主义伟大旗帜 为全面建设社会主义现代化国家而团结奋斗》。

④ 《习近平：加快建设农业强国 推进农业农村现代化》，https://www.gov.cn/xinwen/2023-03/15/content_5746861.htm?eqid=d6344a130002053c000000026487c945，2023年3月15日。

⑤ 《中共中央 国务院关于做好二〇二三年全面推进乡村振兴重点工作的意见》，https://www.gov.cn/gongbao/content/2023/content_5743582.htm，2023年2月13日。

理论逻辑与政策意涵进行阐释，不再仅仅局限于对低收入人口的特定部门的特惠性资助，更要体现在对农村低收入人口分层分类的常态化帮扶。

实现全体人民共同富裕是中国式现代化的本质要求和基本特征之一。基于共同富裕的基本目标下提出低收入人口社会帮扶体系，廓清当下帮扶定位概念与覆盖范围，站在现代化愿景视角下提高低收入群体的帮扶站位，成为当前促进共同富裕的中国式现代化的核心内容之一。既有理论研究与政策实践对低收入人口相关的基本问题尚未达成共识。在全面建成小康社会之后，农村帮扶对象从绝对贫困人口转向农村低收入人口，治理目标也从消除绝对贫困转向实现乡村全面振兴和农民农村共同富裕，战略治理对象和治理目标的变化对低收入人口帮扶体系提出了新要求（李卓和王旭慧，2023）。学术界有关低收入人口的研究主要集中于低收入人口的常态化帮扶机制、人口界定与测算（谭清香等，2023）、治理路径机制（高杨等，2023）、重点难点（汪三贵和周诗凯，2023）、增收帮扶（李实等，2023）等领域，目前还缺乏专门性的从政策到执行的微观具体领域的研究。

当前，我国对于低收入人口的概念与标准还没有正式的规定，与此同时各地有关具体标准的制定也属于地方政府职责与权利。但是为着眼于后过渡期战略安排，中央部门对此有原则性的要求和指导。《中共中央 国务院关于实现巩固拓展脱贫攻坚成果同乡村振兴有效衔接的意见》中明确指出的农村低收入人口包含收入维度的农村低保对象、农村特困人员、农村易返贫致贫人口，以及因病因灾因意外事故等刚性支出较大或收入大幅缩减导致基本生活出现严重困难人口等。民政部社会救助司印制了《低收入人口动态监测和常态化救助帮扶工作指南（第一版）》（非正式文件）指导各地开展相关业务工作。同时各地也在民政部社会救助司指导的原则基础上根据自身发展水平，进行相应的低收入人口认定与帮扶，形成不同的经验发展模式，为进一步完善低收入人口常态化帮扶机制提供有益借鉴。

政策设计上要着眼当前以及未来现代化的发展要求，依据低收入人口自身特质进行分层分类，制定差异化帮扶对策，巩固脱贫攻坚成果与乡村振兴的发展衔接。此外，针对后过渡期以及未来要建立低收入人口常态化机制，还需要在政策上继续优化，按分级原则针对不同区域、不同类型人口、不同低收入人口水平、不同发展阶段，满足多样化的生活照料、精神慰藉、医疗护理、就业帮扶等多方面服务的需求。设置分类别的救助与能力提升服务，建立为低收入人口未来发展创造条件的帮扶干预服务体系，采取托—推—拉三级别的帮扶政策，提高低收入人口发展能力，促进共同富裕与农业农村现代化发展。

扶贫开发、脱贫攻坚、脱贫攻坚与乡村振兴衔接以及防返贫监测、低收入人口的常态化帮扶是一个连续的发展过程。脱贫攻坚与乡村振兴有效衔接、低收入人口常态化帮扶是一种政策接续关系，未来在现代化愿景下如何实现低收入人口帮扶，是一个需要从理论与实践上解决的重要问题。在此过程中，脱贫攻坚与乡村振兴有效衔接是其中的一个重要环节，不同的发展阶段都是实现共同富裕和乡村振兴的关键环节，也是推动中国式现代化的一个重要组成部分。

脱贫攻坚与乡村振兴有效衔接是适应"三农"工作重心实现历史性转移的新情况的体现，针对低收入人口常态化帮扶必须从全面建设社会主义现代化国家、逐步实现全体人民共同富裕的高度，系统梳理脱贫攻坚与乡村振兴有效衔接的工作进展，分析总结面临的问题和难点，进一步做好制度优化、政策调整和工作保障。针对困难群体的帮扶工作，是国家进行的前瞻性战略谋划，更是一代又一代人的使命。

第二节　脱贫攻坚与乡村振兴衔接的实践进展与难点剖析

巩固拓展脱贫攻坚成果与乡村振兴战略有效衔接是一个双向嵌入的过程，而非单向适配乡村振兴（左停，2022a）。实现脱贫攻坚与乡村振兴的有效衔接，应做到目标任务、工作方式和政策机制的三方面转变。一是在目标任务层面从解决"两不愁三保障"转向推动乡村全面振兴。二是在工作方式层面从突出到人到户转向推动区域发展，这是工作方式的转变。三是在政策机制层面以政府投入为主转向政府市场有机结合（王正谱，2021）。具体而言，在过渡期，持续压紧压实责任、持续强化防止返贫动态监测帮扶机制、持续加强产业帮扶和就业帮扶、持续稳定和完善帮扶政策、持续抓好宜居宜业、和美乡村建设和维护等工作是高质量巩固拓展脱贫攻坚成果、接续推进乡村振兴的重点（顾仲阳，2023）。

为落实这些重点工作，基层政府不断探索，在实践层面取得了巩固拓展脱贫攻坚成果与乡村振兴有效衔接的一系列进展，具有很强的现实意义和理论启迪。然而，基层政府在适应快速政策转变过程中也面临一定的阻滞，在防返贫监测、促进脱贫人口持续增收、应对自然灾害和疫情等风险冲击、提升帮扶产业与资产运营的可持续性、提升公共服务均等化水平、加强农村低收入人口帮扶、稳定就业与提高脱贫人口发展的内生动力、促进脱贫县区域发展等方面仍然面临许多难点和挑战。

这些难点和挑战的产生，主要是由于地方在巩固拓展脱贫攻坚成果同乡村振兴有效衔接工作的目标定位中存在制度设计、政策执行逻辑、区域发展基础条件等方面的位差（左停等，2021b）。本章将基于课题组团队在2022年4~12月赴云南禄劝彝族苗族自治县、陕西汉阴县、山东济宁市、贵州长顺县等8省13县开展的脱贫攻坚与乡村振兴有效衔接专题调研和案例经验，首先梳理基层政府在巩固拓展脱贫攻坚成果与乡村振兴有效衔接过程中形成的实践经验以及面临的难点与挑战，之后在理论层面归纳提炼出难点破解路径。

一、脱贫攻坚与乡村振兴衔接的实践进展

在巩固拓展脱贫攻坚成果同乡村振兴有效衔接的过程中，各地聚焦中央提出的重点任务进行了创新性探索，涌现出了一些特色亮点举措，主要包括提升帮扶产业的可持续运营和发展水平，提高防返贫监测与致贫风险因素应对能力，更新帮扶资源、组织力量以及公共服务投入方式等三大方面。

（一）帮扶产业可持续运营和发展水平持续提升

脱贫攻坚时期，帮扶产业的发展驱动力以政府为主，在一定程度上缺乏产业发展的自我驱动力和可持续性（雷明和王钰晴，2022），而进入乡村振兴时期，基层政府更加注重引入市场运营思维，从壮大主导产业链条、加强帮扶资产管理、促进运营主体联动等三方面提升帮扶产业的可持续发展水平。

一是持续壮大主导产业，推动主导产业链条延伸发展。脱贫攻坚期间，各地县域政府基本已经形成了本地的主导产业，但这些产业仍处于发展的初级阶段。例如，广西昭平县通过持续完善茶产业链条环节，实现了帮扶产业发展的持续壮大。二是加强帮扶资产管理，用活已有资源，促进居民增收。乡村振兴时期，一些地方通过盘活脱贫攻坚时建成的大量产业项目，使其脱离闲置状态，转化为带来正向收益的优质资产，不断壮大集体经济增加居民收入。例如，陕西汉阴县通过建立帮扶资产"一产一码"监管机制实现帮扶资金、项目、资产的全面数字化管理。三是促进运营主体联动，整合分散资源，提高发展效率。在脱贫攻坚时期，许多产业由政府主导建设而成，而乡村振兴时期一些地方已经开始引导政府之外的多方主体参与产业的可持续运营，如山西平顺县通过建立区域公共品牌，引入电商头部企业培育本地 5000 名电商能手助力帮扶产业持续运营发展。

（二）防返贫监测与致贫风险因素应对能力不断提高

乡村振兴时期，乡村居民将更加深入地参与到高速发展的市场与现代化进程中，在远距离务工等城乡流动活动中可能遭受生理、心理层面的多种风险意外冲击（文军和陈雪婧，2023）。许多地方政府也顺应这一趋势，不断完善其防返贫监测的工作机制以及提高应对致贫风险因素的能力，从适度扩大监测人口覆盖范围、完善防返贫监测网格体系、应用数字技术赋能监测工作等三方面进行创新探索，增强自身治理能力和水平。

一是适度扩大监测人口覆盖范围。尽管大多基层政府在执行防返贫监测政策时较为保守，仅针对三类户开展监测帮扶工作，但也有一些地方开展了扩大低收入人口监测范围的尝试，如云南禄劝彝族苗族自治县在 2022 年将年人均纯收入10 000 元设定为防返贫监测指标。二是完善防返贫监测网格体系。网格化管理和

治理中心下移能够显著提高乡村治理体系的运行效率，降低信息交易成本（左停，2023）。许多地方利用网格化组织架构强化防返贫监测体系，如陕西汉阴县依托网格化基层治理模式，全面实施精细化监测帮扶。三是应用数字技术赋能监测工作。通过应用数字技术探寻数字乡村建设的有效路径是乡村振兴的重要战略方向之一（甘犁等，2021），如陕西汉滨区等一些地方的基层政府也开始尝试通过数字平台联通医保、民政和乡村振兴等部门的数据，探索通过数据互联互推促进精准防止返贫监测的有效工作方式。

（三）帮扶资源、组织力量及公共服务投入方式创新优化

由于脱贫攻坚任务的迫切性，这一时期的扶贫对象的大规模脱贫是在超常规的扶贫资源投入和扶贫举措中实现的（黄承伟，2017）。乡村振兴则要求政府深化脱贫攻坚时期的帮扶资源、组织力量以及公共服务投入工作，通过网格化等治理机制使这些工作的精细化水平进一步提升（李博和苏武峥，2021）。一些基层政府已经开始从更加注重帮扶资源投入后的减支效果，提升帮扶组织力量的时空协同水平，在需求紧迫的公共服务领域优先创新等三方面进行工作探索。

一是帮扶资源投入更加注重减支方向。为农村居民增收的路径并非只有字面含义，降低其刚性支出成本同样是脱贫攻坚期间探索出的有效增收路径（左停，2022b）。例如，云南禄劝彝族苗族自治县等地已经开始通过加大助学贷款等帮扶资源的投入力度促进实现教育公共服务减支目标。二是提升帮扶组织力量的时空协同水平。从脱贫攻坚到乡村振兴，以东西部扶贫协作为代表的一系列帮扶力量的协同关系从单向依存到互惠互利和合作共赢转变（左停，2022a），如陕西汉阴县已经探索出师徒帮带机制促进驻村工作队伍工作在时序上的衔接，并建立村村支部联建、产业联盟、资源联享机制，促进村与村之间协同发展。三是在需求紧迫的公共服务领域优先创新。在"后精准扶贫"时代，我国将基本公共服务均等化作为减贫战略方向，实施以机会均等为基础的减贫战略，以保障公民获得基本公共服务的权利和机会，从而使其免于由机会剥夺导致的贫困（李卓和左停，2022）。广西昭平县、山东梁山县、内蒙古宁城县等一些地方已经尝试在助力就业服务、特殊困难人群服务、环境改善服务等本地居民需求紧迫的领域开展公共服务创新。

二、脱贫攻坚与乡村振兴衔接的难点与挑战剖析

尽管各地在巩固拓展脱贫攻坚成果与乡村振兴有效衔接的过程中聚焦中央提出的重点任务进行了一定程度的创新性探索，但其在发展帮扶产业、防止返贫监测以及帮扶政策衔接等方面仍然面临较多难点和挑战。

（一）发展帮扶产业方面

高质量的乡村振兴要求以高能级产业体系为基础的高质量产业振兴（张琦和庄甲坤，2023）。然而，当前脱贫地区基层政府在发展帮扶产业方面已经进入实践探索的深水区，面临着区域内帮扶产业发展不均衡程度增加、基层缺乏具有市场经营思维与能力的人才、产业持续带动就业能力仍有不足等三方面主要难点和挑战。

一是区域内帮扶产业发展不均衡程度增加。乡村帮扶产业发展的区域不均衡体现在东西部区域不均衡以及县域内不均衡两个方面。一方面，如浙江省等东部省份乡村发展的帮扶产业已经形成了较为完善的配套策略、参与主体、动力机制以及共同富裕转化渠道（张俊伟等，2023）。然而，西部一些省份的乡村产业则仍停留在较为初级的形态，只能在产业链中生产较为低价值的初级农业产品。另一方面，在具体县域内部也存在乡村产业发展不均衡的情况。政府进行产业项目投入时的主要逻辑是集中优势资源打造发展增长极，因而在县域内部，形成了产业项目重点投入镇村与非重点投入镇村之间的发展差距。

二是基层缺乏具有市场经营思维与能力的人才。在政府决策人才层面，县级政府部门如乡村振兴局、农业农村局的决策者往往具有更强的行政能力，市场经营思维与能力则不足，在选择项目时缺少在市场一线的专业技术人才为其提供咨询建议，决策结果往往也缺乏市场竞争力。在政策执行人才层面，当前，执行上级产业发展政策的主要为第一书记、村支书等基层镇村的工作人员，由于其在产业的市场化经营管理方面的能力同样较为欠缺，同时需要承担行政任务，也难以对项目资产开展有效的经营管理。在市场经营人才层面，尽管一些基层县域已经开始探索通过建立县、镇、村三级国有公司盘活现有帮扶产业，然而这些国有公司目前的人才来源依然是政府部门的"旋转门"，许多国有公司的员工仍需要长时间的市场历练才能够转型成为成熟的市场经营人才。

三是产业持续带动就业能力仍有不足。一方面，产业联农带农方式有待拓展。当前政府较多的衔接资金投入主要产业发展领域，集中于产业基础设施方面。一些地方形成了规模化的农业产业园，但其大多仅能够实现初级农产品的生产加工，联农带农方式以短期雇用当地居民或销售初级农产品后分红为主。基层的帮扶产业大多仅能维持初步的维护和运营，在劳动者培训、农机具共享、加工流通增值利益回馈、金融担保、农业保险等以信息、知识、技术、物流、金融为依托促进当地居民增收的创新机制较为匮乏。另一方面，当前帮扶产业对就业群众能力提升帮助较小。由于帮扶产业的价值链较短，本地居民在帮扶产业园区内的就业往往以简单零工为主。尽管其可以实现就近就业，但在劳动过程中其难以获得自身劳动技能的提升。此外，其他非预期客观因素也限制了帮扶产业持续带动就业，如一些脱贫攻坚期间建成的产业园或帮扶车间，由于上级生态保护政策或耕地保护政策要求而被勒令拆除。

整体而言，脱贫攻坚期间地方政府受制于脱贫攻坚的时间压力，出台的产业扶贫政策多为攻坚型政策，发展的产业以"短平快"类型为主。转入全面推进乡村振兴阶段，由于农业产业发展的时滞效应和后续支持政策衔接不畅，部分村庄的农业产业出现停摆状态，亟待注入市场人才力量提升其运营水平。

（二）防止返贫监测方面

当前，基层政府纳入防返贫监测的实际操作已经成为供给相关帮扶服务的前置条件，难以实现在整个生计过程中对具有返贫风险的脱贫户进行监测、预警和帮扶（左停和李泽峰，2022）。具体而言，当前防返贫监测工作面临区域层面主导产业风险监测预警能力不足、家庭层面务工为主家庭收入监测工作存在模糊性、防返贫监测标准有待调整更新等三方面挑战。

一是区域层面主导产业风险监测预警能力不足。区域层面的主导产业是农村居民就业和收入的重要支撑，然而其面临自然灾害风险和市场波动风险时仍呈现出较强的脆弱性，当其遭受风险冲击时，也容易波及居民的就业和收入情况，而当前的防返贫监测体系尚未对这些风险带来的冲击进行足够的前置监测和预警。自然灾害风险方面，一些地方由于主导产业仍处于初级发展阶段，基础设施和生产过程直接曝光于自然。当受到自然灾害冲击时，容易遭受较大损失，导致农作物减产以及居民收入下降。例如，山西平顺县2021年7月和10月经历了两次历史罕见的汛情灾情，导致当地中药材、马铃薯、花椒等主要作物减产，赤壁悬流景区几乎全部冲毁。市场波动风险方面，一些地方的土地流转和农资购买成本逐渐增高，农机作业、防病治虫等服务费用也同步升高，规模产业经营主体容易因生产成本骤升、产品价格骤减而遭遇资金链断裂的风险。小规模经营主体也由于其零碎化、缺乏技术支撑的特点难以有效应对市场风险，收益一旦下降，其对于政府推动发展农业产业市场的信心就会随之下降。

二是家庭层面务工为主家庭收入监测工作存在模糊性。务工收入是当前西部县域农户收入体系的主要构成部分，然而以务工为主的收入结构在面临疫情、家庭主要劳动力突患疾病、突发意外等风险冲击时的脆弱性较强。课题组在山西平顺县、陕西汉阴县、内蒙古宁城县等地都发现个别以务工收入为主的农村家庭出现收入骤减或支出骤增现象。务工情况与务工收入往往是防返贫监测工作中最具有模糊性的收入项目，许多基层干部都认为农村居民往往倾向于往低汇报务工收入，其实际务工收入水平往往更高。但从宏观层面看，疫情冲击、经济波动以及农户健康水平变化都可能导致农户务工收入骤减。以山西省平顺县N村张先生家庭为例，2020年张先生和妻子在北京务工，年收入分别为28 950元和28 000元，

2021年由于妻子侯女士患慢性病，加之需要照顾母亲，夫妻二人未外出务工，张先生在附近打零工，年收入30 000元，其家庭收入锐减（表7.1）。

表7.1 平顺县N村张先生家庭2020~2021年收入变化情况

2020年	2021年
养老金1296元	养老金1776元
农业补贴223.11元	农业补贴223.11元
种植花椒、玉米9900元	种植花椒、玉米7404元
张先生外出务工28 950元	张先生打零工收入30 000元
侯女士外出务工28 000元	
低保1011元	
财产收入3000元	

资料来源：团队于2022年8月16日在平顺县调研时通过入户访谈获取

三是过渡期一些地方设置的防返贫监测标准有待调整。首先，脱贫人口收入增速监测标准有待调整。当前基层政府面临脱贫人口收入增速要求刚性过强，有倒挂风险的挑战。陕西汉阴县2023年脱贫人口人均年收入标准已经达到了12 000元，普通农户的人均年收入标准是13 000元，当年上级政府规定，前者需要保持年收入的增速维持在12%，后者按照市场水平年收入增速能够保持在7%，预计到2024年脱贫人口的人均年收入就会超过一般农户，出现收入倒挂情况。其次，防返贫监测指标有待拓宽。一方面，在指标种类上需要拓宽。过渡期一些地方设置的防返贫监测标准偏低，依然主要聚焦家庭收入指标，并未对可能冲击家庭人力资本、社会资本、金融资本等长期发展条件的风险进行监测，导致生计脆弱人群发生返贫风险的可能性较大。另一方面，在人口范围上需要拓宽。当前，山东、四川、陕西的监测标准分别为7200元、6800元和6700元，分别只是当地农村低保标准的0.83倍、1.25倍和1.25倍，即监测范围主要为低保标准或低保边缘标准以下的对象，监测的人口范围偏小。最后，政府部门监测工作协同范围有待拓展。在基层县域，民政部门的低收入人口认定帮扶工作与乡村振兴部门的防返贫监测工作仍然处于非协同状态，两项工作的协同水平有待提高。民政部门低收入人口的分类与防返贫监测的三类户分类有一定差异，导致低收入人口帮扶工作从认定阶段开始就无法与巩固拓展脱贫攻坚成果同乡村振兴有效衔接工作实现协同。

总体而言，当前防返贫监测工作的衔接体制机制仍不完善。脱贫攻坚期间出台的各类特惠型政策理念需要及时进行调整，出台使全体农村人口受益的普惠型政策，以减少政策引发的不平等，避免出现"福利陷阱"等现象，真正建立以农村低收入人口常态化帮扶机制为引领的一系列巩固脱贫攻坚成果的政策机制。

（三）帮扶政策衔接方面

随着财政转移和现有帮扶政策投入的边际效益递减，通过城乡公共服务均等化降低帮扶地区农村居民生活成本，提升其生活品质，成为以乡村振兴推动共同富裕的重要路径选择（唐任伍和许传通，2022）。然而，当前一些脱贫地区仍面临帮扶资源投入力度与投入策略有待优化、帮扶组织力量投入的多主体协同程度有待提高、亟待投入更加贴合帮扶地区居民需求的公共服务等三方面挑战。

一是帮扶资源投入力度与投入策略有待优化。在现有帮扶资源投入力度上，一些地方已经面临财政转移和帮扶政策投入边际效益递减的情况，尤其是现有政策供给条件下脱贫人口人均纯收入增速已经趋于放缓，一些地方面临脱贫人口无法持续增收的难题。在新乡村振兴帮扶资源投入策略上，乡村振兴战略相较于脱贫攻坚更具有复杂性和目标的多元性，基层政府对于乡村振兴的目标和定位还未形成较为清晰的认识。地方政府在推进乡村振兴战略时倾向于全面铺开，乡村振兴项目资源投入的目标分散。

二是帮扶组织力量投入的多主体协同程度有待提高。一方面，政府帮扶力量与社会帮扶主体协同程度不足。当前承担巩固拓展脱贫攻坚与乡村振兴有效衔接的帮扶工作主力军仍然是政府和央企、国企以及社会组织。但在一些亲缘网络发达的地区，宗族组织扶危济困的文化与功能仍有待激活，政府仍需明确宗族文化与"新乡贤"公共属性，拓展国家与社会认同空间（张磊和曲纵翔，2018）。另一方面，多主体帮扶力量下沉基层村庄后，难以带动帮扶村之间的协同发展。破解这一难题，需要串联脱贫攻坚时期各村形成的分散的产业资源，实现发展合力。然而，当前大多数脱贫地区没有设定本村的长期发展目标以及与周边村的协同发展战略，离任的第一书记往往也难以与新到岗的第一书记形成工作上的有效衔接。

三是亟待投入更加贴合帮扶地区居民需求的公共服务。在助力就业服务方面，当前许多就近就业公益岗位仍然依靠大量政府投入维系，在2020~2022年，一些地方还出现了公益岗位骤减骤增的情况。在理财指导服务方面，一些地方的外出务工人口较多，务工返乡人口往往有部分资金积累，然而其往往将较大比例的资金投入修建或修缮农村房屋，这不仅降低了家庭财产的流动性，更降低了将资金投入福祉转化率更高领域的概率。在医疗健康服务方面，一些地方的服务覆盖率有待提高，基层医疗卫生机构基础有待加强。在养老助老服务方面，一些地方农村老龄化严重，但基层政府对于留守老人的照护及身心健康关怀力度仍有不足，政府提供的照护资源还无法满足居民养老和照护需求。

总体而言，脱贫地区依然面临产业发展、基础设施、公共服务、社会保障水平较低等多方面挑战，这些帮扶政策衔接难的重要原因是城乡二元化发展导致的不平衡结构性矛盾。在过渡期后真正实现乡村振兴，需要持续扭转固有的农村依附城市的观念，充分认识到农村、乡村的独特价值，并探索出实现乡村价值的有效路径，进而引导城市资源不断反哺乡村、振兴乡村。

三、脱贫攻坚与乡村振兴衔接难点与挑战的破解路径

前文梳理了基层政府在巩固拓展脱贫攻坚成果同乡村振兴有效衔接过程中，基层政府的实践进展和面临的难点与挑战。基于现实经验的归纳总结可以发现，乡村振兴是一个长期战略，政府需要通过提高乡村产业发展韧性、构建包容性公共政策体系、增强发展主体多维能力等途径，来持续提升并巩固衔接工作的水平。

（一）提高乡村产业发展韧性

建设具有韧性的乡村振兴产业体系，应从政府、市场与社会共同振兴乡村的维度入手优化现有乡村振兴政策。聚焦政府力量振兴乡村维度，各地公共管理者应用好国家乡村振兴重点帮扶县帮扶机制以及乡村振兴示范创建机制。在目标设定方面，明确各部门在乡村振兴工作中的主要职责与管理目标，注重向长远乡村振兴工作目标转变。在考核评估方面，可考虑合并实行脱贫攻坚与乡村振兴考核，赋予考核办法灵活性，真正利用好脱贫攻坚与乡村振兴考核的功能。在资金使用方面，适度放宽衔接资金管理使用的权限和使用对象，同时避免衔接过程中资源浪费的现象，防止在乡村大拆大建、大搞形象工程、政绩工程等形式主义问题。在政策执行方面，制定政府各部门从上到下明确的三定工作方案，给予乡村振兴主要部门协调统筹的权限，推动部门协同，实现乡村振兴工作合力。

聚焦市场与社会力量振兴乡村维度。各地乡村振兴管理者应着重激活县域乡村市场活力，用好东西部协作、中央单位定点帮扶和社会帮扶等力量，培育经营主体和产业业态，提升县城就业吸纳能力。一方面，通过县城特色产业园建设盘活县域乡村土地、公共品和生态人文环境等对共同富裕贡献最大的三种资产，使县域乡村资产发挥共同富裕效益。另一方面，关注县城产业结构调整，尤其应注重县域乡镇发展如旅游与艺术等新业态，将特色小镇转化为县城产业发展的"小引擎""小平台"。进一步壮大民营企业家力量，培育本土"草根"企业家联合体，打造乡村振兴的"增长机器"。此外，应充分认识到农村居民这一大群体的多样化发展需求，注重增强农村的生存力、发展力和持续力，通过开展经营技能培训，引导乡村居民学习经营技术，增强自身的竞争力。

（二）构建包容性公共政策体系

构建包容性公共政策体系需要现有政策实现三个转向。一是从攻坚型政策转向常态化政策。以常态化治理策略代替攻坚型治理策略，建立起乡村振兴常态化政策机制，克服攻坚型政策带来的消极影响。二是从特惠型政策转向普惠型政策。

围绕共同富裕这一既定战略目标，逐渐拓展政策实施的范围和目标对象，以提升全体农村居民的福祉为政策方向，构建多层次和全覆盖的社会政策。三是从非常规政策转向常规政策。以缩小城乡发展差距、人群发展差距和区域发展差距为主要政策方向，将消除三大发展差距放置在经济社会发展的进程中，确保政策的适应性、回应性和可持续性。

具体而言，包容性公共政策体系由微观、中观、宏观三个层面的社会保护网构成（左停和李世雄，2020）。微观层面，政府应继续关注脱贫户收入变化，通过推动防返贫监测体系与低收入人口监测体系的衔接并轨，完善农村低收入人口常态化帮扶机制，形成更加具有包容性的防返贫监测预警系统。中观层面，政府应建立健全欠发达地区常态化帮扶机制，关注县域乡村建设与乡村治理，完善县域乡村振兴包容性公共服务体系，积极探索网格治理、积分制、数字治理、红黑榜等乡村治理新模式。宏观层面，政府应以城乡融合发展的思路推进乡村全面振兴战略，坚持乡村振兴和新型城镇化两手抓。通过打通城乡资源，鼓励城市资本投资开发适宜农村发展的产业，包括加工业、民宿、旅游、康养等产业。以产业发展倒逼农村和城镇的制度安排增加包容性，加快推进农业转移人口市民化和高龄农民的去职业化进程，鼓励和规范新农人的职业准入和职业保护。

（三）增强发展主体多维能力

政府应聚焦农村低收入群体这一未来乡村振兴的主要发展主体，重点从包容性公共政策、产业与劳动力益贫性市场、脱贫与发展主体及能力建设三大治理维度入手，制定面向脆弱群体特惠性的兜底性保护政策、面向全人群普惠性的基本公共服务政策、以效率为导向兼顾公平的市场化政策三个梯度的政策，实现政策的无缝衔接、统筹推进和梯度优化，促进发展主体的多维能力提升。

一是面向脆弱群体特惠性的兜底性保护政策。政府应关注风险社会现实，面向脆弱群体的抗风险能力提升目标，加快构建易返贫致贫人口常态化监测与风险预警机制。推动社会政策设计从社会救助转向社会保护，将事后的被动应对转变为事前的主动干预，构建起全覆盖、保基本、多层次和可持续的社会保护性政策体系。二是面向全人群普惠性的基本公共服务政策。将加快促进城乡基本公共服务均等化作为实现农民农村共同富裕的重要手段，加快构建基本公共服务促进巩固脱贫成果与促进乡村振兴有效衔接的政策框架，开发以机会均等与公共服务为基础的具体帮扶手段、指标，将基本公共服务减贫融入到推动乡村振兴和共同富裕的具体实践中，保障城乡贫困人口在环境、就业、金融、教育和医疗等方面享受均等化公共服务。三是以效率为导向兼顾公平的市场化政策。政府应创造更加包容的市场政策，为乡村居民提供更广阔的就业平台、发展机会和创业空间，锚定脱贫群众务工就业规模稳定在 3000 万人以上目标不放松，从多个维度拓展就业岗位，如通过培育乡村产业职业经理人，不断提升本地主导产业的多样化经营和链化发展水平，提升产业经营主体市场竞争、就业带动和助农增收的能力。

第三节　建立健全农村低收入人口常态化帮扶机制

《中华人民共和国国民经济和社会发展第十四个五年规划和2035年远景目标纲要》首次提出把"全体人民共同富裕取得更为明显的实质性进展"作为远景目标，明确要求"着力提高低收入群体收入，扩大中等收入群体"，并强调要"建立完善农村低收入人口和欠发达地区帮扶机制"。2023年的中央一号文件更是指出要"研究过渡期后农村低收入人口和欠发达地区常态化帮扶机制"。可见，促进共同富裕，最艰巨、最繁重的任务仍然在农村（林万龙等，2023），农村低收入人口常态化帮扶机制的建立不仅仅是短期内促进巩固脱贫成果与乡村振兴有效衔接的需要，长期来看，也是实现共同富裕的需要（钟甫宁等，2022）。要真正实现"巩固拓展脱贫攻坚成果和乡村振兴有效衔接""扎实推动共同富裕"，必须关注农村低收入人口这一短板，将农村低收入人口常态化帮扶机制作为实现我国现代化国家建设远景目标的重要路径和长远战略。

在具体的帮扶工作开展方面，虽然《关于实现巩固拓展脱贫攻坚成果同乡村振兴有效衔接的意见》中提出了与农村低收入人口帮扶相关的要求，但并未明确具体的帮扶对象。对此，民政部积极回应，并按照其标准识别出了6300多万低收入人口，其标准虽然具有较强的可操作性，但是总体上仍面临学术界和地方政府的一些质疑。具体而言，民政部在划分低收入人口时，其主要依据是收入指标，然而，低收入问题不仅局限于收入低下，还涉及生计情况的紧张状态、不稳定性和不安全性等多个方面。此外，扎实推进共同富裕的核心路径除了"提低"还有"扩中"和"调高"，从某种程度上而言，"提低"本质上也是"扩中"。关于"扩中"对象，参考2021年浙江省出台的《浙江省"扩中""提低"行动方案》，该文件明确提出9类重点关注群体，分别是技术工人、科研人员、中小企业主和个体工商户、高校毕业生、高素质农民、新就业形态从业人员、进城农民工、低收入农户、困难群体，除低收入农户和困难群体以外，9类群体皆是"扩中"应瞄准的对象。其中，进城农民工特别是新生代农民工，综合来看有可能、有条件成长为中等收入群体。总体而言，低收入群体的识别方面应兼顾"提低"和"扩中"，这是建立健全农村低收入人口常态化帮扶机制的必然要求。

就现阶段的机制建设情况而言，农村低收入人口工作的推进是和脱贫攻坚与乡村振兴有效衔接的工作并行的，但不同的是低收入人口常态化帮扶机制的建立不仅仅是五年过渡期内的工作，也需要服务于更为长远的共同富裕目标的实现，其核心作用在于为共同富裕补齐短板，所以需要提早谋划用更为完善、科学和合理的农村低收入人口常态化帮扶机制取代现行机制。因此，建立健全农村低收入人口常态化帮扶机制，厘清现状和主要问题，并提出科学合理的对策是五年过渡期内最为重要的任务之一。

一、农村低收入人口政策界定、识别及群体特征

（一）农村低收入人口政策界定

现阶段对低收入人口的政策界定还仅局限在由脱贫不稳定群体、边缘易致贫群体、农村低保对象构成的相对而言较窄的概念中。根据国家统计局公布的数据，2019年全国有4亿以上的人口为中等收入群体[①]，但目前纳入范围的低收入群体远小于实际情况。2022年扶贫系统的监测对象有500多万人，民生系统帮扶对象约4000万人，且两者有很大程度的吻合。因此，本章认为应当拓展低收入群体的概念界定，适度扩大目前这一群体的监测范围，将更多实际低收入目标人群纳入帮扶机制。适度扩大"低收入群体"监测范围在一定程度上已经成为当前学界和政府相关职能部门的共识。应当考虑除了关切和帮扶具备生理脆弱性的群体外，还要重点加强对市场竞争中"弱能群体"的关注，将具备一定劳动能力，但在劳动力市场竞争中处于弱势地位的人群纳入目标群体。一方面，广大小农、小微经营者、高龄农民工、零工等人群虽然具有劳动能力，但因家庭和个人生计资本不多，获得高质量就业的机会较少、回报率较低。另一方面，普通农民工外出就业困难，同时成本在加大，"透支"现象严重，这不仅影响农民就业增收，还会抑制国内市场的消费需求。因此，建立健全农村低收入人口常态化帮扶机制需要拓展农村低收入人口政策界定，适度扩大目前这一群体的监测范围。

（二）农村低收入人口识别

目前对于需要帮扶的目标群体识别模糊，农村低收入人口标准未有定论。目前对低收入人口的界定方式和标准五花八门，所界定出来的低收入人群规模和范围差异更大，其中，最小规模只有两三千万人，最大规模达到9亿人，无法确定哪种界定真正契合促进共同富裕的政策需要（谭清香等，2023）。目前已经有许多研究注意到了上述问题，但是尚未尝试对其进行解决。在具体工作开展方面，许多省份都以人均可支配收入10 000元作为低收入人口的暂时性的判断标准，但是该标准难以体现地区的差异性，因此，由于没有统一的标准，大多数省份对于农村低收入人口的识别较为模糊，整体的农村低收入人口面临着政策不好发力以及

[①] 《超过4亿人 中国拥有全球规模最大中等收入群体》，https://china.huanqiu.com/article/9CaKrnKhfZZ，2019年1月21日。

重复帮扶等问题。

（三）农村低收入人口群体特征

实现共同富裕的目标是建立以中等收入群体为主体的橄榄形社会结构，而当前中国收入结构仍然属于金字塔形，金字塔底层有相当数量的群体处于社会基本消费水平之下。收入分配结构由金字塔形转向橄榄形，不仅取决于经济发展阶段，更取决于政府的社会经济政策（何秀荣，2021）。实现共同富裕的最大短板是数量庞大的低收入群体（郑功成，2020），2019年中国月均收入在1090元以下的约6亿人，月收入在1000～3000元的约6.2亿人。其中，月收入低于1090元的群体中来自农村的比例高达75.6%，分布在中部和西部的比重为36.2%和34.8%（孟凡强等，2019）。简言之，低收入群体主要分布在农村地区和中西部地区。脱贫攻坚期间，中国瞄准的绝对贫困群体主要为特定阶段或标准下的暂时性贫困和长期性质的深度贫困的目标对象，通过精准识别、精准帮扶机制，采取强干预、超常规的措施予以化解，并取得了显著成效。但与此同时，仍有相当规模的群体在脱贫后收入水平依然较低，这成为实现共同富裕的突出短板。

本章通过对7个脱贫县进行实地调研，发现在2020年和2021年脱贫的西南地区的3个县均存在相当规模的脱贫人口收入低于6000元（2020年贫困标准的1.5倍）的现象，最高的西南地区的云南省Z县占11.43%；除中部地区的F县和西北的S县，其余县均有超过25%的人口比重收入低于8000元（大约为2020年全国农村低保平均水平的1.5倍）；大部分县有60%～80%的脱贫人口收入低于11 000元（大约为2020年全国居民人均可支配收入的35%），仍处于相对低收入状态，真正高质量脱贫（收入高于15 000元，大约相当于全国居民人均可支配收入的45%）的人口各县情况不一，比例在10%～20%。

本章也选择脱贫地区进行了一定区域内（县或镇）全部农村人口的收入分布研究，人口分布的众数的收入值较低，既显著低于中位数，收入值也都低于一般理解的相对贫困的标准，除了高收入群体的分布曲线右尾相对较长外，许多区域都存在大量群体收入不高的现象，我们称之为"低收入人口拥挤现象"，这对研究解决低收入问题构成较大的政策挑战（图7.2）。

在新阶段，需要对低收入人口的帮扶政策进行常规性契合与常态化改造，以农村和农民工群体为重心，建立低收入人口常态化帮扶机制，为低收入人口提供分区域、分层次、分类型的帮扶支持，以有效回应低收入人口的多元化需求，在持续解决发展不平衡不充分问题中推动实现共同富裕。

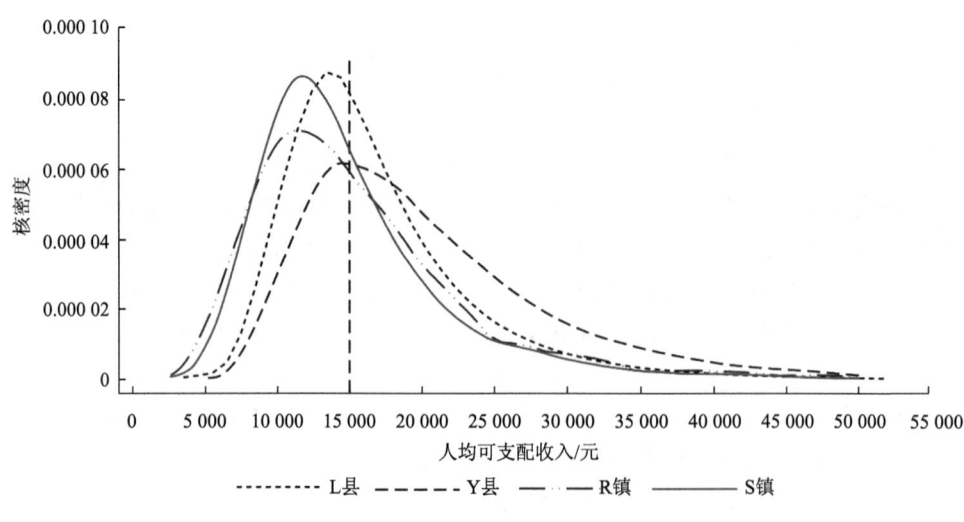

图 7.2　2020 年不同脱贫县脱贫人口收入概率分布区间

资料来源：课题组实地调查资料

（四）农村低收入人口生计情况分析

农村低收入人口帮扶政策的制定以及机制的构建，其根本目的在于通过对农村低收入人口开展针对性较强的帮扶以改善其生计状况，因此，需要先对农村低收入人口所面临的生计问题进行了解，并且开展较为深入和全面的分析。基于此，本章采用雷达图这一项分析工具，对农村低收入家庭的生计情况进行分析和评估，目的在于探索一套具备一定合理性的指标体系，以便能够较为全面且直观地展现农村低收入家庭目前所面临的多方面的生计问题，以及各方面问题相较于平均水平家庭的差距。本章研究所设计的指标主要有六个，分别是健康、劳动力、土地价值、人均可支配收入、主要劳动力平均受教育年限以及生计便利性（表 7.2）。

表 7.2　农村低收入家庭雷达图各项指标

指标	计算	备注	参考标准
健康 H	$H=\Sigma a_i/i$	a 为个人健康系数，i 为家庭成员总数； 健康=1，慢性病=0.8，大病=0.5； 一级残疾=0.1，二级残疾=0.3，三级残疾=0.5，四级残疾=0.7	1
劳动力 L	$L=\Sigma b_i/i$	b 为个人劳动力系数； 全劳力=1，半劳力=0.5，弱劳力=0.3，无劳力=0	1

续表

指标	计算	备注	参考标准
土地价值 T	$T=t\times c$	T 为家庭土地价值估计； t 为户均土地面积（2021年全国户均耕地9.75亩，户均实际经营的林地14.7亩，户均实际经营的牧草地16.5亩）； c 为土地年租金（以2021年当地市场价格为准）：耕地每亩450元一年，林地每亩200元一年，牧草地每亩100元一年	$T=9.75\times450+14.7$ $\times200+16.5\times100$ $=8977.5$（元）
人均可支配收入 I	$I=$家庭全年可支配收入$/i$	无	参考全国当年各省农村居民人均可支配收入
主要劳动力平均受教育年限 E	$E=$家庭总受教育年限$/i$	仅计算家庭主要劳动力，不考虑在校生	15年（大专水平）
生计便利性 J	$J=\sqrt{n}/n$	通过工作地点数量评估生计便利性	1

本章根据内蒙古郝女士一家的基本情况，画出了郝女士一家的雷达图，具体如图7.3所示。由图7.3可知，郝女士一家在各个指标方面都和参考水平有一定的

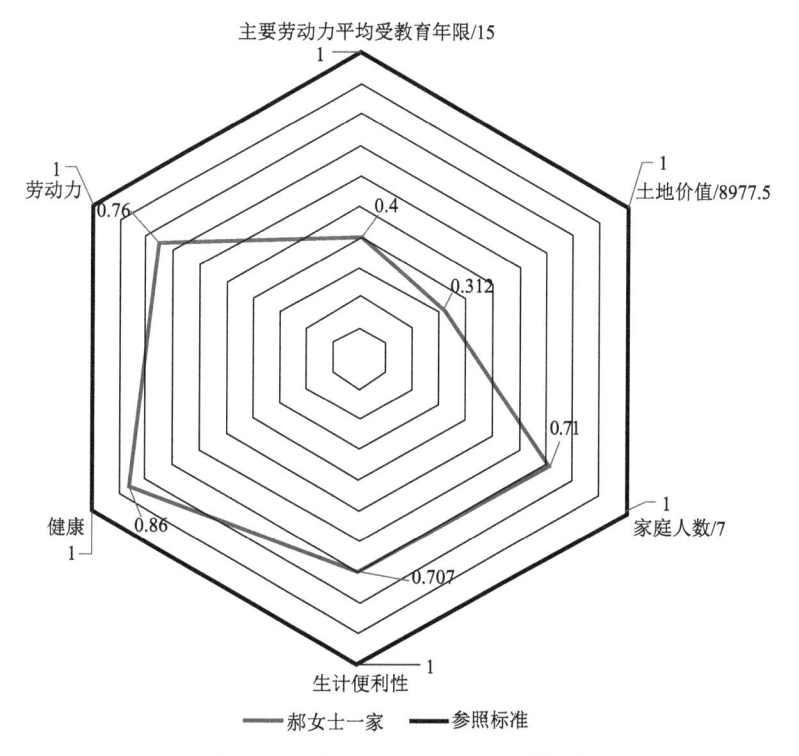

图 7.3 内蒙古 C 市郝女士家庭雷达图

差距。第一，在家庭主要劳动力平均受教育年限方面，其标准化系数为 0.4，即 6 年，整体受教育水平较为一般。第二，在土地价值方面，其标准化系数仅为 0.312，仅有平均水平的 1/3 左右。第三，其家庭人数标准系数约为 0.71，即全家 5 口人。第四，生计便利性标准化系数约为 0.707，工作地点数量为 2 个，属于兼业农户，家庭收入主要来源于农业生产和县内务工。第五，该家庭的健康标准化系数和劳动力标准化系数分别为 0.86 和 0.76，由于参考标准为全部健康以及全部具有劳动力，因此郝女士一家在健康和劳动力方面的情况相对良好。需要说明的是，上述指标并非一成不变，可以根据实际情况和地方差异进行一定的调整。此外，雷达图这一工具也能通过两个部分的面积比例来进一步计算出每个家庭总体的低收入指数，能够对低收入家庭进行更为深入的分析。

二、现行农村低收入人口常态化帮扶政策与机制

（一）农村低收入人口常态化帮扶政策

目前农村低收入人口相关的帮扶政策和五年过渡期相关政策安排并行，两者在对象和功能方面有一定程度的重叠，过渡期内和巩固脱贫成果以及防返贫监测相关的政策在过渡期结束之际都将整合进农村低收入人口帮扶政策体系之内。因此，现行农村低收入人口常态化帮扶政策主要依据《中共中央 国务院关于实现巩固拓展脱贫攻坚成果同乡村振兴有效衔接的意见》的内容而制定，其对农村低收入人口常态化帮扶做出的总体性规定如下。

1. 农村低收入人口动态监测

其要点包括以现有社会保障体系为基础，对农村低保对象、农村特困人员、农村易返贫致贫人口，以及因病因灾因意外事故等刚性支出较大或收入大幅缩减导致基本生活出现严重困难人口等农村低收入人口开展动态监测。充分利用民政、乡村振兴部门、教育、人力资源和社会保障、住房和城乡建设、医疗保障等政府部门现有数据平台，加强数据比对和信息共享，完善基层主动发现机制。相关单位应健全多部门联动的风险预警、研判和处置机制，实现对农村低收入人口风险点的早发现和早帮扶，完善农村低收入人口定期核查和动态调整机制。

2. 分层分类实施社会救助

其要点包括完善最低生活保障制度，科学认定农村低保对象，提高政策精准性。调整优化针对原建档立卡贫困户的低保"单人户"政策，完善低保家庭收入财产认定方法，健全低保标准制定和动态调整机制，加大低保标准制定的省级统筹力度，鼓励有劳动能力的农村低保对象参与就业，在计算家庭收入时扣减必要

的就业成本。完善农村特困人员救助供养制度,合理提高救助供养水平和服务质量。完善残疾儿童康复救助制度,提高救助服务质量。加强社会救助资源统筹,根据对象类型、困难程度等,及时有针对性地给予困难群众医疗、教育、住房、就业等专项救助,做到精准识别、应救尽救。对基本生活陷入暂时困难的群众加强临时救助,做到凡困必帮、有难必救。鼓励地方通过政府购买服务对社会救助家庭中生活不能自理的老年人、未成年人、残疾人等提供必要的探视、照料服务。

3. 合理确定农村医疗保障待遇水平

其要点包括坚持基本标准,统筹发挥基本医疗保险、大病保险、医疗救助三重保障制度综合梯次减负功能。完善城乡居民基本医疗保险参保个人缴费资助政策,各级政府的有关部门继续全额资助农村特困人员,定额资助低保对象,过渡期内逐步调整脱贫人口资助政策。在逐步提高大病保障水平基础上,大病保险继续对低保对象、特困人员和返贫致贫人口进行倾斜支付。进一步夯实医疗救助托底保障,合理设定年度救助限额,合理控制救助对象政策范围内自付费用比例。分阶段、分对象、分类别调整脱贫攻坚期超常规保障措施。重点加大医疗救助资金投入,倾斜支持乡村振兴重点帮扶县。

4. 完善养老保障和儿童关爱服务

其要点包括完善城乡居民基本养老保险费代缴政策,地方政府结合当地实际情况,按照最低缴费档次为参加城乡居民养老保险的低保对象、特困人员、返贫致贫人口、重度残疾人等缴费困难群体代缴部分或全部保费。在提高城乡居民养老保险缴费档次时,对上述困难群体和其他已脱贫人口可保留现行最低缴费档次。强化县乡两级养老机构对失能、部分失能特困老年人口的兜底保障。加大对孤儿、事实无人抚养儿童等保障力度。加强残疾人托养照护、康复服务。

5. 织密兜牢丧失劳动能力人口基本生活保障底线

其要点是对脱贫人口中完全丧失劳动能力或部分丧失劳动能力且无法通过产业就业获得稳定收入的人口,要按规定纳入农村低保或特困人员救助供养范围,并按困难类型及时给予专项救助、临时救助等,做到应保尽保、应兜尽兜。

(二)农村低收入人口常态化帮扶机制

本章对现阶段农村低收入人口帮扶机制进行了梳理,内容包括前期基础信息体系、群体范围、机制运作、目标群体特征以及政策措施等多个方面的内容,具体情况如表 7.3 所示。民政部通过低保家庭核算系统识别出了 6300 多万农村低收入人口,这些群体的特征主要是收入相对较低、劳动能力不足。在政策措施方面也主要是兜底保障型措施，目前该机制本身主要面临两方面的问题：一是所识别出的农村低收入人口范围较窄；二是主要是从兜底保障的角度去识别并开展政策帮扶措施，忽略了许多需要发展型政策帮扶的群体。

表7.3 现行农村低收入人口帮扶机制

	前期基础信息体系	群体范围	机制运作	目标群体特征	政策措施
低收入人口帮扶机制	民政部门低保家庭核算系统	涵盖城乡，多种类型相加大概6300万人	中央政府负责部署，具体事权归地方政府	收入相对较低、劳动能力不足（老病残）	基本生活救助和其他部门的补助

除了所识别目标群体范围较小以及帮扶政策单一两方面问题以外，现行农村低收入人口帮扶机制与社保机制以及防返贫监测机制在功能和对象方面存在一定程度的重叠，若不恰当地交叉重叠可能会造成资源浪费，影响帮扶政策实施的有效性。因此，构建有效的衔接机制，减少机制间的冲突，成为当前农村低收入人口常态化帮扶机制构建中需要重点解决的问题之一。

就现行的防返贫监测机制和低保制度而言，其主要目标是保障脱贫攻坚成果，建立动态监测体系，及时识别出存在返贫风险的群体，防止出现规模性返贫。与农村低收入人口帮扶机制相比，防返贫监测机制更侧重于发现潜在的返贫风险，低保制度更侧重于为农村低收入人口提供基本的生活保障，以提高其生活质量，而农村低收入人口帮扶机制则更侧重于提供发展性的帮扶政策，帮助其实现稳定增收。长期来看，在过渡期后，防返贫监测机制、低保制度应与农村低收入人口常态化帮扶机制进行衔接并轨。因而，农村低收入人口常态化帮扶机制的构建应在帮扶对象和帮扶功能等方面进行更为全面和深入的研究和讨论。

三、农村低收入人口常态化帮扶问题与政策建议

（一）农村低收入人口帮扶问题

由于现行农村低收入人口帮扶机制运行和相关政策的执行主要依托于促进巩固脱贫成果与乡村振兴有效衔接的总体工作，尚未形成独立和完善的帮扶机制和帮扶政策体系，因此农村低收入人口帮扶目前面临着诸多问题，主要包括以下三个方面。

一是防返贫监测帮扶体系和低收入人口监测帮扶体系并行加大了基层的工作难度和工作量。当前防返贫监测、民政与乡村振兴等各部门帮扶人群划分的政策概念繁多，存在包括脱贫人口、低保对象、单人保对象、特困救助对象、临时救

助对象、防返贫监测对象、特困供养、低保边缘家庭、完全丧失劳动能力或部分丧失劳动能力人员、支出型困难家庭及其他低收入人口等多种类型，导致基层行政人员资料认定与身份管理时产生了诸多负担，一旦概念认定错误，容易造成应保未保、应兜未兜现象发生。此外，乡村振兴部门负责的防返贫监测人员与民政低保救助、特困救助等群体待遇福利也存在人员交叉与政策待遇处理模糊等问题，容易造成政策待遇混淆、有碍社会公平。同时，各地低收入监测标准制定差别大、标准高低不一，也不利于整个制度建设的规范性。

二是相关兜底型政策存在泛福利偏差。对于目前农村低收入人口常态化帮扶政策体系的构建，有学者指出，农村兜底型社会政策经过十几年的发展，在解决农民温饱问题、改善农民生活等方面取得了显著成绩，但其发展中的泛福利化偏差则导致自身已经偏离了"兜底"的定位，也在一定程度上破坏了底线公平。因此后扶贫时代帮扶工作的开展，在修正兜底型社会政策的同时，还需要通过对现有帮扶措施与困境进行调查，积极探寻农村低收入人口常态化帮扶的发展型社会政策，有效巩固脱贫攻坚成果，助力实现共同富裕（邢成举和宋金洋，2023）。

三是政策体系结构失衡，发展型社会政策较为匮乏。以往学界对于帮扶政策的分析常采用兜底和发展二元视角，目前和农村低收入人口相关的政策大多倾向于兜底保障，发展型社会政策较为匮乏，使得政策结构产生了一定程度的失衡。具体而言，目前农村低收入人口面临的生计困境是多方面的，既有主观因素也有客观因素。这些因素包括但不限于地理位置偏远、缺乏发展机会、贫困程度较深以及自身能力限制等。这些因素导致了农村低收入人口在发展导向、发展能力和发展动力方面存在明显的不足。

（二）建立健全农村低收入人口常态化帮扶机制的政策建议

1. 促进低收入人口帮扶的认知深化

在我国全面完成脱贫攻坚、稳步推进乡村振兴、谋求共同富裕的关键历史节点，关注低收入人口帮扶有其突出的现实意义和重要价值。首先，解决低收入问题既是巩固拓展脱贫成果的必然要求，也是预防贫困发生、缓解相对贫困、实现乡村振兴的关键路径。其次，低收入问题是中国当前发展不平衡、不充分的主要表现，是特定发展阶段的一个客观的现实问题。低收入群体是共同富裕的短板，应当成为特惠型社会经济政策的主要目标群体。再次，精准摸清低收入人口的数量、分布、特征等状况，既是精准脱贫的拓展延伸，也是国家现代化建设的必要基础。最后，关注低收入人口还能持续发挥防止绝对贫困、缓解相对贫困的作用。其一，在社会发展水平不高的情况下，低收入同基本需求难以得到满足的绝对贫困有较高的吻合度。其二，低收入群体常常处于社会成员中的弱势地位，如果得不到有效关注，则可能会滑入绝对贫困。其三，社会收入差距过大可能造成低收入人口的相对贫困问题，甚至引发严重的社会不平等现象。其四，如果存在较大规模的低收入人口或低收入人口整体条件较差的情况，则会在一定程度上限制社会整体发展活力，妨碍共同富裕目标的实现。

目前，在低收入人口帮扶政策的认知方面仍存在一些问题。首先，总体关注不够。之前低收入问题虽多被提及，但是具体的测算标准尚未落地。其次，在对象群体识别认知的实际工作中，常见将"低收入人口"混同于或低估为"老弱病残"等群体的现象。再次，把低收入人口帮扶政策混同于或低估为低收入人口的救助政策，涉及发展性的帮扶政策仍然欠缺。最后，概念理解和界定上错位较多，并且因为担心收入测量统计的精度和成本，而放弃使用或者淡化收入指标的问题依旧存在。

2. 转变农村低收入人口帮扶对象和帮扶方式

未来稳固脱贫攻坚成果、实现共同富裕的重点将是"两个转变"：一是对象转变，由对贫困人口的关注逐步转向对低收入人口的关注；二是帮扶方式的转变，由精准扶贫、精准脱贫的任务攻坚转向对低收入人口的常态化帮扶。实施对低收入人口常态化帮扶机制的重要措施是完善其生计全过程的风险应对与保护体系，综合发挥社会保险、农业政策保险、防贫保险和其他具有预防保护功能的政策的作用。因此，要系统剖析低收入家庭的生计构成，借助公共政策和市场力量，在自然灾害、天灾人祸等外部冲击发生之前及时进行预警、规避，增强低收入家庭应对外部风险的免疫能力，同时促进低收入家庭生计策略的转移和多样化（陈绍军等，2023），帮助、救助和恢复低收入家庭的生计。

3. 关注农村低收入人口帮扶中的农户转型问题

需要关注和认清的问题是，作为低收入人口更为集中的农村地区，传统农户将与新型农业经营主体长期并存，而目前大部分传统的家庭承包农户，即兼业农户，仍然处于生计紧张状态。虽然我国对于低收入人口的帮扶一直在以各种形式进行，如社会救助式的帮扶、农业经济政策本身对小农的帮扶等。但总体而言，小农户的发展、转型乃至退出问题，没有得到根本解决。由此产生或表现出的新问题也应是乡村振兴战略重点关注的领域。上述问题应是目前低收入帮扶政策的重点和难点问题，小农户的发展、转型问题（冯小，2023）如果没有得到根本解决，乡村振兴及共同富裕最终将难以实现。

4. 注重不同地域的人口结构差异

在实施低收入人口常态化帮扶机制的过程中还应当关注不同地域的人口结构

差异，如在脱贫攻坚过程中不仅要考察贫困覆盖率、贫困发生率，还要考察不同地区的贫困深度，在对低收入人口的关注和帮扶过程中必须结合不同省份的人口特征和分布结构演进规律，而且每个省收入分布规律本身是有差异的，各个省的人口结构是一个异质性较强的、具备发展性的概念。

5. 创新低收入人口帮扶政策体系

除常态化帮扶策略外，应依据农村低收入人口的群体特点进行分层分类，有针对性地制定差异化帮扶政策（高杨等，2023）。创新对低收入人口的帮扶政策体系，应当托、推、引三力并举，共同实现对低收入人口的常态化帮扶。第一，要厘清低收入人口的构成单元，在现有低收入家庭和欠发达地区中强调对于特定群体的相关政策支持。第二，从支持帮扶政策维度来讲，要实现保护性的社会政策、发展性的推拉政策以及促进区域发展的引领政策并举，其中，发展性的推拉政策要格外强调从一般的农业开发转向人力资本的开发，加大义务教育和高等教育的投入。综上所述，托、推、引三力并举，"托"是兜底性保障，"推"是将一部分低收入群体推向中等收入群体，"引"是区域发展政策发挥的拉动作用，最终有助于形成常态化、长效化的低收入人口生计改善的帮扶机制。

第四节 结语及未来展望

脱贫攻坚与乡村振兴的有效衔接具体包含两个维度：一是脱贫攻坚期与巩固拓展脱贫攻坚成果同乡村振兴过渡期的有效衔接；二是巩固拓展脱贫攻坚成果同乡村振兴过渡期与2025年后国家中长期发展目标的有效衔接。

伴随着脱贫攻坚的结束，现阶段我国"三农"工作重心已逐步转向巩固拓展脱贫攻坚成果同乡村振兴有效衔接，帮扶对象已从绝对贫困人口转向农村低收入人口，帮扶对象、帮扶特征和治理目标的变化决定了过渡期内及过渡期结束后不能再采取超常规的治理模式，而应该结合帮扶对象的新变化和新特点，从构建农村低收入人口长效帮扶机制的目标出发，促进治理机制从超常规治理转向常规治理，实施积极的社会政策，促进农村低收入人口稳步走向共同富裕。总体来讲，面向未来的发展目标，要继续坚持普惠性帮扶举措与特惠性帮扶举措并举，区域性发展政策与人群瞄准政策并行，并考虑长期性目标与短期性目标的差异，提升农村低收入人口帮扶政策的主流化与可及性，合理选择保护性、发展性、社会投资性和社会服务性政策的搭配方案，从完善收入分配制度、落实就业优先战略、健全社会保障体系和促进基本公共服务均等化四个方面着手构建农村低收入人口的常态化帮扶机制。

巩固拓展脱贫攻坚成果同乡村振兴有效衔接的过渡期已经过半，未来应该转向过渡期与农村低收入人口帮扶的衔接，农村低收入人口还面临多重风险因素，需要从更好地帮助农村低收入人口化解风险因素和提升农村低收入人口福祉水平的角度，制定能够满足不同层次和不同类型农村低收入人口需求的体制机制，针对农村低收入人口的共性需求，相关部门需要制定科学的帮扶政策，保障政策的有效性与统一性，而面对农村低收入人口的差异化需求，则需要根据他们自身的情况，分层、分类开展针对性帮扶，从而不断满足人民对美好生活的向往。

同时，在全面推进中国式现代化的新征程上，面对发展不平衡不充分的发展现状，未来应更加关注欠发达地区的帮扶，围绕促进城乡均衡发展和区域均衡发展的目标，在坚持东西部协作机制和城乡融合发展机制的基础上，继续创新促进欠发达地区可持续发展的体制机制，促进区域均衡发展和城乡融合发展，为促进中国式现代化目标的实现奠定坚实的基础。

本章参考文献

安树伟, 董红燕. 2022. 我国减贫战略演变与新时代脱贫攻坚成果巩固. 甘肃社会科学, (3): 198-207.

陈绍军, 马明, 陶思吉. 2023. 共同富裕视域下易地扶贫搬迁移民生计资本、生计策略与生计选择行为的影响研究. 河海大学学报(哲学社会科学版), 25(1): 94-108.

冯小. 2023. 社区型合作与小农户组织化：基于村集体组织小农户实现农业现代化的案例分析. 南京农业大学学报(社会科学版), 23(5): 63-73.

甘犁, 陈诗一, 冯帅章, 等. 2021. 全面建成小康社会后的贫困治理与乡村发展. 管理科学学报, 24(8): 105-114.

高强, 曾恒源. 2022. 巩固拓展脱贫攻坚成果同乡村振兴有效衔接：进展、问题与建议. 改革, (4): 99-109.

高杨, 徐加玉, 柴恭静. 2023. 面向共同富裕的农村低收入人口帮扶：治理转型与路径选择. 南京农业大学学报(社会科学版), 23(3): 63-72.

顾仲阳. 2023-07-04. 推动拓展脱贫攻坚成果同乡村振兴有效衔接高质量发展：访农业农村部副部长、国家乡村振兴局局长刘焕鑫. 人民日报, (10).

何秀荣. 2021. 小康社会农民收入问题与增收途径. 河北学刊, 41(5): 147-157.

胡世文, 曹亚雄. 2021. 脱贫人口返贫风险监测：机制设置、维度聚焦与实现路径. 西北农林科技大学学报(社会科学版), 21(1): 29-38.

黄承伟. 2017. 深化精准扶贫的路径选择：学习贯彻习近平总书记近期关于脱贫攻坚的重要论述. 南京农业大学学报(社会科学版), 17(4): 2-8, 156.

黄承伟. 2021. 设立脱贫攻坚过渡期的政策指向和多重意蕴. 人民论坛, (11): 49-52.

黄承伟. 2023. 新征程上乡村振兴前沿问题研究. 华中农业大学学报(社会科学版), (5): 1-10.

贾家辉, 孙远太. 2022. 脱贫攻坚向乡村振兴转型的政策逻辑及路径. 郑州大学学报(哲学社会科学版), 55(2): 23-28.

雷明, 王钰晴. 2022. 交融与共生：乡村农文旅产业融合的运营机制与模式：基于三个典型村庄的田野调查. 中国农业大学学报(社会科学版), 39(6): 20-36.

李博, 苏武峥. 2021. 欠发达地区巩固拓展脱贫攻坚成果同乡村振兴有效衔接的治理逻辑与政策优化. 南京农业大学学报(社会科学版), 21(6): 71-79.

李实, 史新杰, 陶彦君, 等. 2023. 以农村低收入人口增收为抓手促进共同富裕: 重点、难点与政策建议. 农业经济问题, (2): 4-19.

李卓, 王旭慧. 2023. 乡村振兴进程中农村低收入人口常态化帮扶机制研究. 长白学刊, (5): 131-140.

李卓, 左停. 2022. "后精准扶贫"时代的贫困: 性质、成因及其治理路径: 基于基本公共服务的视角. 西南大学学报(社会科学版), 48(5): 1-9.

林万龙, 梁琼莲, 纪晓凯. 2022. 巩固拓展脱贫成果开局之年的政策调整与政策评价. 华中师范大学学报(人文社会科学版), 61(1): 31-39.

林万龙, 马新宇, 何禄康. 2023. 农民农村共同富裕的阶段性目标和总体政策框架: 收入视角的探讨. 中国农业大学学报(社会科学版), 40(3): 60-73.

孟凡强, 万海远, 吴珊珊. 2019. 所有制分割、户籍歧视与代际城乡工资差异. 当代财经, (6): 13-25.

谭清香, 檀学文, 左茜. 2023. 共同富裕视角下低收入人口界定、测算及特征分析. 农业经济问题, (10): 56-69.

唐任伍, 许传通. 2022. 乡村振兴推动共同富裕实现的理论逻辑、内在机理和实施路径. 中国流通经济, 36(6): 10-17.

汪三贵, 周诗凯. 2023. 构建过渡期后农村低收入人口帮扶机制: 脱贫攻坚的经验与对农村低收入人口帮扶的启示. 华南师范大学学报(社会科学版), (3): 5-19, 205.

汪三贵, 周园翔. 2022. 构建有效的防规模性返贫的机制和政策. 农业经济问题, (6): 12-22.

王正谱. 2021. 集中支持重点帮扶县, 不仅要补短板, 更要帮发展: 在国家乡村振兴重点帮扶县工作会议上的讲话. 乡村振兴, (10): 34-37.

魏后凯, 姜长云, 孔祥智, 等. 2021. 全面推进乡村振兴: 权威专家深度解读十九届五中全会精神. 中国农村经济, (1): 2-14.

文军, 陈雪婧. 2023. 城乡融合发展中的不确定性风险及其治理. 中国农业大学学报(社会科学版), 40(3): 18-33.

邢成举, 宋金洋. 2023. 共同富裕背景下发展型社会政策与农村低收入人口的常态化帮扶. 贵州大学学报(社会科学版), 41(2): 68-77.

尹成杰. 2022. 巩固拓展脱贫攻坚成果同乡村振兴有效衔接的长效机制与政策研究. 华中师范大学学报(人文社会科学版), 61(1): 25-30.

郁建兴, 张蔚文, 高翔, 等. 2017. 浙江省特色小镇建设的基本经验与未来. 浙江社会科学, (6): 143-150, 154, 160.

袁超君, 罗震东. 2023. 乡村增长机器: 电子商务推动城镇化的微观机制研究: 以山东省曹县大集镇为例. 国际城市规划, 38(1): 74-81.

张俊伟, 左停, 郭占恒, 等. 2023. 以人才为引擎驱动乡村共同富裕: 浙江龙游乡村振兴创新实践与经验启示. 国家治理, (1): 75-80.

张磊, 曲纵翔. 2018. 国家与社会在场: 乡村振兴中融合型宗族制度权威的重构. 社会主义研究, (4): 114-123.

张琦, 万君. 2022. "十四五"期间中国巩固拓展脱贫攻坚成果推进策略. 农业经济问题, (6): 23-34.

张琦, 庄甲坤. 2023. 高质量乡村振兴的内涵阐释与路径探索. 贵州社会科学, (5): 145-152.

郑功成. 2020. 以民生福祉新提升促进共同富裕取得新进展. 中国纪检监察, (24): 52-54.

钟甫宁, 罗必良, 吴国宝, 等. 2022. "加快推进乡村振兴、扎实推动共同富裕"主题笔谈. 南京农业大学学报(社会科学版), 22(3): 1-18.

钟钰. 2018. 实施乡村振兴战略的科学内涵与实现路径. 新疆师范大学学报(哲学社会科学版), 39(5): 71-76, 2.

左停. 2022a. 实现巩固脱贫成果同乡村振兴双向嵌入. 农村工作通讯, (9): 46.

左停. 2022b. 发展与保护: 促进农民增收的行动逻辑和政策取向. 人民论坛, (24): 78-80.

左停. 2023. 乡村振兴背景下乡村治理的重点领域. 国家治理, (11): 23-28.

左停, 李世雄. 2020. 2020年后中国农村贫困的类型、表现与应对路径. 南京农业大学学报(社会科学版), 20(4): 58-67.

左停, 李颖, 李世雄. 2021a. 巩固拓展脱贫攻坚成果的机制与路径分析: 基于全国117个案例的文本研究. 华中农业大学学报(社会科学版), (2): 4-12, 174.

左停, 李泽峰. 2022. 风险与可持续生计为中心的防返贫监测预警框架. 甘肃社会科学, (5): 35-46.

左停, 刘文婧, 于乐荣. 2022. 乡村振兴目标下东西部协作的再定位与发展创新. 华中农业大学学报(社会科学版), (5): 11-20.

左停, 原贺贺, 李世雄. 2021b. 巩固拓展脱贫攻坚成果同乡村振兴有效衔接的政策维度与框架. 贵州社会科学, (10): 152-159.

本章执笔人: 左停、李泽峰、赵泽宇、马泽乔、李卓

第八章　全面推进乡村振兴、推进农民农村共同富裕的阶段性目标和总体政策框架

促进共同富裕，最艰巨最繁重的任务仍然在农村[①]。没有农民农村共同富裕，就不能实现全体人民共同富裕。从收入视角来说，农民农村共同富裕至少包含两方面的要求：一是缩小城乡居民间的收入差距，二是缩小农村居民内部的收入差距（李实，2022；万广华等，2022）。已有研究者提出了农民农村共同富裕的指标体系（沈费伟和戴辰，2022），但目前尚缺乏关于农民农村的共同富裕的量化目标。本章将首先对"三步走"战略目标与农民农村共同富裕的关系进行分析，阐释农民农村共同富裕的内涵，在此基础上分别提出2035年与2050年农民农村共同富裕的阶段性目标，最后提出实现上述目标的总体政策框架。

第一节　第二个百年奋斗目标与农民农村的共同富裕

消除贫困、改善民生、逐步实现共同富裕是社会主义的本质要求。在全面建成小康社会，实现第一个百年奋斗目标后，党的十九大报告对实现第二个百年奋斗目标做出了分两阶段的战略安排：第一个阶段，从2020年到2035年，在全面建成小康社会的基础上，再奋斗十五年，基本实现社会主义现代化；第二个阶段，从2035年到本世纪中叶，在基本实现现代化的基础上，再奋斗十五年，把我国建成富强民主文明和谐美丽的社会主义现代化强国，全体人民共同富裕基本实现。党的十九届五中全会通过的《中共中央关于制定国民经济和社会发展第十四个五年规划和二〇三五年远景目标的建议》进一步提出，到2035年"全体人民共同富裕取得更为明显的实质性进展"。从现阶段国情来看，全面推进乡村振兴的过程就是促进农民农村走向共同富裕的过程，可以说全面推进乡村振兴是实现共同富裕的根本之策（魏后凯等，2022）。2017年中央农村工作会议对2020年后乡村振兴战略的阶段性目标任务进行了明确的阐述，即：到2035年，乡村振兴取得决定性进展，农业农村现代化基本实现；到2050年，乡村全面振兴，农业强、农村美、农民富全面实现。由此可见，乡村全面振兴的阶段性步骤与党的十九大提出的国家实现共同富裕的战略安排是一致的。

---

① 习近平：《扎实推动共同富裕》，《求是》，2021年第20期。

第二节 农民农村共同富裕的内涵

习近平总书记曾对共同富裕的内涵进行了深刻阐述,"共同富裕是社会主义的本质要求,是中国式现代化的重要特征。我们说的共同富裕是全体人民共同富裕,是人民群众物质生活和精神生活都富裕,不是少数人的富裕,也不是整齐划一的平均主义"[1]。从中可以看出,共同富裕不仅要求全体人民收入达到一个较高的水平,还要求不同群体之间的收入差距得到合理缩小。党的二十大报告进一步强调"着力促进全体人民共同富裕,坚决防止两极分化"[2]。

从共同富裕的内涵出发,从收入视角来看,农民农村的共同富裕必须要满足以下三个条件。

首先,总体富裕是共同富裕的前提,即总体收入水平和福利水平都要提升。共同富裕是全体人民的富裕,因此,农民农村的共同富裕应该是农村居民和城镇居民、乡村和城镇共同走向富裕,是一个共建共享、逐步共富的过程(魏后凯等,2022)。离开总体富裕这一前提来谈共同富裕,共同富裕只能是水中月、镜中花。

其次,不发生规模性返贫是共同富裕的底线。共同富裕应该是在消除贫富分化基础上实现全体人民的共同富裕。虽然我国在 2020 年已实现全面脱贫的目标,但仍有相当部分人口存在致贫、返贫风险,因此要牢牢守住不发生规模性返贫的底线,并在此基础上稳步提高兜底保障水平。

最后,将收入差距控制在合理范围是共同富裕的核心。共同富裕绝不是整齐划一的平均主义,也不是无视群体之间收入差距的总体主义,而是一种有差别的富裕,在总体富裕和不出现规模性返贫的基础上,要实现农民农村收入差距的合理缩小。这里所指的收入差距的缩小,不仅包括城乡收入差距的缩小,还应包括农村内部和农民之间的收入差距的缩小。从我们已有的研究来看,这是未来农民农村实现共同富裕的核心任务(林万龙和纪晓凯,2022)。

基于上述理解,我们将共同富裕概括为

共同富裕=实现总体富裕+缓解收入和福利差距+兜牢规模性返贫底线

第三节 农民农村共同富裕的阶段性目标

向农民农村共同富裕目标的迈进可以分为当前至 2035 年和 2035~2050 年这

---

[1] 习近平:《扎实推动共同富裕》,《求是》,2021 年第 20 期。
[2] 引自 2022 年 10 月 26 日《人民日报》第 1 版的文章:《高举中国特色社会主义伟大旗帜 为全面建设社会主义现代化国家而团结奋斗》。

两个阶段,其愿景分别是"全体人民共同富裕取得更为明显的实质性进展"和"全体人民共同富裕基本实现",以下探讨这两阶段的具体目标。

一、2035 年

(一)总体富裕程度

党的二十大报告明确指出,2035 年中国人均国内生产总值要达到中等发达国家水平[①]。这是我们探讨 2035 年农民农村总体富裕阶段性目标的基础。

如本书第一章所分析的,我们认为,2035 年中国人均 GDP 若能达到 25 356 美元,即可认为达到了中等发达国家水平,这一数字与"到 2035 年实现经济总量或人均收入翻一番"的目标较为接近。

基于前面的讨论,在促进共同富裕的大目标下,中国 2035 年的总体富裕水平要达到中等发达国家水平,2022~2035 年人均 GDP 年均增速应在 5.2%以上,这是 2035 年总体富裕程度的底线目标。考虑到 2011~2021 年中国人均 GDP 平均增速为 8.4%,上述增长是完全可能实现的。如果中国人均 GDP 在 2022~2035 年年均增速可以保持 2011~2021 年年均增速的 3/4,即以每年 6.3%的速度增长,届时可以达到 29 481 美元,这将是 2035 年总体富裕程度的较高目标。

(二)城乡收入差距

城乡居民可支配收入比是衡量城乡收入差距的主要指标。2022 年中国城乡居民可支配收入比为 2.45[②]。要实现农民农村共同富裕,必须解决城乡收入差距过大的问题。党的十九届五中全会提出,要在 2035 年实现"城乡区域发展差距和居民生活水平差距显著缩小",但没有提出具体的量化目标。作为共同富裕先行示范区的浙江,在《浙江省国民经济和社会发展第十四个五年规划和二〇三五年远景目标纲要》中也没有提出具体的量化目标。

确定 2035 年缩小城乡收入差距的目标有三个思路。一是可以参考典型发达国家在 2035 年城镇化水平与中国相似情况下的城乡收入差距来确定目标。根据预测,2035 年中国城镇化率能达到 75%左右(张车伟,2021;杜修立和张昱昭,2022)。许多发达国家城镇化率达到 75%时,城乡居民收入比小于 1.5 甚至小于 1(郭燕等,2022)。例如,中等发达国家韩国的城镇化率在 1990 年前后达到 75%,当时

---

① 引自 2022 年 10 月 26 日《人民日报》第 1 版的文章:《高举中国特色社会主义伟大旗帜 为全面建设社会主义现代化国家而团结奋斗》。

② 《2022 年居民收入和消费支出情况》,https://www.gov.cn/xinwen/2023-01/17/content_5737487.htm,2023 年 1 月 17 日。

韩国农村居民收入已经超过城市居民，城乡收入比约为 0.97（曾国安和胡晶晶，2008）。二是根据 2050 年要实现的目标确定 2035 年的阶段性目标。本章将 2050 年城乡居民收入比目标定为缩小到 1.25 以内，2023~2050 年城乡居民收入比年均缩小 2.4%以上，理由将在下一节详细分析。基于此，2035 年城乡居民可支配收入比应缩小到 1.8 以下。三是参考共同富裕先行示范区——浙江的城乡收入差距。浙江是目前省级层面城乡收入差距最小的省份。根据浙江省人民生活等相关统计数据公报，2022 年浙江城乡居民可支配收入比约为 1.9[①]。就中国目前的城乡收入差距而言，思路二和思路三中的目标更为现实。本章综合思路二与思路三，将 2035 年的城乡收入差距目标确定为：城乡居民可支配收入比缩小到 1.8 以下，即比 2022 年浙江的城乡收入差距略小。

表 8.1 测算了在不同水平的经济年均增长率下，在 2035 年中国的城乡收入差距。根据测算，要在 2035 年实现城乡居民可支配收入比缩小到 1.8 以下的目标，农村居民收入增长率至少应保持每年高于城镇居民收入增长率约 2.5 个百分点。在 2035 年中国人口约 13.9 亿、城镇化率约 75%的背景下（陈卫，2022），我们估算，2035 年农村人均 GDP 约为 15 848 美元或 18 426 美元，城镇人均 GDP 约为 28 526 美元或 33 166 美元[②]。

表 8.1　不同年均增长率下 2035 年城乡居民可支配收入比

农村	城镇										
	2%	2.5%	3%	3.5%	4%	4.5%	5%	5.5%	6%	6.5%	7%
2%	2.45	2.61	2.78	2.96	3.15	3.35	3.57	3.80	4.04	4.29	4.56
2.5%	2.30	2.45	2.61	2.78	2.96	3.15	3.35	3.56	3.79	4.03	4.28
3%	2.16	2.30	2.45	2.61	2.78	2.95	3.14	3.34	3.56	3.78	4.02
3.5%	2.02	2.16	2.30	2.45	2.61	2.77	2.95	3.14	3.34	3.55	3.77
4%	1.90	2.03	2.16	2.30	2.45	2.61	2.77	2.95	3.14	3.33	3.54
4.5%	1.79	1.90	2.03	2.16	2.30	2.45	2.60	2.77	2.95	3.13	3.33
5%	1.68	1.79	1.91	2.03	2.16	2.30	2.45	2.60	2.77	2.94	3.13
5.5%	1.58	1.68	1.79	1.91	2.03	2.16	2.30	2.45	2.60	2.77	2.94
6%	1.48	1.58	1.69	1.79	1.91	2.03	2.16	2.30	2.45	2.60	2.77
6.5%	1.40	1.49	1.59	1.69	1.80	1.91	2.04	2.17	2.30	2.45	2.60
7%	1.31	1.40	1.49	1.59	1.69	1.80	1.92	2.04	2.17	2.30	2.45

资料来源：起始差距（2022 年，2.45）来自国家统计局 2022 年居民收入和消费支出情况公报

[①]《2022 年度浙江省人民生活等相关统计数据公报》，http://tjj.zj.gov.cn/art/2023/1/29/art_1229129205_5058824.html，2023 年 1 月 29 日。

[②] 我们假定城乡地区生产总值之比与城乡居民可支配收入之比相同，据此对 2035 年人均 GDP 为 25 356 美元或 29 481 美元以城乡人口的占比为权重在城乡之间进行分解。

世界银行自1987年开始依据人均国民总收入将全球各经济体分为低、中低、中高和高四类。根据世界银行公开数据[①]，在2011~2021年，中高收入国家人均GDP平均值从7546美元上升到10 828美元，年均增速约3.7%，按照这个速度，2035年中高收入国家人均GDP平均值将达到17 971美元。如果到2035年，我国农村人均GDP达到18 426美元，则意味着中国农村区域的人均GDP可达到中高收入经济体的平均水平。

（三）农民农村内部收入差距

中国的收入差距不仅存在于城乡或地区之间，农村内部和农户之间也存在显著的收入差距（程名望等，2015；林万龙和纪晓凯，2022）。改革开放以来，我国农村内部的收入差距变动的总趋势是不断扩大的（甄小鹏和凌晨，2017）。从已有研究来看，学术界通常采用基尼系数（Adelman and Sunding，1987；程名望等，2015；高梦滔和姚洋，2006）、泰尔指数（张平，1998）或二者结合（尹志超等，2020）及高低收入组收入比值（林万龙和纪晓凯，2022）等来衡量农村内部的收入差距。由于缓解相对贫困与缩小收入差距具有同等的社会价值和政策取向[②]，因此相对贫困发生率也常用于刻画相对收入差距。从国际经验来看，具有可操作性的相对贫困标准的设定方式是：选取居民中位数收入的一个固定比例作为相对贫困线（沈扬扬和李实，2020），经济发展程度越高的国家或地区基准比例越高。在我国，沿用这一思路识别相对贫困人口也基本成了学者的共识（沈扬扬和李实，2020；叶兴庆和殷浩栋，2019；孙久文和夏添，2019）。

为更直观、清晰地刻画共同富裕的实现情况，对标国家2035年与2050年经济发展目标，本章尝试选取更为直观的指标，即农村20%最低收入组人均可支配收入与中位数收入的比值变化来提出缩小农村内部收入差距的阶段性目标。整体来看，以该指标度量的农村内部收入差距近年来呈拉大趋势，农村20%最低收入组人均收入与中位数收入的比值从2002年的39.6%下降到了2021年的28.7%[③]（图8.1）。

---

① 具体参见 https://data.worldbank.org.cn/indicator/NY.GDP.PCAP.CD?view=chart。
② 《李实：我国低收入人群有多少？》，http://www.ce.cn/xwzx/gnsz/gdxw/202009/03/t20200903_35660044.shtml，2020年9月3日。
③ 国家统计局于2011年和2012年公布了农村居民人均纯收入中位数数据，2013年开始公布农村居民人均可支配收入中位数及五等分分组人均可支配收入相关数据。因此，本章的计算中，2002~2012年收入数据为人均纯收入，2013~2021年收入数据为人均可支配收入。其中，2002~2010年由于无法获得中位数人均纯收入，以相关年份中等收入组人均纯收入代表。

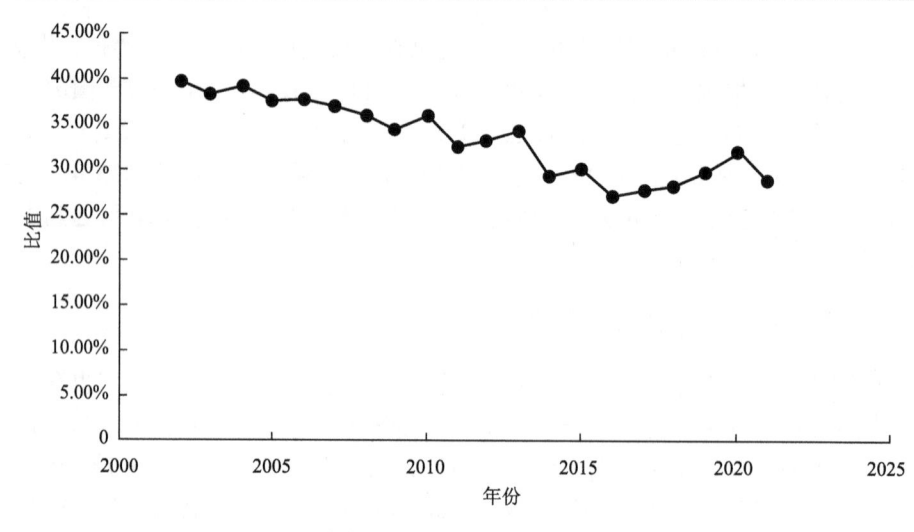

图 8.1 农村内部收入差距

资料来源：2013~2021 年的数据来自国家统计局官方网站；2002~2012 年的数据来自《中国统计年鉴》。

我们提出，到 2035 年，农村 20%最低收入组人均可支配收入与中位数收入的比值应至少大于 40%。其主要考量是结合了我们对相对贫困发生率的分析。基于相对贫困的含义，可以大致将农村 20%最低收入组人均可支配收入与中位数收入的比值作为我国下一阶段的相对贫困标准。OECD 及欧盟国家多采用居民收入中位数的 50%或 60%[①]识别相对贫困人口，进而度量相对贫困发生率。根据 OECD 官方提供的以居民收入中位数 50%为相对贫困标准测算的相对贫困发生率来看，2018 年 OECD 成员国的平均相对贫困发生率约为 12%[②]，美国（18.1%）、韩国（16.7%）等国家的相对贫困发生率也均在 20%以下。以欧盟统计局发布的以居民收入中位数的 60%测算的相对贫困发生率来看，2020 年欧盟国家的平均相对贫困发生率约为 23.3%[③]。据此可以推算，如果农村 20%最低收入组人均可支配收入与中位数收入的比值大于 40%，那么，以农村人均可支配收入与中位数收入的 40%作为相对贫困标准的话，我国农村的相对贫困发生率将小于 20%，即达到了国际上多数发达国家的相对贫困发生率水平。另外，40%的差距水平也将比目前有数据以来差距最小的年份（2002 年）的差距更小。

前文分析表明，中国 2035 年要完成总体富裕程度的适度目标，需保持其过去 10 年年均经济增速的 3/4（即 6.3%），这样到 2035 年农村总体可达到中高收入经济体的平均水平。沿此思路，我们假设农村居民可支配收入中位数也按照同等速

---

① 具体参见 www.lisproject.org。
② 数据来源：OECD 官方网站 https://data.oecd.org/inequality/poverty-rate.htm。
③ 数据来源：欧盟统计局 https://ec.europa.eu/eurostat/databrowser/view/tespm010/default/table?lang=en。

度增长，那么，2035年农村居民人均可支配收入中位数约39 756元[1]，其40%即为农村20%最低收入组人均可支配收入（约15 902元），可实现较2020年人均收入翻一番以上及2035年"乡村振兴取得决定性进展"的目标要求。同时，最低收入组的15 902元也超过了世界银行2022年对中高收入国家设定的贫困标准[2]。

二、2050年

（一）总体富裕程度

党的二十大报告中对2050年的愿景是"把我国建设成为综合国力和国际影响力领先的社会主义现代化强国"，但没有提出具体的经济增长目标[3]。实际上，在制定国民经济和社会发展第十四个五年规划和二〇三五年远景目标时，为了引导各方面把工作重点放在提高发展质量和效益上，党中央已经就经济发展目标采取了以定性为主、蕴含定量的表述方式（习近平，2020）。这并不意味着中国不再需要定量的发展目标，而是到了较高收入水平后，相较增长的数量，更关注发展的质量。但我们仍然可以对2050年的量化目标展开探讨。

如果中国在2035～2050年保持上一阶段（2022～2035年）年均增速的3/4，即以每年4.7%的速度增长，那么人均GDP将比2035年翻一番，达到58 839美元。如果其他发达国家同样以自身上一阶段增长速度的3/4增长，2050年时18个高水平发达国家的人均GDP将如表8.2所示在[59 272, 338 797]的区间内。这种情况下，中国将接近高水平发达国家的下限。此时，从人均国民收入的维度来说，我们可以认为届时中国将进入高水平发达国家行列。

表8.2 高水平发达国家2050年人均GDP预测（单位：美元）

国家	2050年人均GDP
爱尔兰	338 797
卢森堡	173 976
冰岛	135 744
美国	128 627
以色列	114 673

---

[1] 2021年农村居民人均可支配收入中位数为16 902元，数据来源于国家统计局网站：https://data.stats.gov.cn/easyquery.htm?cn=C01。

[2] 世界银行在2022年年度报告中将包括中国、俄罗斯等在内的"中等偏高收入国家的贫困标准提升至每人每天6.85美元"，约28.63元人民币。

[3] 引自2022年10月26日《人民日报》第1版的文章：《高举中国特色社会主义伟大旗帜 为全面建设社会主义现代化国家而团结奋斗》。

续表

国家	2050年人均GDP
瑞士	97 779
丹麦	80 952
新西兰	77 025
挪威	71 069
马耳他	66 289
荷兰	66 082
韩国	64 619
爱沙尼亚	63 720
比利时	61 161
芬兰	59 792
德国	59 582
立陶宛	59 551
瑞典	59 272

资料来源：根据世界银行公开数据测算

（二）城乡收入差距

2050年时，中国将基本实现全体人民共同富裕，城乡居民收入差距缩小到合理区间。"合理区间"的数值范围应该是多少呢？可以参考发达国家的经验来加以确定。

根据预测，中国2050年城镇化将达到80%左右（张车伟，2021）。发达国家整体的城镇化率在2020年前后约80%[①]，此时多数欧洲发达国家的城乡收入比已经长期保持在1.25以下（郭燕等，2022；顾海兵和王亚红，2009）。对中国来说，在2050年将城乡居民可支配收入比缩小到1.25以下是可以实现的。综合考虑发达国家经验与中国实际，本章将城乡居民可支配收入比缩小至1.25界定为城乡居民收入差距合理区间的门槛。

表8.3为不同人均可支配收入增长率下的城乡居民可支配收入比，测算的是到2050年时城镇居民人均可支配收入和农村居民人均可支配收入在不同增长率下的比值。根据测算结果，要在2050年前将城乡居民人均可支配收入差距缩小到合理区间（城乡居民可支配收入比在1.25以下），农村居民人均可支配收入增长率至少应保持每年高于城镇居民人均可支配收入增长率约2.5个百分点；要在2050年前完全消除城乡居民收入差距，农村居民人均可支配收入增长率则应保持

---

① World Urbanization Prospects 2018，https://population.un.org/wup，2023年1月12日。

每年高于城镇居民人均可支配收入增长率 3 个百分点左右。

表 8.3　不同人均可支配收入增长率下 2050 年城乡居民可支配收入比

农村居民人均可支配收入增长率	城镇居民人均可支配收入增长率										
	2%	2.5%	3%	3.5%	4%	4.5%	5%	5.5%	6%	6.5%	7%
2%	2.45	2.81	3.22	3.68	4.22	4.82	5.51	6.30	7.19	8.20	9.35
2.5%	2.13	2.45	2.81	3.21	3.68	4.21	4.81	5.49	6.27	7.15	8.15
3%	1.86	2.14	2.45	2.80	3.21	3.67	4.19	4.79	5.47	6.24	7.11
3.5%	1.63	1.87	2.14	2.45	2.80	3.20	3.66	4.18	4.78	5.45	6.21
4%	1.42	1.63	1.87	2.14	2.45	2.80	3.20	3.66	4.17	4.76	5.43
4.5%	1.24	1.42	1.63	1.87	2.14	2.45	2.80	3.20	3.65	4.16	4.75
5%	1.09	1.25	1.43	1.64	1.87	2.14	2.45	2.80	3.19	3.64	4.15
5.5%	0.95	1.09	1.25	1.43	1.64	1.87	2.14	2.45	2.79	3.19	3.63
6%	0.83	0.96	1.10	1.25	1.44	1.64	1.88	2.14	2.45	2.79	3.18
6.5%	0.73	0.84	0.96	1.10	1.26	1.44	1.65	1.88	2.15	2.45	2.79
7%	0.64	0.74	0.84	0.96	1.10	1.26	1.44	1.65	1.88	2.15	2.45

资料来源：起始差距（2022 年，2.45）来自国家统计局 2022 年居民收入和消费支出情况公报

在 2050 年中国人口约 13.1 亿、城镇化率约 80% 的背景下（张车伟，2021；陈卫，2022），2050 年农村人均 GDP 约为 49 033 美元，城镇人均 GDP 约为 61 291 美元[①]。按照前文中的中高收入国家人均 GDP 平均值年均增速（3.7%）计算，2050 年时中高收入国家人均 GDP 平均值为 30 903 美元，2050 年时的中国农村经济水平大幅超过中高收入国家的平均水平。

（三）农民农村内部收入差距

展望 2050 年，按照党中央的预期目标"到本世纪中叶，全体人民共同富裕基本实现"，那么，彼时农村居民人均可支配收入水平应该达到多少呢？如果 2035 年农村 20% 最低收入组人均可支配收入与中位数收入的比值要高于 40%，那么这一指标应在 40% 的基础上进一步缩小。2023 年 OECD 及欧盟等的发达国家采用的相对贫困标准大多为中位数收入的 50% 或 60%。随着我国共同富裕目标的推进、经济发展水平的不断提升，我们也应逐步上调相对贫困标准，农村 20% 最低收入组人均可支配收入与中位数收入的比值应该进一步达到 50% 至 60%。前文分析表

---

① 用与前文同样的方法将 2050 年人均 GDP 58 839 美元在城乡之间进行分解。

明，2035~2050年中国经济增长率保持上一阶段的3/4，可在2050年完成总体富裕程度的目标。假设农村居民人均可支配收入中位数按相近速度（5%左右）增长，那么，2050年农村居民人均可支配收入中位数约82 650元，农村20%最低收入组人均可支配收入约在41 325元至49 590元之间，可实现在2035年收入的基础上再翻一番。

三、小结

基于以上分析，我们所提出的两阶段、三方面的六个具体目标可总结如表8.4所示。

表8.4 农民农村共同富裕的阶段性目标

阶段	度量指标	具体目标
2022~2035年	总体富裕程度	人均GDP为29 481美元
	城乡收入差距	城乡居民可支配收入比在1.8以下
	农民农村内部收入差距	40%
2035~2050年	总体富裕程度	人均GDP为58 839美元
	城乡收入差距	城乡居民可支配收入比在1.25以下
	农民农村内部收入差距	50%或60%

第四节 走向农民农村共同富裕的总体政策框架

要实现乡村振兴和农民农村共同富裕的阶段性目标，需要从城乡融合发展的视角来考量，将农民农村共同富裕的政策框架嵌入其中。为此，应做好以下工作。

一、提高兜底政策标准，完善低收入人口监测和帮扶体系

进入过渡期以来，中西部地区22个省（自治区、直辖市）普遍建立了依托乡村振兴部门的防返贫动态监测和帮扶体系及依托民政部门的低收入人口监测和帮扶体系，两套体系对巩固脱贫成果发挥了重要作用。未来，仍要把防止发生规模性返贫作为实现农民农村共同富裕的底线目标。

2023年中央一号文件提出，要"研究过渡期后农村低收入人口和欠发达地区常态化帮扶机制"。为加快构建农村低收入人口常态化帮扶机制，更好地在兜牢防止规模性返贫底线的基础上促进农村农民共同富裕，应该将防止返贫监测帮扶体系与低收入人口监测帮扶体系并轨为统一的低收入人口监测帮扶体系。2022年，中西部22省防止返贫监测的人口只有637.8万人，同期纳入低收入人口监测系统

的人口超过 6000 万人，防止返贫监测人口仅为低收入监测人口的 10% 左右。全部防止返贫监测人口中，832 个脱贫县有 454.2 万人，每县的监测规模不到 5500 人。为如此小的人数规模单独建立一套监测体系，必要性不强。相对于低保户帮扶政策，防止返贫监测对象帮扶政策的"含金量"明显偏低。从政策目标、监测对象、帮扶机制等方面来看，两大监测帮扶体系具有高度的相似性和相容性。依照本章设定的农民农村共同富裕的阶段性目标，假定农村 20% 最低收入组的收入水平呈均匀分布，2025 年可设置短期阶段标准 10 000 元；到 2035 年将有 10% 左右的农村居民为低收入人口，据此可划定低收入人口监测标准约为 15 000 元，与当前民政部门设定的低收入人口监测标准基本吻合。因此，可以考虑将两套体系并轨统一为低收入人口监测和帮扶体系，并逐步提高监测标准。

二、加快构建城乡融合视角的公共服务政策体系

缩小城乡差距，实现城乡共同富裕，不仅要着眼于城乡收入差距，还需要重视城乡之间公共服务的差距。公共服务差距的缩小，不仅可以提升农村居民的福利水平，也会对城乡收入差距的缩小产生积极作用。为此，需要从以下几个方面入手。

首先，破除户籍壁垒，提高农业转移人口市民化质量。改革开放以来，农业转移人口的群体日渐庞大，但只有少部分可以获得城镇户口，这使得农村人口在城市公共资源的享用上与城镇人口存在较大差距，如医疗服务、子女教育等方面；近年来农业转移人口对城市发展和建设做出了巨大的贡献，但却无法与城镇人口同等地享受经济发展成果，这与共同富裕的本质要求相背离。应加快农业转移人口市民化的步伐，对存量未落户农村人口深化户籍制度改革，畅通本地就业农业转移人口举家进城落户渠道；推动城乡一体的社会保障制度的构建；保障农民工随迁子女平等地接受教育。让农村居民能够同等地享受市民化待遇，共享经济发展的成果。

其次，大力推进基本公共服务均等化。习近平总书记在党的二十大报告中指出，"健全基本公共服务体系，提高公共服务水平，增强均衡性和可及性"[1]。在新的发展阶段，应该将更多、更优质的教育、医疗等公共资源投放到农村特别是落后地区，以增强其长期的人力资本，进而缩小与其他群体的差距。此外，应逐渐形成全国统一的就业市场和就业服务体系、全国统筹的养老体系等。

最后，要特别注重公共服务政策的益贫性。农村的低收入人口是实现农民农村共同富裕最需要关注的政策群体。在发展全产业链、促进城乡融合的同时，要

---

[1] 引自 2022 年 10 月 26 日《人民日报》第 1 版的文章：《高举中国特色社会主义伟大旗帜 为全面建设社会主义现代化国家而团结奋斗》。

更加注重政策的益贫性,以覆盖更多的低收入人口。具体来说,一是要继续增强对低收入群体的政策倾斜和资助力度,以增强低收入人口对基本公共服务的可得性。二是要规范管理以工代赈、公益岗位、帮扶车间等,充分考虑农村弱劳动力或半劳动力发展不足的问题,确保有劳动能力的农村低收入人口能够广泛参与,增强其内生发展动力,在助力其增收致富的同时也能够促进农民农村精神层面的共同富裕。

三、促进包容性经济增长

包容性增长由亚洲开发银行在2007年《新亚洲、新亚洲开发银行》的研究报告中首次提出(杜志雄等,2010)。与单纯追求经济增长不同,包容性增长倡导机会平等,寻求社会和经济协调、可持续发展。包容性增长最重要的表现就是缩小收入分配差距。在新的发展阶段,为实现包容性经济增长,需要做好以下工作。

第一,强化产业发展的包容性。产业是农民农村发展的根基所在。各地区特别是欠发达地区应着力选择发展包容性产业,因地制宜发展乡村特色产业,同时要兼顾农村居民特别是弱劳动力或半劳动力的产业参与度,结合实地情况考虑引入劳动密集型产业,以增加低收入群体的收入水平。各地政府应强化带农增收,健全完善联农带农益农机制,培育新型经营主体,构建小农户与现代农业发展有机衔接的产业发展模式,促进农村居民稳步增收。

第二,强化城乡产业融合发展。要促进城乡间要素的双向流动。各地要鼓励资本、劳动力等生产要素在城乡间双向流动,提高全要素生产率,缩小城乡间的发展差距。还要科学合理地引导产业布局,强化第一、第二、第三产业的融合发展。在加强农业全链条升级、做强重点产业的基础上,应着力培育新产业、新业态,提升乡村旅游业的发展。

本章参考文献

陈卫. 2022. 中国人口负增长与老龄化趋势预测. 社会科学辑刊, (5): 133-144.

程恩富, 刘伟. 2012. 社会主义共同富裕的理论解读与实践剖析. 马克思主义研究, (6): 41-47, 159.

程名望, 史清华, Jin Y H, 等. 2015. 农户收入差距及其根源:模型与实证. 管理世界, (7): 17-28.

杜修立, 张昱昭. 2022. 中国城镇化率提升的动力分解与新发展阶段趋势预测:基于国际比较的一种新方法. 统计研究, 39(2): 33-47.

杜志雄, 肖卫东, 詹琳. 2010. 包容性增长理论的脉络、要义与政策内涵. 中国农村经济, (11): 4-14, 25.

高梦滔, 姚洋. 2006. 农户收入差距的微观基础:物质资本还是人力资本?. 经济研究, (12): 71-80.

顾海兵, 王亚红. 2009. 中国城乡居民收入差距"适度"之情景设定分析. 山东社会科学, (2): 49-54.

郭燕, 李家家, 杜志雄. 2022. 城乡居民收入差距的演变趋势: 国际经验及其对中国的启示. 世界农业, (6): 5-17.

黄群慧, 刘学良. 2021. 新发展阶段中国经济发展关键节点的判断和认识. 经济学动态, (2): 3-15.

李实. 2022. 扎实推进农民农村共同富裕. 中国党政干部论坛, (6): 59-62.

林万龙, 纪晓凯. 2022. 从摆脱绝对贫困走向农民农村共同富裕. 中国农村经济, (8): 2-15.

刘长明, 周明珠. 2020. 共同富裕思想探源. 当代经济研究, (5): 37-47, 113.

沈费伟, 戴辰. 2022. 农民农村共同富裕目标体系内涵与指标体系构建: 以浙江省为例. 改革与战略, 38(3): 66-76.

沈扬扬, 李实. 2020. 如何确定相对贫困标准?——兼论"城乡统筹"相对贫困的可行方案. 华南师范大学学报(社会科学版), (2): 91-101, 191.

孙久文, 夏添. 2019. 中国扶贫战略与2020年后相对贫困线划定: 基于理论、政策和数据的分析. 中国农村经济, (10): 98-113.

万广华, 江葳蕤, 陈亚会. 2022. 中国农村推进共同富裕的目标与路径. 农业经济问题, (11): 57-69.

魏后凯, 崔凯, 王瑜. 2022. 共同富裕视域下乡村振兴的目标演进与推进战略. China Economist, 17(4): 50-76.

习近平. 2020-11-04. 关于《中共中央关于制定国民经济和社会发展第十四个五年规划和二〇三五年远景目标的建议》的说明. 人民日报, (2).

叶兴庆, 殷浩栋. 2019. 从消除绝对贫困到缓解相对贫困: 中国减贫历程与2020年后的减贫战略. 改革, (12): 5-15.

尹志超, 刘泰星, 王晓全. 2020. 农村收入差距抑制了农户创业吗?——基于流动性约束与人力资本投资视角的实证分析. 中国农村经济, (5): 76-95.

曾国安, 胡晶晶. 2008. 城乡居民收入差距的国际比较. 山东社会科学, (10): 47-53.

张车伟. 2021. 中国人口与劳动问题报告 No. 22: 迈向现代化的中国城镇化. 北京: 社会科学文献出版社.

张平. 1998. 中国农村居民区域间收入不平等与非农就业. 经济研究, (8): 59-66.

甄小鹏, 凌晨. 2017. 农村劳动力流动对农村收入及收入差距的影响: 基于劳动异质性的视角. 经济学(季刊), 16(3): 1073-1096.

Adelman I, Sunding D. 1987. Economic policy and income distribution in China. Journal of Comparative Economics, 11(3): 444-461.

本章执笔人: 林万龙、马新宇、何禄康